·本书获得中央财经大学学术出版资助·

报纸副刊与中国现代文学

谭云明◎著

Newspaper Supplement
and Modern Chinese Literature

中国戏剧出版社
CHINA THEATRE PRESS

图书在版编目（CIP）数据

报纸副刊与中国现代文学 / 谭云明著. 一北京:
中国戏剧出版社，2021.12
ISBN 978-7-104-05178-7

Ⅰ. ①报… Ⅱ. ①谭… Ⅲ. ①报纸一副刊一新闻事业
史一研究一中国 Ⅳ. ①G219.29

中国版本图书馆CIP数据核字(2021)第259805号

报纸副刊与中国现代文学

责任编辑：邢俊华
责任印制：冯志强

出版发行：中国戏剧出版社
出 版 人：樊国宾
社　　址：北京市西城区天宁寺前街2号国家音乐产业基地L座
邮　　编：100055
网　　址：www.theatrebook.cn
电　　话：010-63385980（总编室） 010-63381560（发行部）
传　　真：010-63381560

读者服务：010-63381560
邮购地址：北京市西城区天宁寺前街2号国家音乐产业基地L座

印　　刷：北京九州迅驰传媒文化有限公司
开　　本：787mm×1092mm 1/16
印　　张：14
字　　数：237 千
版　　次：2021年12月 北京第1版第1次印刷
书　　号：ISBN 978-7-104-05178-7
定　　价：88.00 元

目　录

绪　言………………………………………………………………………… 1

第一章　副刊：独特的二重性………………………………………………… 3

第一节　副刊：文学的摇篮 ……………………………………………………3

第二节　副刊事由及特性 ………………………………………………………6

第三节　“报学—文学”现象 ………………………………………………… 12

第四节　报纸的总体构思 …………………………………………………… 17

第二章　副刊：现代文学传播的重要工具和独特信道……………………19

第一节　副刊文化的成因 …………………………………………………… 20

第二节　副刊文化机制的建立及特征 ……………………………………… 34

第三节　副刊之于现代文学传播的地位和价值 …………………………… 41

第三章　副刊与现代文学的动态演绎…………………………………………50

第一节　副刊革新与新文学运动 …………………………………………… 50

第二节　多彩的副刊与文学互动 …………………………………………… 67

第三节　从“最后关头”到“明朗的天”………………………………… 93

第四章　副刊与现代文学的体态建构……………………………………… 114

第一节　副刊与现代文学语言体系的形成 …………………………………115

第二节　副刊与传统文体的演化 ……………………………………………124

第三节　副刊与新文体的创制 ………………………………………………135

第五章　副刊与现代文学的生态平衡…………………………… 153

参考文献……………………………………………………………… 160

附　录

丁玲人格与文本关系的嬗变………………………………………… 167

在阿波罗与缪斯之间徘徊

——丁玲双重人格的建构与交融…………………………………… 175

20 世纪 90 年代散文怀旧倾向的文化批判…………………………… 183

浅谈报纸副刊与现代文学的整合…………………………………… 188

国民性的独特探讨

——试论鲁迅小说人物的变态心理………………………………… 196

《背影》中的对比艺术 ……………………………………………… 204

谁来拯救文学

——纪念毛泽东《讲话》发表 60 周年 …………………………… 208

致　谢………………………………………………………………… 212

后　记………………………………………………………………… 214

绪　言

中国现代文学作为一种历史现象和存在，是由多种合力整合而成的。在这复杂的合力因素中，现代大众传媒之一的报纸副刊之于现代文学的生成和发展，无疑是一股不可忽视，也是不可抗拒的作用力。写中国现代文学史，应该谈一谈报纸副刊。

副刊不仅是我国独有的“报学—文学”现象，而且是一种独特的文化现象。副刊的形成、发展实际上也是一种文化机制的建构过程，副刊文化机制的建立，使得副刊作为一种大众媒介，在传播现代文学的过程中，有别于书籍、杂志，而有其自身的文化特征，如追求政治化、大众化、多元化、文艺性、服务性和相对独立性等，正是这些文化特征，使副刊既为现代文学的生成、发展提供了重要的平台和园地，又为现代文学的传播提供了一种新型的传播载体和传播方式，副刊因此也与现代文学结下了不解之缘。许多作家甚至包括一些大家都是通过副刊走向文学之路的，他们不仅积极为副刊撰写文稿，而且有的亲自参与副刊编辑出版工作。副刊也因为有了文学的积极参与而得到进一步的壮大，从而有力地促进了报业的发展和繁荣。

副刊与现代文学的整合互动是全过程的：自五四副刊革新开始，它就始终与新文学的命运连在一起，多彩的副刊常常与现代文学互动，从战争烽火的“最后关头”，一直走向解放区“明朗的天”。副刊对现代文学的发展既给出了充分的发展条件和舞台，同时直接或间接地引导、支配、规范、制约着现代文学的发展方向。很多现代日常的文学生活常常是以副刊为中心组建起来的，甚至事实上某些副刊的聚散也可构成所谓文坛，随着副刊的消长，作家间的联系或加强或疏远，文学越来越社会化。副刊推动和加速了文学内容、题材、风格、流派的节奏和周期。副刊通过无形的编辑与调动，使“时代”“潮流”“时代精神”和副刊一道流行起来。

副刊与现代文学的整合互动是全方位的：无论是以白话文为中心的现代文学语言体系的建构，还是传统文体的演化、改造，抑或是新型文体的创制，副刊始终是现代文学体态形成的参与者和实践者之一。报纸副刊在不断地改造、打磨着现代文学传播客体之文学作品的内在“气质”与外在“面貌”，力求展现出内容和形式更为丰富多彩的现代文学。

由于副刊独特的传播方式和传播时空，因此它不仅深刻地影响着现代文学的生成、发展，而且在一定程度上推动、制衡着现代文学生态格局的形成和走向分布，或适时调控着文学生态发展的进程和速度，或调和着文学生态的“俗”与“雅”的平衡，或强化文学的内部生态结构，等等。

过去我们在分析现代文学史现象时，似乎都在就事论事地谈论一些文学现象，或社会的或政治的或历史的或审美的，既很少从文学生产和传播方式上去考察，也很少从文学生态中去思考各种文学现象。因此，倘若拓开思路，有可能为现代文学史的研究提供一个新的视角。从这个意义上说，谈副刊与现代文学的整合，不啻为对现代文学史的一种重写。

第一章　副刊：独特的二重性

第一节　副刊：文学的摇篮

任何历史的发展、任何一种文化现象的出现，都是由多种因素决定的，是多种合力作用的结果，或者说是一种“场效应”的结果。因为“文化从来不可能在理想的纯粹的条件下发展，各种因素的互相作用最终构成了文化的‘场’”。“所谓‘场’或‘力场’，本义是指文化处于多种力的错综纠结的互相作用中。”① 中国现代文学作为既成的历史、文化现象和存在，它也应该是由多种因素和多种合力整合的结果。在这复杂的合力因素和“场”中，作为现代大众传媒之一的报纸副刊之于现代文学的生成和发展，无疑是一股不可忽视的，也是不可抗拒的作用力和推动力。

副刊是中国现代报纸的重要组成部分，也是中国现代报纸的一个独有现象和特色。作为大众传媒之一，它与中国现代文学有着天然的千丝万缕的联系。一方面，报纸副刊为中国现代文学的传播提供了一种新型的传播载体和传播方式，它是现代文学生成发展的重要园地之一。纵观现代文学史上的许多作家，甚至包括一些文学大家，他们大多都是通过报纸副刊走向文学之路

① 周宪主编：《世纪之交的文化景观——中国当代审美文化的多元透视·导论》，上海远东出版社 1998 年版。

的，副刊成为他们文学之梦的摇篮，他们不仅积极为副刊撰写文稿，而且有的亲自参与报纸副刊的编辑出版工作。胡适在回忆他受《时报》副刊的影响时说，他在上海求学的六年里，几乎没有一天不看《时报》，他的现代诗的知识几乎都是从《时报》获得的。“记得有一次《时报》征求报上登的一部小说的全份，似乎是‘火里罪人’，我也是送去应征的许多人中的一个”。《时报》“为中国日报界开辟一种带文学兴趣的‘附张’”。[①] 与此同时，报纸副刊也因为有了文学的积极参与而得到了进一步的发展和壮大，从而有力地促进了中国现代报业的发展和繁荣，二者是双向互动的。

中国现代文学的传播主要靠文学书籍、杂志和副刊三种大众媒介来承担。报纸副刊相对于文学书籍、杂志等传播载体来说，有其独特的传播方式和传播时空，它对现代文学的生成发展和生态格局的形成起到了深刻的影响，发挥了十分重要的作用，同时也做出了特殊的贡献，在有些方面是文学书籍、杂志等所不可替代的。报纸副刊之于现代文学，它既给出了其充分的发展条件和舞台，同时直接或间接地引导、支配、规范、制约着现代文学的发展方向。因为很多现代日常的文学生活状态，常常是以报纸副刊为中心形成起来的，甚至事实上某些报纸副刊的聚合离散，也可构成风云际会的文坛盛事，随着报纸副刊的彼此消长，作家间的联系或加强或疏远，文学越来越具社会化特征。报纸副刊推动、加速了文学内容、题材、语言、风格、思潮、流派的更替节奏和周期。报纸副刊通过无形的编辑与调动，使“时代”“潮流”“时代精神”和报纸副刊一道流行起来。正因如此，著名作家兼副刊编辑萧乾早就主张“写中国现代文学史，应该有一章谈谈报纸副刊”[②]。中国现代文学与报纸副刊的互动关系很有探究之必要。我们很难想象，如果没有报纸副刊这样的现代传播媒介，中国现代文学的情状究竟将会是怎样的呢?

然而，中国现代文学史的研究者们，长期以来似乎不仅忽视了这一重要的“文学—报刊”现象，而且忽视了中国现代文学的生产方式和传播系统的深入探究。据笔者所知，到目前为止，有关这方面的研究成果较少，虽然偶尔出现一些有分量的研究文章，但大多是些零散的、个案式的研究。比如易

---

① 胡适:《胡适学术文集·新文学运动》，中华书局1993年9月第1版，第75页。

② 萧乾:《一本褪色的相册》，生活·读书·新知三联书店（香港分店）1981年版，第347页。

容的《报纸副刊的新文学运动角色》，对20世纪30年代初《申报》副刊《自由谈》的文学译介活动做了述评，指出副刊《自由谈》在报纸副刊史和现代文学史上之所以留下灿烂一页，“不仅是它那每天千字左右，框了花边，集纳了彼时大大小小文化论争，体现着如匕首似投枪风格的议论性短文的活跃”，“还因为它在革新后的重要时期——1932年底至1934年，编辑一直从事的耕耘：译介‘域外文学（文化）’的工作”[①]。李延的《三十年代的〈申报·自由谈〉》也是研究《自由谈》的，文章从杂文创作、办刊方针、期刊史的角度，对《自由谈》在现代文学史上的地位做了比较高的评价。[②] 陈玉申的《报纸副刊与新文学》是一篇综论报纸副刊与现代文学关系的上乘之作，遗憾的是文章太精练了，没有展开充分的论述，真可谓美中不足。[③] 陈平原的《中国小说叙事模式的转变》[④] 和《20世纪中国小说史》[⑤]，也曾就报刊生产过程以及报刊连载形式对作家写作心态、小说结构和叙事方式的影响做过较为切实的讨论。高恒文的《〈大公报〉文艺副刊在“京派”发展史的意义》，为副刊与现代文学的研究提供了新的视角，文章认为副刊与现代文学的关系十分密切，有的副刊甚至对一个文学流派的形成和发展具有至关重要的作用。例如北京的《晨报》，在新月派的历史上就具有特殊的意义，正是由于徐志摩主编该报的副刊，使新月派的诗歌通过报纸这种大众传媒，产生了十分广泛而深远的影响；而它的前任主编孙伏园的离职，导致了《语丝》周刊的创刊，是语丝派散文形成的一个重要契机。再如天津的《大公报》，是20世纪20年代后期和30年代初期，由吴宓主编，成为学衡派继《学衡》杂志的一个重要阵地；其后改由杨振声、沈从文接编，又成为“京派”形成和发展史上具有重要意义的副刊。

尽管如此，对副刊与现代文学的研究，大多还是缺乏整体观、宏观视角和厚度。近年来，北大、复旦的专家学者正在关注这方面的问题，一些中国现代文学专业的博士论文也有做这方面的研究。特别值得注意的是2001年

---

① 参见《广西大学学报》1993年第4期。

② 参见《上海师范大学学报》1991年第1期。

③ 参见《山东社会科学》1998年第5期。

④ 陈平原：《中国小说叙事模式的转变》，上海人民出版社1988年版。

⑤ 陈平原：《20世纪中国小说史》（第一卷），北京大学出版社1989年版。

11 月 20 日北京大学 20 世纪中国文学研究中心与日本大学文理学院在北大合作召开了一个“大众传媒与现代文学”的学术研讨会。从会议收集的论文来看，大多是研究大众传媒与现代文学关系的，它们是：陈平原的《思想史视野中的文学——〈新青年〉研究》，李宪瑜的《“公众论坛”与“自己的园地”——〈新青年〉杂志“通信”栏》，杨早的《一班刊物竟成三——五四时期的北大学生刊物比较》，颜浩的《〈语丝〉时期的苦雨斋弟子》，孙玉石的《〈现代〉诗歌的历史定位与艺术探索》，葛飞的《中国新感觉派小说与现代派诗歌的互动与“共生”——以〈无轨列车〉、〈新文艺〉与〈现代〉为中心》，吴晓东的《〈长河〉中的传媒符号》等。这些文章中除了吴晓东的论文仅只涉及一些《申报》和《大公报》与现代文学的关系外（没有提到副刊内容），其他的论文均未涉及报纸，更没有论及现代文学与副刊的关系，它们主要论及大众传媒之“杂志”与现代文学的关系。这次研讨会的成果已于 2003 年 1 月正式出版，这是目前所能见到的有关研究大众传媒与现代文学关系的重要著作。2004 年 8 月中国文史出版社出版了雷世文的专著《文艺副刊与文学生产》，该书以《晨报副刊》、20 世纪 30 年代《申报 · 自由谈》、《大公报》文艺副刊为中心来研究报纸文艺副刊与文学生产的关系。尽管如此，目前尚未见到研究副刊与现代文学的专著面世。有鉴于此，早在 1987 年，萧乾先生在为《中国报纸的副刊》一书作序时就深有感慨地说：“遍翻几部现代中国文学史，看不到哪位文学史家正视过文学副刊对五四以来的新文学起过的作用、做出的贡献。然而多少作家是 20 年代、30 年代，在北平的《晨报》《京报》，天津的《大公报》《益世报》，上海的《申报》和《新闻报》开始写作的呀！”萧老的感叹不无道理，然而这么多年过去了，这方面的研究仍无起色，相对于中国现代文学其他方面研究硕果累累来说，形成强烈反差。因此更增加了对这方面研究的紧迫感。

第二节　副刊事由及特性

什么是副刊？它的基本特性和作用是什么？了解这些问题，是我们解决副刊与现代文学关系这一问题的基本前提。

翻翻各类辞典，查查“副刊”定义，似乎大同小异：“一般指报纸上刊登文艺作品或理论文章的固定版面。”① 诚然这个说法不无大错，但欠周密。一则它没有概括副刊在发展过程中的各种特异现象，二则它也没有阐明副刊的性质特征。因此，要解读副刊，最好还是从其取名说起。

大清光绪二十四年七月十八日
字林沪报馆附送
消闲报
第二百七十九号 礼拜六
西历一千八百九十八年九月三号

图 1–1 《消闲报》

从远说来，我国报纸最初是没有副刊的，只是到了近代，有的报纸才在最后的部分刊登一些诗词或小品之类的文字，没有固定的篇幅，更没有固定的版面，纯属补白性质。以此为起点，我国副刊的发展大致经历了从报纸间“补白性的文字”，到随报附送的“附刊”，最后形成有刊名、有固定版面的曲折历程。我国的第一个副刊出现于 1897 年 11 月 24 日，其名称叫《消闲报》，

① 《辞海》1979 年版（增补本）副刊条，上海辞书出版社 1983 年 12 月第 1 版。

它附于上海《字林沪报》，随报发行，它是我国最早的有固定版面和刊期的报纸副刊。副刊曾有十几个历史名称，最早的是所谓“文苑”“余审”“丛载”“余录”，接踵而来的便是“谐部”“说部”“附张”“附章”“附页”以及“文艺版”“文艺栏”，最后则相对稳定为“副张”“副镌”和“副刊”。副刊还有个戏称，叫“报尾巴”“报屁股”，那是旧式文人佯狂出世，用来自况其志趣的，同时也从形态上说明，在报纸的编辑组成里，副刊是居其后的，可见地位当初是不重要的。“副刊”一词称谓的出现，是较晚的事情。1921 年 10 月 12 日，北京的《晨报》把专门刊载文艺作品的第 7 版，改为 4 版的单张出版，报头上题着《晨报副镌》。“副镌”之称，却并非编者的意思，而是编者孙伏园请鲁迅先生为之命名，鲁迅便取名《晨报附镌》。镌，是雕刻书版的意思，“附镌”也就是附刊。孙伏园请《晨报》主编、书法家蒲殿俊题写刊头，此先生精于隶书，隶书中没有“附”这个字，便灵机一动，取“副”代之，大笔一挥，刊头便成了“晨报副镌”。几年以后，孙伏园因故愤而辞职，大诗人徐志摩接办，将“晨报副镌”改为“晨报副刊”，那是 1925 年 10 月 1 日的事。稍后的《京报》和《世界日报》纷纷效法，出现《京报副刊》和《世界日报副刊》。中国报纸“副刊”从此便定名了。

由此看来，副刊的称谓是信手可得的，然而，实际上，其沿用却表现了一种必然性。因为，附刊只是报纸的外在发行形式，副刊则点明了它和报纸“正刊”的内在辩证关系。副——佐于报纸，副而成为其刊——有相对独立的编辑形态。也就是说，副刊不如附刊那样庞杂无定，它有自身独特的文体选择、作家群、读者群和相对稳定的编辑特色。因此，不管它采用何种发刊形式，我们都可把它视为报纸中的独特部分，也正是这种编辑的独立性决定了一种独特的历史现象：灰色甚至反动的报纸竟可以有一张进步的副刊，这是其一。其二，副刊有整体的文化或文艺色彩。或者说，从形式到内容，都是文化和文艺的，并由此造就了颇具特色的文体，如连载、杂文和在笔记文基础上发展起来的各类小品文字。即使涉及哲学、史学、经济学、法学、社会学等学术问题，也都有文化普及的性质。从这个意义上讲，所谓“副刊”，也就是报纸的具有相对独立编辑形态，并富有整体文化和文艺色彩的有固定版面、栏目和随报发行的附刊。也许正是这种“文艺”或“文化”色彩，使得报纸副刊与现代文学发生着千丝万缕的联系。而报纸自从有了副刊后，它使得报纸不再是简单意义的新闻纸，而是有了更加丰富的内容和更加多样的形式，强化了报纸传播的吸引力、说服力和感染力。

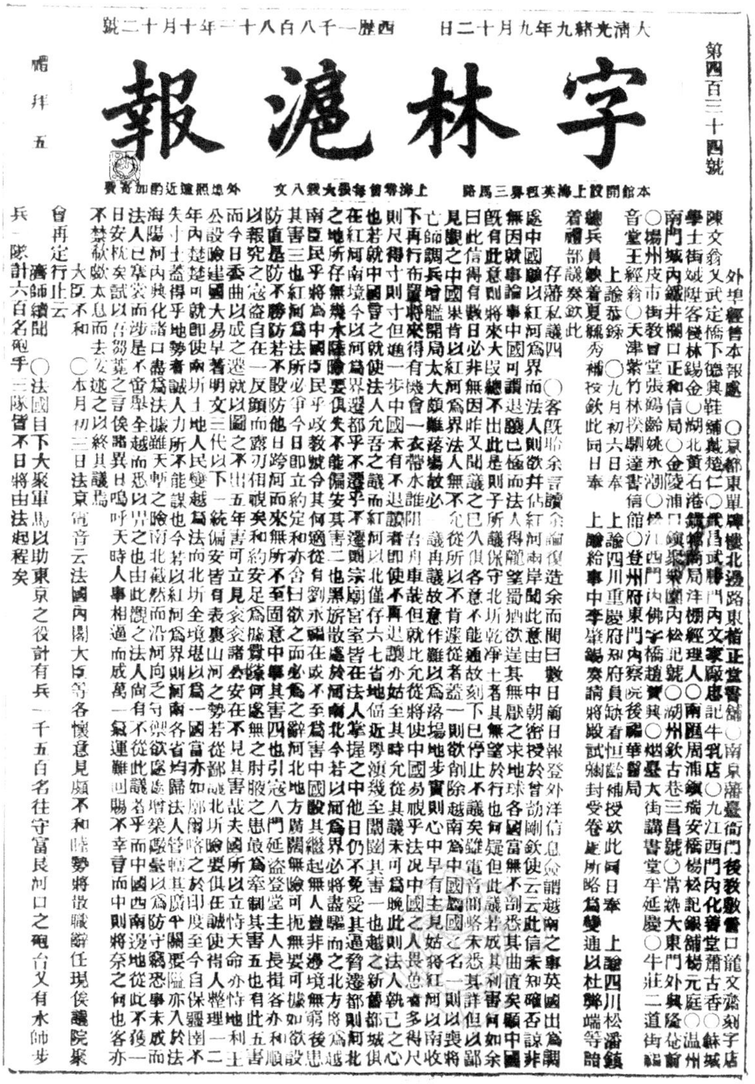
大清光緒九年九月十二日　西歷一千八百八十三年十月十二號

第四百二十四號

字林滬報

禮拜五

本館開設上海英租界三馬路　上海零售每張大錢八文　外埠照遠近酌加寄費

图 1-2 《字林沪报》

从副刊的定义中，我们还不难发现副刊的一些特性。当然，这些特性是在与报纸正刊相比较中所表现出来的。比如，正刊一般侧重于传播新闻，而副刊侧重于传播思想、理论，提供知识和文化享受，这就是说副刊的内容侧重于思想文化领域，因而副刊更多地具有文艺性、知识性、趣味性、娱乐性等特征。另外，副刊与正刊在完成各自任务时所使用的手段也不尽相同，正刊一般采用新闻体裁，而在副刊唱主角的是杂文、散文、随笔、游记、诗歌、小说（短篇小说）、书评、小品等非新闻体裁，由此带来了副刊的“杂”：不仅文体杂，而且题材杂、栏目杂，甚至连从事副刊的编辑也常被人称作一专多能的“杂家”，从而使得副刊具有某种综合性的特征。

当然，副刊作为报纸整体中的有机组成部分，它与所属报纸在根本上存在着一定的统一性，如新闻的统一，类型格调的统一，基本立场的统一等，只不过在要求和表现形式方面与正刊有所不同而已。比如，副刊的新闻性，主要体现在通过各种文学艺术的手段形象地反映当前（或最近一个时期）现实生活中发生的典型的人和事。这种反映不像新闻报道那样，要求迅速及时、微观真实的报道，它主要是从宏观真实、时代感、信息传递等方面，反映一段时间内发生的有价值的人和事。同时，副刊的新闻性在反映新闻的方式、手段上与正刊相比有自己的优势，诸如它表现的内容更广泛，选择更自由，形式更灵活等。另外，副刊的某些性质特征本身也体现着报纸正刊的特性，诸如传播的公开性和广泛性、报道的连续性、舆论的倾向性、反映的时效性、文字的简要性等。正是这些特性使得副刊与文学杂志有了较明确的分野，使得它在现代文学生产、传播过程中扮演着自己独特的作用。

正是由于副刊具有不同于正刊的特性，因此也就具有不同于正刊的作用。① 首先副刊是以特殊的方式反映并引导社会舆论，传播先进思想的手段。这种特殊方式就在于通过艺术的再现、理论的研讨和知识的传播服务于现实斗争，以侧面间接的方式反映并引导社会舆论。而正刊大都采用正面直接的方式，具有强大的声势和震撼力（这当然是不可少的）。而副刊往往是以含蓄、暗示方式影响读者，以情动人，以理服人，寓庄于谐，寓教于乐，将思想教育寓于知识传播之中，因而也就更易为读者所接受。加上正刊多以报纸记者、编者的身份出现来表明报社的看法，显得郑重其事。而副刊的文字都是以个人署名，表明个人观点，尽管其中有些观点也能代表编辑部的看法，

① 参见郑兴东主编《报纸编辑学教程》，武汉大学出版社 1992 年 4 月版，第 296—299 页。

但是在形式上是以个人意见的方式出现的，谈问题可以比较灵活、随便一些，也更加平等、民主。副刊由于反映和引导社会舆论采用间接的方式，处于辅助和补充正刊的地位，因而具有相对的独立形态。正是利用这一点，在政治斗争中它可以发挥正刊无法发挥的作用。比如，过去在反动统治年代，某张报纸副刊的内容触犯了反动当局，它可以作为报纸的一个相对独立的部分被迫停掉，但一般不会影响整张报纸的继续存在。为了继续斗争，将来可以改头换面另出一个新的副刊。但是正刊的社论或重要新闻触犯了当局，则被视为整个报纸的严重问题，最后可能招致停刊，直至查封的处罚。

其次，副刊是传播文化知识的课堂，是丰富群众文化生活，推动文化事业发展的园地。在向读者传播文化科学知识方面，副刊较正刊具有更大的优势。因为正刊主要是报道新闻，而副刊传播知识不受新闻报道的局限，因此内容比较广泛，不仅包括新鲜的知识，还包括读者不熟悉的旧知识以及日常生活中比较实用的知识。副刊中的各种专刊，按门类设置，相对固定，还可以系统地介绍某一类知识。而正刊就不可能做到像副刊那样有计划、有系统。不仅如此，副刊一般辟有专门的版面刊载杂文、散文、诗歌、小说、报告文学、寓言故事和各类美术作品等，读者可以从中直接获得文化享受，满足审美的需求。副刊中的影视评论、戏剧评论和书刊评论，更有助于读者欣赏文艺作品。由于副刊经常刊登文艺作品，展开文艺评论和学术争鸣，于是在它周围便吸引了一批文学爱好者。这不仅满足他们对文艺的审美需要，而且为他们提供了一个崭露头角的园地。正如副刊编辑萧乾所说："我们了然副刊占不了文坛的上席，但从未藐视其应有之职责与价值。它是一道桥，它应该拱了腰身，让未成长或还未把握住自信力的作家渡来。"① 因此，副刊在培养文学队伍方面有着不可小视的作用，它可以说是培养作家的摇篮。所有这些，都对文化事业是一个有力的推动。

最后，副刊是突出报纸个性的手段，是报纸联系读者的重要纽带。正刊的主体是新闻，各报虽然可以在内容的取舍、材料的选择、写法和角度的变化上显示不同，但毕竟反映的是同类甚至是同一的报道客体，选择余地有限。而副刊不同，各报在内容设计、栏目设置方面有更大的选择余地，可以根据

① 萧乾：《副刊编者的自白》，香港《大公报》1939年9月1日。

各自的读者对象，设计出与众不同的副刊来，从而凸现出报纸的个性。加上副刊的内容具有思想性、知识性和趣味性，能够雅俗共赏，表现手法又是灵活多样，更易于为各层次的读者接受，具有较强的接近性，因而副刊往往吸引着众多的读者。因此，一个好的副刊往往成为报纸联系读者的重要纽带。

第三节 “报学—文学”现象

副刊是中国报纸的传统特色，因此而形成了中国报坛一道亮丽的风景线。不仅如此，副刊还是一种独特的报学—文学交叉现象[①]，具有二重性。作为一种报学现象，它是我国近代报纸发展的产物，从而成为报纸的有机组成部分。从形式上看，副刊的演化大致是沿着两条路线进行的，一是附刊式，一是版面式。前者成型于《字林沪报·消闲报》，后者发端于该报的《花团锦簇楼诗集》和《玉馆新镌》。由于早期我国报纸，采访乏人，新闻稀少，而文艺材料过多，正式版面无法包容，便产生了文艺附刊现象。这种附刊是不自觉的、不健全的，随着采访业务发展，报纸变得更像是一张“新闻纸”时，副刊文字才相对地游离出来。所以《消闲报》的出现显示着报纸的一种进化。不过，从附刊式中，我们不难看到报纸发展的另一面，即大报启发了文艺小报，小报又直接影响了副刊，使它在套用小报形式的同时，具有了初步完整的编辑形态。至于版面式副刊更是报纸编辑业务发展的结果。早期报纸多为书版式，不分栏，也无所谓编辑。后来出现“白门柳色”“铁翁涛声”之类的固定题名，既是标题之始，也是栏目的萌芽。其意义在于分类编辑。这样，副刊文字就有可能被集中刊登，辟为专栏，出现“文苑”“杂著”乃至“花团锦簇楼诗集”的文艺栏目。随着报纸的成熟，版面式副刊也成熟了，终于诞生了具有综合编辑特点的《申报·自由谈》。

报纸在进化发展中产生副刊，副刊反过来也促成了报纸自身的发展与完

① 有人把西方如美国的星期周刊、娱乐版当作洋副刊，向国内介绍，甚至得出结论，“几乎所有美国星期日出版的美国报纸都附有副刊”，“种数近六百种”。其实，西方的娱乐版既没有整体的文艺和文化的特质，也没有相对独立的编辑形态，星期周刊表面上虽有独立的编辑形态，却在本质上是广告与新闻的延伸，它充其量是一种“趣味”附刊，是西方商业化报纸的一个特征。

善。如果说新闻、言论版赋予报纸以灵魂，那么副刊则丰满了报纸的血肉，副刊的存在使报纸不再等同于简单意义上的“新闻纸”，而是具有了和丰富内容相适应的复杂形式。而形式的完善必然导致功能的完善，报纸和读者的关系更加广泛，渗透社会生活的能力更强，既用来报道新闻、指导舆论，也可以系统传播知识，提供各种精神食粮。功能的完善直接影响报纸的经营，有无副刊，以及副刊办得好坏，常常关系到报纸的发行量，因为副刊具有文艺或文化色彩，有知识的广泛性和趣味的可读性，这是报纸吸引读者的重要手段，也是保持报纸具有竞争力的有效手段。

副刊就其内涵来说，它是作为一种报学现象而存在的。然而，就其基本形式而言，副刊又是一种文学现象。因为，其一，副刊的发生发展自始至终与文艺运动、文艺现象息息相关，从各种副刊中，既可以看到各种文艺力量、思潮和流派的消长斗争，也可以触摸文艺发展的脉搏跳动。它可以使我们从更广阔的背景下窥探中国现代文学史的一个侧面。早期的副刊多属于消闲性质，用趣味性文字吸引读者，旨在增加报纸的销路。至民国初，由于政局的糜烂和社会理想价值的迷失，报纸副刊的消遣、游戏色彩更见浓厚，煽情、媚俗之作风行报端，副刊几乎被鸳鸯蝴蝶派一统天下。五四新文化运动的发生，使副刊发生了转折性的变革，由白话文运动引起的“文白之争”，席卷了整个报坛，从而导致了“文学革命”。在当时，各新文学社团纷纷把报纸副刊当作“文学革命”的重要阵地，报纸附出的文学专刊“不下百余种”。“这几年的杂乱而且也好像有点浪费的团体活动和小型刊物的出版，就好像是尼罗河的大泛滥，跟着来的是大群的有希望的青年作家，他们在那狂猛的文学大活动的洪水中已经练就出一副好身手，他们的出现使新文学史上的第一个‘十年’的后半期顿然有声有色。”① 在新文学第二个“十年”中，进步副刊的发展带有鲜明的反“围剿”的特点。左翼作家或根据民族报业资本家在特定时期里政治态度的变化，给他们的报纸副刊以稿件上的支持；或进入副刊甚至创立新的副刊，促使其暂时局部地改变方针。“七七”事变后，副刊发展进入另一个浪头，党的民族文化统一战线的提出，使进步作家的副刊活动更加频繁：以《救亡日报》为代表的救亡报纸及其文艺版的发展，发表大量

① 赵家璧主编：《中国新文学大系·小说一集》，上海文艺出版社 1981 年影印本。

战地通讯、报告文学和救亡剧；而上海报纸副刊上的“孤岛”文学和以《新华日报》为中心的“大后方”抗战文艺副刊，则如地底之火也在猛烈地燃烧。不仅如此，副刊这“星星之火”在革命根据地和各敌后抗日根据地也形成了“燎原”之势，它孕育出一批如赵树理《王贵与李香香》《小二黑结婚》等优秀作家和作品。

其二，副刊与现代文学的语言和文体演化发展密切关联。在五四文学革命过程中，随着文学观念和内容的更新，传统文学的话语形式已无法“旧瓶装新酒”了。文学传播的符号——语言文字的变革变得十分紧迫，提倡白话文，反对文言文；“文学的国语，国语的文学”，成为当时五四文学革命响亮的口号之一。于是在大众传媒（包括副刊）的直接引导、参与下，掀起了两次白话运动。不过，文学革命之初，《新青年》孤军奋战，响应者寥寥，发难者曾深感寂寞和焦虑。假如没有新的报刊起来助战，没有更多的人执笔写作白话文，不仅新文学的高潮不会到来，而且很有中途夭折的危险。而《晨报副刊》《学灯》和《觉悟》是最先赞助新文学运动的，它们从 1919 年开始就发表白话文作品，诚如胡适所说，它们是 1919—1921 年“三个最重要的白话文机关”。三大副刊的加盟，进一步扩大了文学革命的影响，加快了文学革命的步伐。因为这些都是日报的副刊，天天发行，范围广泛，是开展文学运动的最佳工具。借助于报纸在传播时空上的这种优势，副刊把文学革命的主张和先驱作家的示范作品介绍给社会上的广大读者，从而唤醒更多的人加入新文学的创作队伍中来。从此以白话文为话语形式的新文学终于诞生了。

不仅如此，副刊促进了现代文学的体裁演化与发展。副刊上的文字大多具有短小或连载的性质，多数属于文学范畴。可分两类：一类是五四以来的新文学体裁，这里有一个民族化的问题；一类是传统的文学体裁，这里又有一个随着时代发生演化的问题。如连载小说，在很大程度上是从宋明的话本、拟话本及明清以来的章回小说脱胎而来，后来出现了许多花样。如果考察一下《阿 Q 正传》会发现，倘若不是注意副刊的特点，随写随载，恐怕作品是另一番样子。游记文学在副刊上占有一定的地位，它沿两支发展，一支仍旧具有传统色彩，山光水色，风物旅游，怡人性情，陶冶思想。另一支涉猎社会生活的变异，如《饿乡纪程》《寄小读者》《中国的西北角》等，它们既是游记，又是文艺通讯。另外，文论诗话、序跋诔铭，都在副刊上找到了天地。它们或以传统形式出现，或衍化出文艺随笔、杂谈、书信、札记、文学回忆录和多种怀念文字。这些传统文学式样的发展，都有赖于副刊。不仅如此，在报纸副刊的影响下，产生了许多新的体裁，如杂文、小品、报告文学和讽刺幽默小品等。现代杂文，由于鲁迅的倡导和实践，成为“感应的神经”和“攻守的手足”。小品文，由于其记叙灵活、不拘章法，有文学色彩而又能给人以多方面的知识，成为早期报纸副刊上必载的内容。而报告文学的出现，与副刊的关系更为密切。虽然它不是我国的独创，但其表现形式更多地继承了我国传统散文的优点，既重人物刻画，也熔抒情、议论、哲理于一炉，表现了更大的灵活性。因此，在战争年代，战地文艺通讯和人物特写比较多。

第三，副刊成为现代文学传播的重要信道和工具、方式之一。由于科技发展和社会时代的因素，中国现代文学的传播主要依靠文学书籍、杂志和副刊这三种媒介。由于这三种媒介载体的性质差异，它们彼此各有其独特的传播特性、传播方式和传播效果。书籍在所有的大众传媒中是最具保存性和个人性的。杂志除了和书籍一样具有深入性外，它在内容的选择和安排上具有较强的“伸展性”，而时间上的持续性则与副刊又有近似之处。比较书籍和文学杂志追求纯学术性、纯文学性不同，报纸副刊在传播文学中，更多地倾向通俗化、大众化，这样有利于和受众进行更“亲密的接触”，并为之提供前所未有的文化接触机会。因此，就传播信道的畅通度来说，这是其他媒介无法比拟的。副刊传播广泛、周期短、便捷快速，具有可选择性和新闻性，且呈现密集状态，能及时得到受众的信息反馈，从而赋予了一种特殊的传播效果。因此，它对现代文学的影响在一定程度上比其他文学载体的影响来得更深刻久远。

副刊在现代文学的传播中，不仅充当着中介作用，而且起着引导、制约传者和受众的作用。副刊是把各个作者的作品编辑在报纸版面上，然后通过独特的版面语言传播到受众中出的，而受众可从中选读自己喜爱的作品和文体。无疑每一种副刊都有一定的统一性和倾向性，有着自己特定的作者群和读者群。为此，它一方面在聚合作者，迎合读者，另一方面也在“制造”作者和读者的胃口。因为事实上，当一个副刊出现以后，自然有一部分的读者

（作者）在模仿他所喜爱的作品，试行习作。也许他们这样做，旨在揣摩编辑的好恶，易于被选录。这说明，在作者—副刊—读者之间，构成了一种无形的“公共领域”。即作者与读者通过副刊形成共同的交往空间，由交往行动（投稿和阅读）构成了一个共同体。因此，一些有影响的副刊，总在潜移默化地培养一种共同的、普遍的文学趣味。如五四“四大副刊”、《自由谈》、《大公报·文艺》等，在当时的文坛，无疑在形成或主宰着一种无形的规范和共识。可以说，正是一些副刊把当代标准的流行的文学认识生产出来。所以，文学的生产和传播方式在很大程度上决定着文学的本质，现代文学的生产和传播已经深刻地改变着文学的性质。①

其实，马克思早就把文学艺术活动，当作一种特殊的生产活动，认为生产活动的一般规律同样适用于文艺活动。因此，从文学生产与消费的关系来说，读者的欣赏趣味也在时常影响着副刊编辑的方向和定位。而副刊编辑的定位又反过来要求传者（作者）修正其创作，又因为不同的副刊有其自身的要求和倾向，无形中围绕它形成了一定的作家群体，以至于社团或流派等。如果从传者—媒介—受者的基本传播要素和路径来看，由于那时的大众传媒不像今天那么发达，又由于那个特定的传播时代具有不可重复性，因此，传播媒介之副刊对现代文学传播的影响是“前无古人，后无来者”式的，副刊如同曹聚仁所说的成了“新文学运动一个灯塔”②。就传者（作者）来说，由于当年的副刊作者很多是高水平的作家，他们亲自撰稿和编辑，作家的使命感、责任感和道德感，使得他们对待副刊与文学倍加珍惜和呵护。至于受者（读者），由于普遍受教育程度不高，且不普及，人们对作家有一种特别的仰慕崇拜意识，加上传统的“敬惜字纸”的心态，使得读者与副刊、作者三者间构筑了一种特殊的审美供求关系。然而，由于中国传统文化对读者接受心理、接受美学的浸润和影响，加上传播者本身也是有着深厚的民族传统文化的积淀，所以彼此之间有着深沉的无形的约定和共鸣，这种共鸣和约定并没有因为五四新文化运动对传统文化采取了决绝的态度而消弭，相反在大众传媒的副刊中坚韧地得以彰显魅力，这也是为何类似张恨水小说

---

① 旷新年：《1928年的文学生产》，《读书》1997年第9期。

② 曹聚仁：《黎烈文与自由谈》，载《曹聚仁杂文集》，生活·读书·新知三联书店1994年10月版。

在副刊连载长久不衰的重要原因之一，其中一直涌动着副刊与受众接受需求的互动波。

第四节　报纸的总体构思

以出版、期刊、副刊为主体的文学生产方式和传播系统，既是现代文学极其重要的组成部分，又是考察现代文学传统时，不可忽视的基本途径。副刊与现代文学的关系问题，是一个宏大而复杂的命题。为此，本报告力求从副刊与现代文学互动关系切入，从副刊文化层面的高度和文学传播的角度，整体地论述报纸副刊与现代文学的嬗变轨迹和整合动态，厘清副刊是如何影响、作用于现代文学的“体态”形式和“生态”格局分布的，而现代文学的“体态”和“生态”格局的最终形成，又是怎样通过副刊这一传播载体得到适度调适的。由此进一步总结中国现代文学在走向现代化的路途中所表现出的一些规律性东西来。

需要说明的是，本报告所说的报纸副刊，主要是指文艺副刊和相关的专刊，所论及的时间范围主要限定在五四至新中国成立这一段，而其理论基点则主要是文艺传播学。之所以这样定位，是因为只有放在文学传播过程中来考察，才能更好地体现副刊与现代文学互动整合的动态感。

本报告共分五部分：第一部分，先交代一下本研究的基本动机，简要介绍有关副刊与现代文学关系研究的现状，从而强调本研究的价值。接着分别解释副刊的概念及相关特性，论述副刊作为中国一种特殊的“报学—文学”现象的表现，从而强调本报告写作的必要性。最后交代一下本报告的逻辑起点，理论基点，论述对象、范围，总体构想和目的。第二部分，从副刊文化的层面论述副刊作为现代文学传播的重要信道和工具的价值地位。第三部分，从纵向角度勾勒一番副刊与现代文学的嬗变轨迹和脉络，力求给人以历史纵深感。第四部分，从现代文学的“体态”构制之语言和文体两方面，勾画一番副刊对改造、打磨现代文学的内在“气质”和外在“面貌”方面所做的贡献。结尾部分，意在描摹出现代文学 30 年，因副刊参与整合而形成的文学生态草图来，从中总结一些有价值的规律。总之，本报告立足副刊大众传媒的特点，运用传播学原理，从副刊与现代文学的动态演绎、体态完善和生态平衡三个方面，对 20 世纪上半叶中国报纸副刊与中国现代文学之间的互动整合关系，做一些宏观性的、尝试性的梳理工作，这就是本报告的总体构想。

第二章　副刊：现代文学传播的重要工具和独特信道

著名作家兼副刊编辑曹聚仁先生早就说过，“中国的文坛和报坛是表姊妹，血缘是很密切的”，“一部近代中国文学史，从侧面看去，又正是一部新闻事业发展史”。① 因此，要考察报纸副刊与现代文学的整合，可以从考察报纸副刊入手，副刊作为报纸的有机组成部分，它不仅是我国独有的“报学—文学”交叉现象，而且是报刊文化中的一种独特的文化现象，只有厘清报纸副刊文化的形成以及特征，方才有可能了解现代传媒对中国现代文学生成发展影响的“场效应”。

副刊文化的成因是多方面的，其中一个重要的因素是西外文化的推动，即国外报刊的刺激，加上报纸自身发展、竞争的压力，受众的需求等各种因素的作用。此外，它与我国民族的文化传统和特定的社会历史条件也是分不开的。副刊的形成发展实际上也是一种文化机制的建构过程，比如投稿机制、编辑机制、稿费制度、发行机制等，甚至读者阅读习惯的养成（连载小说的效应），很大部分因素，也缘于副刊文化的形成。副刊文化机制的建立，使得副刊作为一种大众媒介，在传播现代文学的过程中，有别于书籍、杂志，而有其自身的文化特征，如追求政治化、大众化、多元化、文艺性、服务性和相对独立性等，正是这些文化特征，使副刊为现代文学的产生、发展提供了

① 曹聚仁：《文坛五十年》，东方出版中心 1997 年 6 月第 1 版，第 8 页、第 83 页。

重要的平台和信道，副刊因此也与现代文学结下了不解之缘。

第一节　副刊文化的成因

倘若从报纸史角度来看，我国唐朝就产生过世界上最早的报纸“邸报”。然而，报纸副刊的出现，仅仅是一个世纪以前的事，而且它似乎与我国悠久的古代报纸关联不大，而与外国人在华创办的近代报纸息息相关。从第一份近代中文报纸出现，到第一份报纸副刊出现，其间大约花了82年的时间，而“副刊”的正式定名，还是1925年的事了，副刊文化的形成经历了极不平常的历程。

放眼世界新闻事业发展史，我们会发现这样的事实：近代报刊的兴起，是资本主义商品经济发展到一定程度的产物。我国虽然在明朝中叶出现了资本主义萌芽，但直到19世纪初，一方面，资本主义经济发展仍然十分缓慢和薄弱，整个社会依然处在自给自足的小农经济之中。另一方面，民族资产阶级还没有形成并登上政治舞台，也不可能提出什么政治要求。加上清朝文字狱甚多，老百姓很少有言论、集会、出版、结社的自由。因此，仅靠国内的力量，不足以形成近代报纸出版的客观条件，这就为西方报刊文化的进入提供了可乘之机。而就在这时，欧美主要资本主义国家，都相继进行了划时代的产业革命，从而大大地促进了生产力的高速发展和商品的急剧增加。为了倾销商品，需要积极开拓新的殖民地以争夺国际市场，而地大物博、人口众多的中国，则成了它们向外扩张的重要目标。然而，清政府严厉的闭关锁国政策，成为列强们对华倾销商品的最大障碍。当1792年英国殖民者最先向清政府提出通商要求时，曾一再遭到清政府的拒绝。为了敲开中国的大门，西方殖民者调整策略：先文后武，派遣大批传教士充当“大规模的商品推销员”，以通过精神麻醉来达到其政治影响、经济扩张、军事侵略的目的。传教士的到来及其活动的展开，近代中文报刊也随之出现。

倘若以鸦片战争为界，在华外报大致可分两个阶段。鸦片战争前，由于清政府严禁外国人在中国传教和办报，外国人只能以各种隐蔽的方式，在沿海一带进行办报活动。从1815年到鸦片战争结束，外国人一共创办了6种中文报纸和 11 种外文报纸。[①] 外国人创办的中文报刊大多是以中国人为读者对象，创办人是传教士，这些报刊大都是宗教性质。它们分别是 1815 年 8 月 5 日英国传教士罗伯特·马礼逊（Robert Morrison，1782—1834）在马六甲创办的《察世俗每月统记传》，1823 年英国传教士麦都思（Walter Henry Medhurst）在雅加达创办的《特选撮要每月纪传》，1828 年英国传教士吉德在马六甲创办的《天下新闻》，1833 年德国传教士查尔斯·郭士立（Karl Friedrich August Gutz，1803—1851）在广州创办的《东西洋考每月统记传》，此外，还有 1838 年在澳门出版的中英文对照刊物《依泾杂谈》和在广州创办的《各国消息》。

这些中文报刊在传播西方文化和价值观念方面有一个共同的特点，就是非常注意本土化和中国化。以第一份中文近代报刊《察世俗每月统记传》为例，它的主编和主要撰稿人米怜，在撰稿和编辑时，从宣传内容和表现形式，尽量运用中国传统的形式和手法，注意迎合中国人的思想和习惯，以适应普通读者。比如，该刊的英文名为 Chinese Monthly Magazine，本应译为“中文月刊”，可他却煞费苦心地取了一个“意味深长”的中文名字，“察世俗”既是 Chinese 的巧妙音译，又含有“学者要勤考察世俗人道，致可能分是非善恶也”的深刻含义。[②] 同时，该刊附会儒学，每期封面都印有“子曰多闻择其善者而从之”的字句。在文章中大量引用“四书”“五经”和孔孟程朱的言论，还别出心裁地用儒家的言论来解释《圣经》文句，说明儒家学说与基督教在思想上和精神上，是并行不悖的。在内容方面，《察世俗每月统记传》除了围绕宗旨宣传教义外，还非常注意刊登知识性的文章。而写作方面，则常采用中国民间文学，特别是章回小说的表现手法，注意形象生动，有故事性，连解释天文现象的知识文章也要在篇末用上“欲知后事如何，且听下回分解”之类的句子结尾，故意制造悬念，吸引读者阅读。另外，文章表达的语气也尽量做到亲切自然，经常用“我们中国人”如何如何的口吻，打扮得很“中国化”，以增强读者的亲近感。再者，报刊上的文章十分短小、通俗，原因是当时的读者以“贫苦与工作者居多”，他们比较忙，“读不得多书，一次不过数条”，因此“每篇必不可长”。实在遇到长文，便分篇连载，使之尽可能短

① 吴廷俊:《中国新闻传播史稿》，华中理工大学出版社 1999 年 1 月版，第 35 页。

② 《察世俗每月统记传·序》，载张之华主编《中国新闻事业史文选》，中国人民大学出版社 1999 年 1 月第 1 版，第 77 页。

小，以吸引读者。而报刊文章的体裁也是多种多样，连载、故事、寓言、对话、书信、启事、编者按、笔记小品、七言诗等都有。总体上看，《察世俗每月统记传》刊登了不少文学作品、副刊性文章，还辟有专页，这些都是以前中国报纸没有的，这是一份崭新的报纸，是近代中国报业的开端，中国报纸副刊也因此播下了良种。也就是说，对中国报纸副刊来说，它的思想性、趣味性、生动活泼、短小精悍的传统，与这份首家中文报刊所开创的先河不无渊源关系。①

随着外国商人、传教士和外国侨民在华人数的不断增多，以这些人为读者对象的外文报纸也陆续创办起来，如葡萄牙文报纸《蜜蜂华报》，英文报纸《广州纪录报》《中国丛报》等。《广州纪录报》除了正张的新闻、评论外，还出了行情报、物价报等增刊，随正报赠送给读者。这种随报赠送专业性专刊的做法，对中国报纸副刊的形成影响极大，我国第一份报纸副刊《消闲报》就是以增刊附送的形式问世的。《广州纪录报》还曾将古典名著《三国演义》译成英文在报上连载，开创了刊登长篇连载小说的先河。《中国丛报》的任务主要是向西方提供“有关中国及其邻近国家最可靠、最有价值的情报”，为了帮助在华外国人多方面地了解中国，不惜篇幅地全文译载《三字经》《千字文》《名贤集》等宣扬孔孟之道的读物。它刊登的文章体裁也多种多样，有论文、消息、通讯、书信、游记、大事记、书刊评介等，还辟有“宗教新闻”“文化情报”“时闻”等专栏。其中游记、书刊评介对后来报纸副刊的文章样式及专栏的设置，也有着积极的影响。

总之，鸦片战争前的在华外报，大多集中在华南一带，尽管发行量很少，在中国人中影响不大，但这些刊物文章的文学性、知识性、趣味性的内容，通俗、生动的表达方式，体裁的多种多样，以及开设专刊、出版增刊等吸引读者、扩大影响的办报方法，等等，却给中国近代报纸及其副刊以很好的启示和影响。它犹如一张温床，孕育了报纸副刊性文字的形成，以至于副刊的问世。

鸦片战争后，清政府海禁大开，在洋枪洋炮的威胁下，外国人取得了在中国办报的特权，于是，他们创办的报刊在中国迅速地、大规模地发展起来，从南洋、广州、澳门，直向全国很多地区扩展，教会报刊、外文报刊，特别

① 罗贤梁:《中国副刊史略》，长江文艺出版社 1993 年 6 月版，第 4 页、第 5 页、第 25 页。

是外商报刊纷纷创办，初步形成了一个在华外报网。据统计，到 19 世纪后期，外国人在中国一共办起了近两百种中外文刊物，占当时我国报刊总数的 80%以上，几乎垄断了我国当时的新闻事业。①

鸦片战争后，香港逐渐成为英国在华势力的政治中心、贸易中心和文化出版中心，为报刊的出版提供了最为有利的条件。在香港，最有影响的英文报纸是《德臣报》《孖刺报》(原为《广东纪录报》)，而最有影响的中文报纸为《中外新报》和《华字日报》。在这些报纸中，《孖刺报》也曾译载过《三国演义》，是报刊连载长篇小说的最早尝试之一。《中外新报》是 1858 年 11 月 15 日由中国人自己创办的，该报采用白报纸单面印刷，改变了过去的书本形式，偶尔刊登文艺性稿件。《华字日报》创办于 1864 年，发起人和首任主笔为陈霭亭，该报非常注重刊登吸引读者的副刊性文字，曾刊有王韬所写的掌故笔记，后来还辟有"谐部"专栏，发表文艺副刊性的稿件，因此它成为中国近代最早办副刊专栏的一家报纸。

第二次鸦片战争后，上海成为我国近代报刊出版的又一个中心。其中《上海新报》成为我国大陆近代最早的中文报纸，它由英商庇克乌得创刊于 1861 年 11 月。1866 年前后，庇克乌得组建字林洋行，《上海新报》便成为字林洋行的报纸，该报特别重视刊登副刊性文章，即在新闻、广告中，常插登一些随感、杂感之类的副刊性文字。这些副刊性短文，或谈生活、思想、修养等问题；或联系国内外时事，有感而发；偶尔也登载些笔记小说、短篇小说。这些副刊性文字没有固定的篇幅和版位，常常同新闻杂编在一起，有时甚至整个版面都是副刊性文章。这也正好说明报纸副刊在孕育成熟，并在报纸上有着举足轻重的地位。

《上海新报》之所以重视登载副刊性文字，主要是为了适应读者的要求，顺应报业竞争的需要，体现了报业自身发展的规律。《上海新报》创刊后，独占上海报业达 11 年之久，由于售价高昂，市场独占，利润丰厚，所以引起了 1872 年 4 月 30 日《申报》的创刊。《申报》采用廉价的毛太纸单面印刷，压低报价，每份只售 8 文铜钱，不及《上海新报》报价的三分之一。加上它每天发行，且刊登诗词小品，颇投词林文人的爱好。为了与《申报》竞争，《上

① 吴廷俊:《中国新闻传播史稿》，华中理工大学出版社 1999 年 1 月版，第 34 页。

海新报》也降低售价，每份 8 文铜钱，同时加大报上的副刊性文章分量，多刊登诗词等文学作品，迎合文人墨客的兴趣，适应读者多方面的需要，以吸引读者买报。由于副刊性文字具有很强的对读者的吸引力，能增强报纸的竞争力，所以它受到报纸的青睐，在报纸的地位越来越显得重要。因此，鸦片战争后的三四十年间，副刊性文字在近代中文报刊上恰似“十月怀胎”，不断孕育成熟，像《上海新报》那样，已见初期报纸副刊的端倪，而《申报》则初现了副刊的雏形。

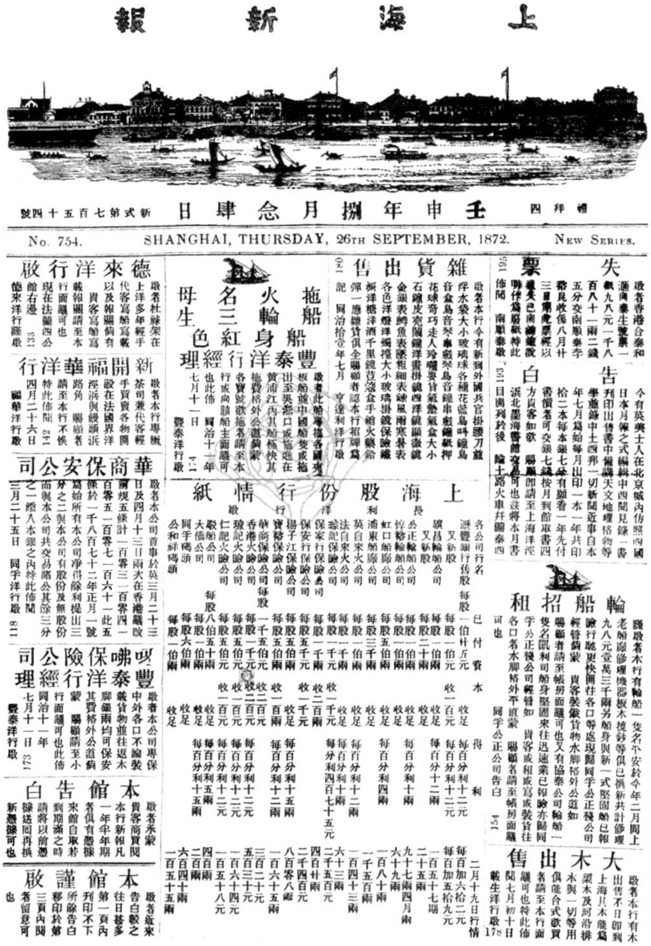
上海新報

壬申年捌月念肆日　　禮拜四　　新式第七百五十四號

No. 754.　SHANGHAI, THURSDAY, 26TH SEPTEMBER, 1872.　NEW SERIES.

图 2-1 《上海新报》

《申报》全称为《申江新报》，它是在上海出版的历史最悠久、影响最大的中文报纸。它最初是由英国商人美查创办，美查公开宣称办报是以营利为宗旨。为了迎合读者需要，扩大报纸的影响，吸引读者买报，《申报》在宣传内容及业务方面做了不少改进。在报纸业务改革中，尤其重视刊登副刊性的稿件，这与宗教性和商业性的报刊有很大不同。因为它们大多一是数量有限，二是多与新闻和文章混编在一起，起着"新闻不足小诗补"的补白作用，或版面点缀作用。而《申报》上的副刊性文字却已经成为整张报纸必须具备的一个部分。这突出地表现在版面的安排上，《申报》的版面由新闻、言论、文艺（副刊）和广告四部分组成，构成了近代中文报纸具有独创性的基本模式。它标志着副刊在报纸上已占有重要的地位，开始成为整张报纸的一个有机组成部分。可以说，《申报》实际上开创了报纸副刊的先河。

《申报》创刊时，《上海新报》已独占报业市场，取得了丰厚的利润。为了与之竞争，《申报》在创刊号曾刊登《本馆条例》，明确告示："如有骚人韵士愿以短什长篇惠教者，如天下各名竹枝词及长歌记事之类，概不取值。"① 这一招很有号召力，因为那时一些文人要想使自己写的作品流传于世，需要自己花钱请人刻印成册，然后去分送，既费钱又费力。《申报》的公开声明，自然深受文人欢迎，于是投寄报馆的"短什长篇"日趋增多，四五年间"所积不下三千首"，"报屁股"上那点小小地方根本容纳不了。加上一些翻译小说和"海外奇谈"式的笔记小品文章，有趣有味，篇幅较长，要在报上发表又苦于版面有限。于是《申报》在 1872 年 11 月 11 日增出月刊《瀛寰琐记》，后来先后更名为《四溟琐记》《寰宇琐记》出版发行。这些增出的月刊，是我国最早出版的附出于日报的综合性副刊，给我国报纸副刊的形成以极大的影响。所有这些，《申报》对我国报纸副刊的形成实际上起到了一个"催产婆"的作用。

1897 年 11 月 24 日，《字林沪报》创办的附张《消闲报》问世，标志着我国报纸副刊"十月怀胎，一朝分娩"。《字林沪报》是字林报馆 1882 年创办的中文报纸，该报为了与《申报》竞争报纸市场，也在新闻的后面刊登"诗

---

① 薛君度、刘志琴主编：《近代中国社会文化变迁录》（第一卷），中国社会科学出版社 2001 年版，第 304 页。

词杂作”，利用“报屁股”的副刊文字来吸引读者，并声明“凡有诗词歌赋嘱登本报者，概不取资”，还在报纸上开辟栏目，取名为“花团锦簇楼诗集”，专登诗词作品，这是我国报纸副刊最早的一个文艺性专栏。报馆还将夏敬渠创作的154回长篇小说《野叟曝言》排成书版形式，每天印一页随报附送给读者，类似后来的长篇连载。连载的单页随报送到读者手中后，引起了不少文人的兴趣，纷纷买报谈报，使《字林沪报》的销路一路飙升，这使得报馆更加下大决心变革版面，增加内容，顺应读者的要求，扩大报纸的销量。于是，该报将刊登连载小说的单页扩展成小报，专载文艺作品之类的副刊稿件，并取名为《消闲报》，从1897年11月24日起随报赠送。我国最早的报纸副刊就这样面世了。

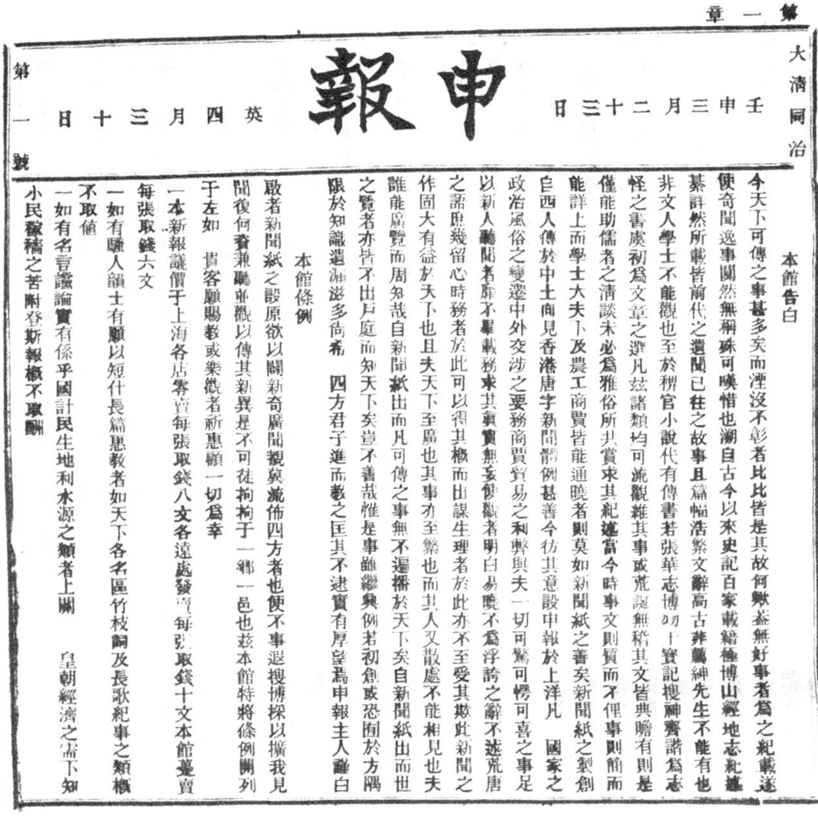

第一章

大清同治壬申三月二十三日

申報

英四月三十日

第一號

本館告白

今天下可傳之事甚多矣而湮沒不彰者比比皆是其故何歟蓋無好事者爲之紀載遂使奇聞逸事闃然無稱殊可嘆惜也溯自古今以來史記百家載籍極博山經地志紀載綦詳然所載皆前代之遺聞已往之故事且篇幅浩繁文辭高古非薦紳先生不能有也非文人學士不能觀也至於稗官小說代有傳書若張華志博物干寶記搜神齊諧爲志怪之書虞初爲文章之選凡茲諸類均可流觀維其事或荒誕無稽其文皆典贍有則是僅能助儒者之清談未必爲雅俗所共賞求其紀述當今時事文則質而不俚事則簡而能詳上而學士大夫下及農工商賈皆能通曉者則莫如新聞紙之善矣新聞紙之製創自西人傳於中土向見香港唐字新聞體例甚善今仿其意設申報於上洋凡 國家之政治風俗之變遷中外交涉之要務商賈貿易之利弊與夫一切可驚可愕可喜之事足以新人聽聞者靡不畢載務求其真實無妄使觀者明白易曉不爲浮誇之辭不述荒唐之語庶幾留心時務者於此可以得其概而出謀生理者於此亦不至受其欺此新聞之作固大有益於天下也且夫天下至廣也其事亦至繁也而其人又散處不能相見也夫誰能廣覽而周知哉自新聞紙出而凡可傳之事無不遍播於天下矣自新聞紙出而世之覽者亦皆不出戶庭而知天下矣豈不善哉惟是事屬創興例若初創或恐囿於方隅限於知識遺漏滋多尚希 四方君子進而教之匡其不逮實有厚望焉申報主人謹白

本館條例

啟者新聞紙之設原欲以闢新奇廣聞覩冀流佈四方者也使不事遐搜博採以擴我見聞復何貴兼聽並觀以傳其新異是不可徒拘拘于一鄉一邑也茲本館特將條例開列于左如 貴客願賜教或樂觀者祈惠顧一切爲幸

一本新報議價于上海各店零賣每張取錢八文各遠處發賣每張取錢十文本館躉賣每張取錢六文

一如有騷人韻士有願以短什長篇惠教者如天下各名區竹枝詞及長歌紀事之類槪不取値

一如有名言讜論實有係乎國計民生地利水源之類者上關 皇朝經濟之需下知小民稼穡之苦附登斯報槪不取酬

图2–2 《申报》第一号

图 2-3　1918 年落成的申报馆大楼

之所以取名“消闲报”，在该报第二号上刊登的《释消闲报命名之义》是这样解释的：

闲者，劳之对也。王事贤劳，薄书鞅掌，使无养息以节之，似背于爱情之理，故古人有“十旬休暇”之说。今之西人，休息之期，则以七日一来复，而晨昏歇息之时，亦有定候。既歇息，则闲矣，既闲，则当有消闲之法矣。一篇入目，笑口既开，虽非调摄精力之方，要亦可为遣闷解愁之助也。此可为当道诸公消闲者也。或者高人韵事，酒阑灯熠，若茗既熟，有约不来，走马王孙，春游即返，深闺才友，刺绣余闲，既无抵掌之良友，复乏知心之青衣，得此一纸，借破岑寂，或可暂作良友青衣观乎？此可为高雅诸君消闲者也。甚或读书童子，读史传不得其门者，读《聊斋志异》乃足启其聪明；读毛诗不知其义者，通元人曲本乃适以开其智窍。此无他，庄重难收，诙谐易入耳。此后来之秀士于正课之暇，亦可借此以消闲者也。

在这里，“消闲”被释为有意义的娱乐，用今天的话说，就是副刊性的文字应该具有知识性、趣味性、可读性，在茶余饭后休息之时，让读者增长见识，开阔眼界，启迪智能，调情怡性。《消闲报》的内容是“首列骈散文一篇，其后新闻若干则，标题俱用对偶，所载上自国政，下及民情，以至白社清谈，青楼丽迹，无一不备，要皆稀奇开笑，艳冶娱情，殿以诗词小品。盖名曰消闲，真可以遣愁、排闷、醒睡、除烦也。”①

《消闲报》虽然也是和《申报》的《瀛寰琐记》相类似的增刊性副刊，但是对我国报纸副刊的成型起了重要的推动作用。主要表现在：其一，报纸副刊从此有了固定的刊名。《消闲报》创刊以前，报纸副刊性的文字是与新闻、评论混编在一起，仅起填补空白的作用，《申报》上的副刊性文字虽然被安排在“报屁股”，有了相对固定的位置，但没有刊头名称。《消闲报》却有“消闲”的刊名，在报纸上开始亮起了自己的旗号。其二，报纸副刊自此有了固定的刊期。《消闲报》创刊前，作为“补白性”和“报屁股”的副刊性文字是视新闻与评论的情况而安排见报的，刊期不固定。《瀛寰琐记》虽是月刊，但出版周期较长。《消闲报》问世后，作为报纸组成部分的副刊，出版日期相对固定，周期又短，从此报纸上刊载文艺副刊性的稿件有了固定的园地。其三，报纸副刊的内容多样化、综合化。过去报上的副刊性文字多为诗词歌赋，或警句格言、知识介绍，品种单一。而《消闲报》上的内容“上自国政，下及民情，以至白社清谈，青楼丽迹，无一不备”，非常广泛；同时体裁也很广泛，有戏曲、传奇、诗词、小品等，为后来的文艺副刊，尤其是综合性副刊奠定了模式。其四，报纸副刊从此确立了自己的地位和作用。《消闲报》的问世，报纸副刊有了固定的刊名，相对固定的出版日期和周期，以不同于新闻、评论等文体的内容与形式，成了整个报纸的一个有机组成部分，有着扩展宣传内容、繁荣文艺创作、传播科学知识、丰富文化生活、吸引读者买报的不可忽视的作用。从此，人们将新闻、评论、广告和副刊称为现代报纸的“四大件”。所以，《消闲报》被称为我国报纸的第一个副刊。②

1900年，字林洋行将《字林沪报》卖给了《同文沪报》（1900年创刊，日本东亚同文会的机关报），《消闲报》也易名《同文消闲录》。《同文沪报》在办《同文消闲录》时，改进经营管理，为节约纸张，降低成本，不再出免费赠送的副刊，而是将消闲录的内容移到正张报纸的版位上刊出，并专门辟

① 参见罗贤梁《中国副刊史略》，长江文艺出版社1993年6月版。

② 罗贤梁：《中国副刊史略》，长江文艺出版社1993年6月版，第4页、第5页、第25页。

一块副刊版，取名《同文消闲录》，刊登内容广泛，体裁多样，格调轻松，有趣有味的副刊性稿件。在正张上出副刊版，既节约纸张，减少了经费开支，又能方便读者阅读和装订报纸。于是，一些报纸纷纷仿效，将副刊移到正张上，取个刊名，辟个版面，这样，副刊逐渐成为报纸上的一个不同于新闻、评论与广告的有着丰富内容和活泼形式的、非常吸引读者的固定版面。中国报纸副刊就这样形成了。

由此可见，作为一种报刊文化现象，副刊在我国的出现，是近代报纸发展的产物，亦即在西方报刊的影响下，在近代激烈的报纸竞争中，为适应多层次读者的多方面阅读需要而形成发展起来。不过，究其根本原因来说，它还与我国的民族文化传统和特定的社会历史条件分不开。就文化传统来说，中国是一个散文传统深厚的国度，而散文的概念是很广博的，它不仅影响到国外传来的新闻文体的发展，形成了民族化的文艺通讯和中国报纸政论，更以它独有的渗透力支配着传统文体的演变。它叙事、抒情、议论、考据、学理、书信、游记、杂说，无所不用。丰富的体例，灵活的表现手法，短小精悍的结构，使它能够化整为零地把握社会各领域的一切题材。这种优点使它和谐于报纸的“杂”，成为报纸不可摆脱的文字因素。因此，当现代报纸还在雏形阶段，它已大量占据版面，产生了与新闻混合编制的副刊文字。尽管嗣后新闻文体与文学有了明确的分野，却没有削弱散文的地位，它的传统生命力使它寻求合理的出路，终于演化出副刊。相反，在西方，素有纯文学的概念，即使有文学报纸出现，那不过是文学作品借报纸栖身，终究会游离于“新闻纸”外，而不能演化出具有综合文化或文艺特点的副刊。①

就我国近代报纸发生的历史条件来看，近代报纸（副刊）的发展适应了“变法图存”的民族需求，这是副刊文化成因的又一个因素。报纸（副刊）一开始不仅担负着传播新闻的使命，而且成为传播知识、启蒙思想、开启民智的工具。正因如此，在我国，商业化报纸和消闲性副刊不可能成为主流，占主流地位的却是具有强烈政治色彩的报纸和思想性的副刊。这集中体现在戊戌变法和辛亥革命的历史进程中。

在维新变法中，以康有为、梁启超为代表的维新爱国志士积极组织学会，

---

① 冯并：《中国文艺副刊史》，华文出版社2001年5月版，第7—8页。

倡言“刊布报刊”“以广学识”，短短几年形成了中国近代第一次办报高潮。其中著名的报纸有北京的《万国公报》(后更名为《中外纪闻》)，上海的《强学报》《时务报》，天津的《国闻报》，长沙的《湘学报》，日本的《清议报》《新民丛报》等。这些报刊，尽管存在时间不长，但却大开议论时政、提倡西学、维新变法的风气。中国资产阶级终于撕开了朝廷对舆论控制的铁幕，成为舆论的主角。为了“开化”万民，“开启”民智，维新变法人士特别重视副刊的独特作用，把各种新思想、新学说、新知识的介绍列为宣传的内容，并提出“政治小说”的概念，无限夸大文学的社会作用，把它看作宣传维新思想的传声筒。这种激进的文学观，直接影响到报纸副刊的发展，即在政论性报纸发生之时，文艺便作为不可分割的一部分登上了报坛。从此，不独“稗官小说”、俚语民谣纷纷走上文坛，与正统的诗词歌赋、八股贤文争夺地盘，也为报纸副刊的进一步发展廓清了道路。例如《时务报》第 24 期曾译载英国侦探小说家柯南道尔的《福尔摩斯侦探案》的片段。《国闻报》除首次向中国读者介绍“物竞天择，适者生存”的进化论思想外，还重视以小说来唤醒民众，附印了“说部”(刊载小说的栏目)。为此，梁启超曾撰文指出:“人情厌庄喜谐，有不读经，无有不读小说者。故六经不能教，当以小说教之。正史不能人，当以小说人之。语录不能喻，当以小说教之。律例不能治，当以小说治之。”① 梁启超从“教、人、喻、治”不同的角度强调小说(也可以说是副刊文艺作品)的教育与启迪作用，提出要在改良派报刊上选择外国小说中“有关切于今日中国时局者，次第译之，附于报末”的主张，这表明维新派的宣传家们对小说等文学作品与报纸副刊的重视，并且在其主办的报刊上有所表现。不仅如此，梁启超在附设于《新民丛报》的《新小说》创刊号中，还发表了著名的《论小说与群治之关系》的文章，作为发刊词，指出“欲新一国之民，不可不兴一国之小说。故欲兴道德，必新小说；欲兴教育，必新小说；乃至欲新人心，欲新人格，必新小说”的口号。② 梁启超的“政治小说”和“新民”思想，对民众的启蒙和副刊文化的发展起了非常重要的作用。遗憾的是，戊戌变法只是“百日维新”。

---

① 梁启超:《译印政治小说序》，载罗贤梁《中国副刊史略》，长江文艺出版社 1993 年 6 月版，第 81 页。

② 《新小说》1902 年 11 月 14 日创刊号。

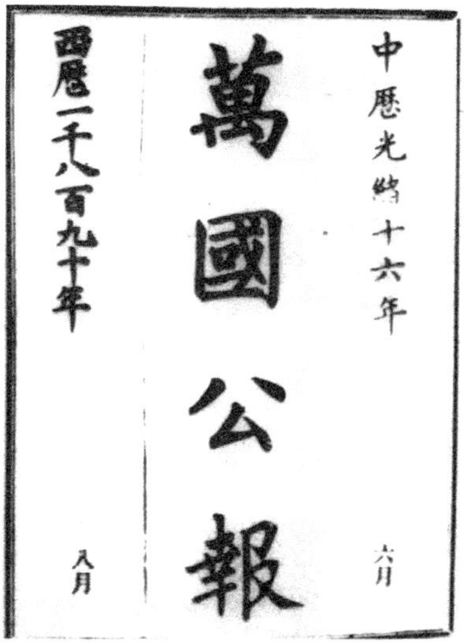

图 2-4 《万国公报》

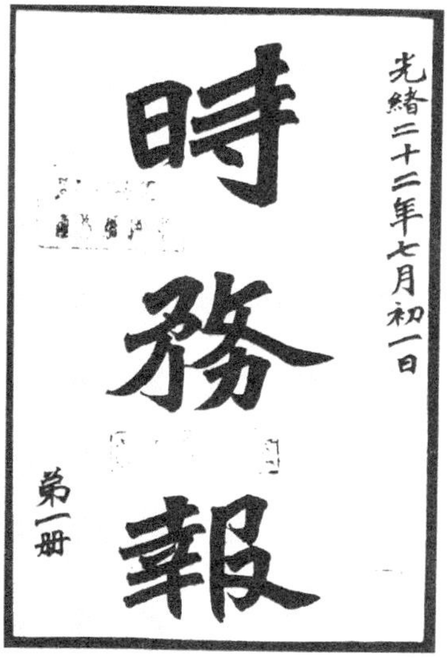

图 2-5 《时务报》

图 2-6 《湘学报》

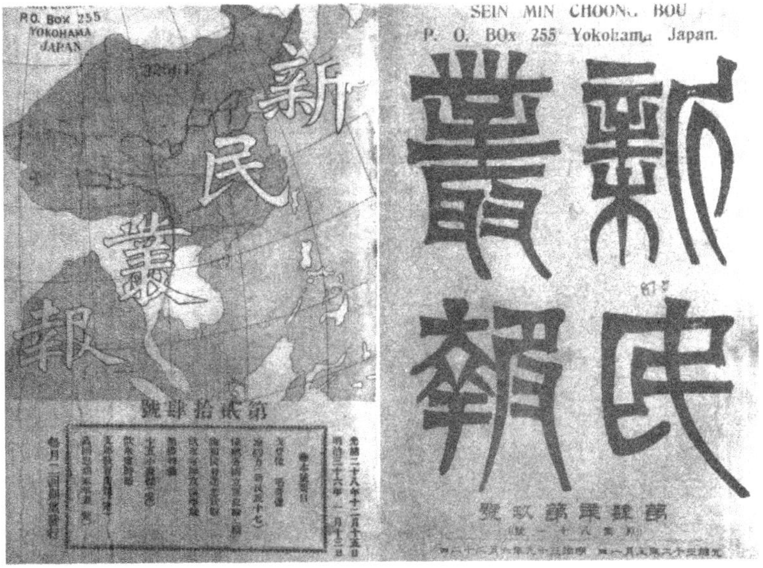

图 2-7 《新民丛报》

戊戌维新失败后，资产阶级改良思潮逐渐衰落，改良派创办的报纸也从此一蹶不振，而资产阶级革命派创办的报刊却冲破清政府的压制逐渐发展起来。辛亥革命时期，革命派先后在国内外创办了 120 余种报刊。作为舆论工具之一的报纸副刊，与新闻、评论相配合，为革命“鼓与呼”。其中 1900 年孙中山在香港取“中国者，中国人之中国”之义，创办了《中国日报》，报纸设置“鼓吹录”专栏，专门刊载文学作品，成为报纸的文艺性副刊。它以宣传革命思想，抨击时弊为主要内容，吹响革命的号角，鲜明地体现了政党机关报副刊的战斗特色。与“鼓吹录”互相呼应，以反对封建君权和神权，鼓吹暴力革命为宗旨，共同进行民主革命宣传的，还有郑贯公主编的《世界公益报》《广东月报》《唯一趣报有所谓》（通称《有所谓报》）的三家报纸副刊，这三家报纸副刊都有一个共同的特色：文字比较通俗，内容比较广泛，文体样式也比较多，因而发挥了特殊的战斗作用 。

对于革命派来说，有一份意义非同寻常的报纸，这就是《苏报》。它是革命派在国内掌握的第一份报纸，它给当时社会以巨大震动的主要是它所刊载的评介邹容的《革命军》的文章。《革命军》是一部 2 万多字的小册子，用通俗简洁的文字无情地揭露了清政府的黑暗统治，号召人们起来推翻清王朝。

1903年5月书面世后，《苏报》立即予以评介，刊出邹容的《革命军·自序》，章士钊的《读〈革命军〉》，章太炎的《序·革命军》。这引起了清政府的恐慌，6月29日逮捕《苏报》主笔章太炎等人，7月7日查封《苏报》，这就是震惊中外的政治事件——“苏报案”。从这一事件中，我们不难看出副刊文体之书刊评论的重要作用，也显示出副刊文化在革命宣传、革命斗争中的战斗作用。

蘇報

图2-8 《苏报》

值得注意的是辛亥革命后，受当时复杂的政治情势的影响，副刊发展呈现出两极状态：一种副刊日益与现实斗争相结合，抨击社会黑暗现象，激发和鼓励人们奋起斗争，追求光明的前途；一种副刊远离社会现实，陷进才子佳人、艳妖闲情、卿卿我我的圈圈，成为鸳鸯蝴蝶派的乐园。这种矛盾的现象不仅存在于不同报纸，还表现在同一张报纸上。这充分表现出报纸副刊文化发展的复杂性和曲折性。

此外，在副刊文化的成因中，民办的消闲性小报和白话报纸的发展推动也是功不可没。在变法维新运动与办报热潮的影响下，光绪皇帝于1898年6月颁布旨令，允许官民自由办报，这样全国一些大城市形成了民间办报的高潮。例如，在上海，就涌现出了一批民办的小型消闲性的文艺报刊，其中创办最早最多的人物要数李宝嘉（字伯元，1867—1907），他靠办报起家，以撰写报纸连载小说而出名。他先后创办了《指南报》（1896）、《游戏报》（1897）、《世界繁华报》（1901）等。此外，其他人创办的小报还有《演义白话报》（1897）、《趣报》（1898）、《采风报》（1898）、《笑林报》（1901）、《寓言报》（1901）、《春江花月报》（1901）、《飞报》（1902）等。总体来说，这些消闲小报，受大气候影响，有不少“风世”“觉世”之作，即“假游戏之说，以隐寓劝惩，亦觉世之一道也”，这正是那时文人创办消闲性报纸的本意。但创办这些小报大多是耽于“文酒伎乐”之事的洋场才子，他们在所在的小报上奢谈风月，演说勾栏，充塞着描摹尽致的色情文字和玩世不恭的无聊诗文，以迎合一些人的口味，扩大小报的发行量。不过，这些小报上琳琅满目的栏目，包罗万象的内容，多姿多样的文体，生动形象的表达，通俗易懂的文字，对报纸副刊的形成与发展，产生了深远的影响，奠定了厚实的基础。

至于白话报纸，在19世纪末到20世纪初，国内先后出版的带有政治倾向的白话报有50多种，据不完全统计，仅北京就有《白话新报》《京话报》《官话演示文稿》《白话国民报》等14种之多。其中，辛亥革命期间，在全国名气较大的有《杭州白话报》《中国白话报》《安徽俗话报》。这些白话报大多以“种田的、做工的、做买卖的以及那些当兵的兄弟们”为读者对象，进行民族民主宣传。其文字一般都力求通俗浅豁，引人入胜，“一句话说出来，明明白白，要好玩些”。① 白话报的勃兴，带来了小说、传奇、戏曲、歌谣等副刊文体作品的繁荣，而且日趋普及和通俗，推动着报纸副刊朝着适合多层次读者需要的方向发展。这样既为五四时期的白话运动奠定了良好的基础，又为现代报纸副刊文化的日益普及化、通俗化创造了极有利的条件。

第二节　副刊文化机制的建立及特征

对于中国报纸副刊来说，1897年11月24日是一个历史性的日子，因为中国出现了第一个副刊——《消闲报》。其实，副刊的形成和发展经历了从

① 《中国白话报发刊词》，《中国白话报》1903年12月19日。

报纸间“补白性的文字”，到随报附送的“附刊”，最后形成有刊名、有固定版面的曲折历程。副刊作为传媒文化的一种，它的形成过程实际上也是一种现代文化机制建立的过程，这种机制包括如投稿机制、编辑机制、稿费制度、发行机制的建立，以及读者阅读习惯的养成（连载小说的效应）等，这种机制的形成对现代文学的生成和发展，无疑起着非常深刻而深远的影响。

我国近代报纸，由于受历史和客观条件的限制，最初存在着严重稿件不足的现象。随着报业的发展，稿件的需求量愈来愈大，报纸除了需要大量的新闻稿件外，还需要其他稿件以填充报纸版面的空白，这就严重地制约了报纸的发展，而副刊的形成和发展，不仅较好地解决了这一问题，而且实际上也较早地为现代报纸建立起一种投稿机制和稿费制度。我们知道，自从1905年清政府正式宣布废除科举制度以后，一度使一些“学干禄”的读书人（文人）求仕无望，无门可进，而报刊的投稿机制和稿费机制的建立，多少燃起了他们心中的一丝希望。再加上文人雅士，素有吟诗作赋，唱和酬答，互相交流的习惯。这些诗词歌赋，大抵风花雪月、感慨身世，或吹捧艺人、流连风景，尽管是些逢场作戏，过眼烟云的东西，但一些文人又很想让自己的诗词文采流传于世，而当时的书刊出版，又十分地不便，文人墨客要想刊行著述，必须自己花钱请人刻印成册，然后挨家挨户，分送亲朋好友，花了钱财又费力气，传播却是有限的。而近代报纸的发展以及对稿件的需求，却使这些文人骚客的美梦成真：报纸能为之宣扬文名。有的报社不但不要他们交钱，而且付给相当的稿费，这更使文人们精神振奋，这样无形中在报纸与文人之间就形成了一种特殊的稿件供需关系。于是报社纷纷刊登广告和启事，作者便纷纷投稿。当年《申报》创刊，就在创刊号上的《本馆条例》中明确宣示：“如有骚人韵士愿以短什长篇惠教者，如天下各名区竹枝词及长歌纪事之类，概不取值。”《申报》的这一招自然很有号召力，文人们纷纷使劲儿挤出些诗词歌赋，投寄《申报》。有的生怕信局（私人办的邮政）的冒失小伙弄丢了自己的作品，有的又怕编辑把一摞来稿随手扔进了纸篓，便坚持自己亲自送稿上门。这样，《申报》不但稿源不愁，四五年间“所积计不下三千首”。① 再说，报纸刊载诗词歌赋，也迎合了一般读者的需求，争取了报纸的销售量，

① 陈昌风：《蜂飞蝶舞——旧中国著名报纸副刊》，福建人民出版社1999年9月版，第4页。

因为很多读者阅读报纸大多就是奔着副刊上的诗词类文学作品而去的，这样无疑达到了双赢的效果和目的。

副刊投稿机制的建立，随之而来的就是稿费制度的形成。稿费是我国近代商品经济的产物，也是文化市场中的一个标尺。在我国古代，“作文受谢，自晋宋以来有之，至唐始盛”①。不过，这只是一种带有酬谢性质的“润资”“润笔”，并没有固定的标准。真正的稿费制度的形成，还是源于近代报刊传媒的发展，而副刊对此做出了不可磨灭的贡献。当然，副刊最初也是没有稿费的，它经历了由不定型到定型、由不规范到规范的过程，从而形成了自己的稿费制度体系，虽然副刊的稿费不是很高，比新闻稿件要低，但副刊稿费制的形成，为文学的繁荣，提供了一个长久的强大的经济推动力，从而造就了一大批数量众多的现代职业作家和准作家。范烟桥在谈到民国初年文学繁盛的原因时曾说：“除了晚清时代的前辈作者仍在创作外，更平添了不少后继者，也可以说是新生力量。而旧时文人，即使过去不搞这一行，但科举废止了，他们的文学造诣可以在小说上得到发挥，特别是稿费制度的建立，刺激了他们的写作欲望。”② 这里虽然是指鸳鸯蝴蝶派作者的大量产生而言，但是在商品经济时代，“著书只为稻粱谋”已不再是龚自珍笔下的牢骚之言所能解释得清楚的。且不要说鸳鸯蝴蝶派，是如何受稿费制的影响，试想鲁迅、茅盾、巴金、沈从文等现代文学史上的哪一位大家，不曾受到稿费的潜在影响和暗中支配呢，这是只需略加思考便可得出的事实。鲁迅曾经感慨地说过：“钱，高雅地说，就是经济，是最要紧的了。自由固不是钱所能买到的，但能够为钱而卖掉。人类有一个大缺点，就是常常要饥饿。为补救这缺点起见，为准备不做傀儡起见，在目下的社会里，经济权就见得最为要紧了。……要求经济权固然是很平凡的事，然而也许比要求高尚的参政权以及博大的女子解放更烦难。”③ 由此可见一斑。

自然毋庸讳言，稿费制度是造成某些缺乏责任感和使命感的作家唯利是

---

① 宋·洪迈：《容斋随笔》，转引自栾梅健《稿费制度的确立与职业作家的出现——二十世纪中国文学发生论之一》，《中国现代文学研究丛刊》1993年第2期。

② 范烟桥：《民国旧派小说史略》，载魏绍昌编《鸳鸯蝴蝶派研究资料》（上），上海文艺出版社1984年7月版，第269页。

③ 鲁迅：《娜拉走后怎样》，载《鲁迅杂文讲析》，高等教育出版社1992年1月版，第52页。

图、胡编乱造的温床，这是人们最为反感，也是最易感受到的稿费制度的弊端。茅盾在五四时期曾经极力批判过鸳鸯蝴蝶派“思想上的一个最大的错误就是游戏的消遣的金钱主义的文学观”①，言语中尽管有些偏激，但在很大程度上反映了这一派作家的实情，稿费制度的出现，的确无形中在起着怂恿、鼓动与陶醉的作用。不仅如此，就是一些纯文学作者，甚至一些新文学运动的倡导者，有时也会出于经济的考虑而不甚推敲地忙于笔耕，匆匆向外投稿。只不过是他们没有鸳鸯蝴蝶派作家那样过于急切、肉麻与品格低劣罢了。稿费制度对他们的影响并不侧重于经济利益上的考虑，而可能是对更为深广与隐含的精神与人格方面的影响。即便当年的鲁迅，尽管早年他怀抱着文学救国的宏愿，在对北洋军阀与国民党政府的猛烈抨击中，有着他一以贯之的战斗精神与政治理想；对于“国民性”、流氓地痞、帮闲文人的批判，也都是基于他对于理想人性的要求。然而试想他如果没有赖以生存的物质来源（稿酬），他能如此勇敢地挺直腰杆吗？

稿费制度不仅造就了职业作家，而且影响着现代职业作家的写作心态，使文学发生着深刻的变化。“稿酬制度的实施既然养活了一批以文为生的作家，那么，这些作家便不仅可以从其他的社会阶层中分化、独立出来，成为与产业工人、资本家、银行家、出版家等等并行不悖的职业作家，而且极其自然地，这些作家还具有了几千年文学史中都从未有过的文学眼光：第一次真正从‘职业作家’的角度来反观自己的劳动成果与社会地位。从表面上，社会分工的日趋缜密带来的只是一些新的阶层、阶级的产生，然而从本质上说，它所映现的却是社会形态的转变与进化，是社会进步到一定程度后的必然结果。而作为这一结果的具体体现，新出现的阶层就不仅仅是一些崭新的名词，而且是这些阶层本身在特定的社会形态中所独具的意义、价值、特性和职能，亦即它的本体意义。只有这种本体意义的最终被确认，这个新的阶层才能被社会所接受、所认可。正是从这个意义上，我们发现随着近代商品经济发展而出现的职业作家，他们带给 20 世纪中国文坛的固然有金钱的消遣的一方面，也固然有人格独立与精神自由的一方面，但是最为内在的是他们为确定文学的本体意义提供了特定的社会阶层成员与理论依据，从而为实现

① 沈雁冰：《自然主义与中国现代小说》，《小说月报》1922 年第 13 卷第 7 期。

文学观念的新变创造了有利的条件。”[①]

从副刊文化的形成中，我们还会发现这样的现象：一开始，副刊的文字是很随意的，没有什么计划，有时是逢场作戏；也没有预留什么版面，它们与新闻混合编排，放在新闻、评论的后面，故此称为“报屁股”，常常带有补白性质，有时它们也联系国内外时事，发点议论。新闻少、版面空时，还可以登载些笔记或短篇小说等，这是其一。其二，早期的副刊性文字，内容非常庞杂，体裁也比较多，随笔、寓言、游记、图画故事，尽可以随意发挥；联语征对，诗词唱和，海外珍闻，本地风光，都能占报纸的一角。由此可见，副刊的这种稿件编排方式，最初只是补白、点缀的权宜之计，可有可无，编辑平时凑些文字，稿荒时便刊出，稿挤时就只好搁在一边，根本没有想到它会给读者带来什么，因此，它没有固定的名字，或称“谐部”“杂俎”“余兴”等不一而足。到后来才慢慢发展成为有了自己独特的编辑模式和规律的附于报纸而又相对独立的版面。然而，恰恰就是当初这不入流的“谐部”“余兴”之类，赢得了读者的偏偏喜欢，因为它可以消闲，可以娱乐。尤其那些舞文弄墨的读者，更是兴奋不已：这是一块园地，以后兴许可以刊载自己的大作。这样就逐渐地吸引了一批批的读者，加上随报附送，免费赠送，从而成为扩大报纸发行销售的新的增长点，报纸的竞争力大大增强。副刊不断地吸引读者，甚至一些读者的买报原动机就是冲着副刊而去的，读者也在吸引中逐渐地养成了阅读报纸、欣赏副刊的习惯，从而形成双向互动的效应，这为现代文学的发展提供了不竭的动力源泉。

副刊文化机制的建立，使得副刊作为一种大众媒介，在传播文学的过程中，有别于书籍、杂志，而有其自身的文化特征，这种文化特征突出地表现为强烈的政治化倾向性与浓郁的文艺色彩的结合，编辑形态的相对性与统一性的结合，加上报纸固有的大众化、多元化、服务性的文化特征，使副刊为现代文学的发生、发展提供了重要的平台和信道，副刊与现代文学结下了不解之缘。

所谓副刊的政治化倾向主要是指副刊与所属报纸的正刊一样，它属于一

---

① 栾梅健：《稿费制度的确立与职业作家的出现——二十世纪中国文学发生论之一》，《中国现代文学研究丛刊》1993年第2期。

定的阶级、党派或政治集团，副刊在一定程度上充当它们的“喉舌”和“耳目”，而特定的阶级、党派或政治集团的利益不能不在副刊打上或深或浅的烙印。因为副刊毕竟是文学与报学交叉生成的产物，它是依附于主报而存在的，因而报纸本身的思想倾向、价值理念必然影响副刊。当然，不能说主报全部左右副刊，但副刊的编辑方针、思想决不会与主报相左，这一点是肯定的。另外，报纸作为大众传媒，它是面向大众的，其世俗化倾向必然影响其副刊内容和文体形式向大众化、通俗化靠拢。因此，报纸副刊和正刊一样，政治性、思想性和针对性特别强。这正如马雅可夫斯基所说，无论是歌，还是诗，都是炸弹与旗帜。副刊为了增强其思想性和战斗性，就必须多刊载那些具有“炸弹与旗帜”般作用的作品。这就是报告文学和杂文能和副刊结下不解之缘的根本原因所在。

尽管副刊是随主报发行的附页、附张，但它的出现却还是“一种文学现象”，“具有整体上的文化或文艺的色彩”，“由此造成了颇具特色的文体，如连载，杂文和在笔记文基础上发展起来的各类小品文字”。[①] 因此，副刊更多的是以浓郁的文艺色彩彰显其自身魅力的，否则它就与正刊没有什么区别。副刊的文艺性，首先表现在题材和体裁的多样化。副刊作品题材丰富，现实的、历史的，经济的、文化的、生活的，上下数千年，纵横几万里，古今中外，天上地下，处处事事、点点滴滴都可以成为副刊作品写作的题材。多样化的题材，不仅能使副刊内容丰富多彩，更能满足社会各层次、各方面读者的需要。副刊作品的体裁也是多样的，有文艺性的社会论文，如杂文、文学评论、影视评论等；有文学作品样式，如小说、诗歌、散文、短剧等；文艺性随笔，如生活素描、琐事杂忆等；文艺性的科学小品，如文史知识、科普文艺等。除文章外，副刊还有绘画、摄影、歌曲等。由于副刊反映的社会面非常广阔，作品体裁又多种多样，这就使副刊呈现出浓郁的文艺色彩。

其次，是艺术手法的形象性。副刊中的文学作品强调通过塑造艺术典型来反映生活；文艺性的评论虽然以说理为主，但也要求形象地说理；被称为副刊“旗帜”和“灵魂”的杂文，在针砭时弊时也要常取类型，析理时既犀利、深刻，又幽默、风趣，“嬉笑怒骂，皆成文章”。影剧评论、文学评论的

---

① 潘树广主编：《中国文学史料学》（上），黄山书社 1992 年 8 月第 1 版，第 285 页、第 290 页。

写作也与新闻评论或专业论文不同，它要求“评论形象，形象评论”。即使是科学性较强的科普小品，也要求形象地表达，不求专业化、深奥化，而是深入浅出，通俗易懂地普及知识，以吸引更广泛的读者阅读。

副刊的文艺性，还包括趣味性。副刊的趣味性，体现在稿件的选择和版面的安排上。副刊的稿件，一般来说都应该饶有趣味。无论是文学作品，还是知识小品或其他文体，都应蕴含愉悦性的因素。因为艺术是人类创造出来又转而为人们享受的一种精神产品，艺术本身就具有一定的愉悦性。艺术性与趣味性之间有着不可分割的联系。这种联系正是副刊版面联结读者的纽带。固然，新闻报道也讲趣味，它的趣味包含在新闻价值之中。而副刊的趣味性，更多地存在于艺术作品之中，存在于作品所反映的生活及表达的情趣之中。比如，杂文写得犀利尖刻，切中时弊，读者读后会拍案叫绝；一篇千字小说，留下无尽的余味，让读者久久思索；成功的报告文学，是那样令读者激动，心灵得到净化；隽永的散文，又是那样使读者心弦颤动，情满于怀；幽默、笑话、漫画，令读者忍俊不禁，赞不绝口；即使是知识小品，也会使人有新的收获，充满“长一智”的快感……美的享受，思想的启迪，情操的陶冶，这种种都是副刊的趣味性烛照的结果。

副刊具有相对独立的编辑形态，又与报纸整体存在着统一性。副刊的相对编辑形态是显而易见的。就其基本形式而言，外形很像是一张完整的报纸。它有体裁的综合性，它有各种小栏目，还有特定的编辑业务与作者群。一般情况下，报纸并不干涉它的日常工作，它也以松散的方式沟通于报纸各版。副刊编辑的相对独立性决定了一种独特的历史现象：在中华人民共和国成立前，灰色甚至反动的报纸竟可以有一张进步的副刊。例如《益世报》，是外国天主教会主持的，它的主要副刊有《益智粽》《语林》《十字街头》《世海》等。这些副刊的教会色彩并不很浓，尤其《语林》在马彦祥接编以后，成为左翼作家的杂文基地，和报纸本身的立场相去甚远。

副刊与报纸的新闻版的非一致性是一个客观的历史事实，但是，从另一方面看，这种非一致性和独立性毕竟是相对的、有条件的和暂时的。它在根本上和所属报纸存在着统一性：新闻的统一，类型格调的统一，基本立场的统一。所谓新闻的统一性，就在于副刊和报纸正刊一样，也要在“新”字上做文章：杂文切中时事；评介扣紧新的文艺现象；发表作品要考虑新人新作，新的流派和新的题材；而小品散文也要给人以新的感受，新的知识和新的启发。一言以蔽之，即编者要以新闻记者的眼光去做文艺和文化的普及工作。所谓基本立场的统一性，就是副刊的编辑方针和编排思想大体与正刊保持一致性。这里我们不妨对现代报纸副刊的高峰期略做一下考察，就不难理解。

五四时期是进步副刊的第一个高峰期，由于新文化运动的冲击，著名的四大副刊的激进程度，远较其各自所属的报纸正刊为甚，这确乎体现了报纸副刊一定的相对独立性。但这些副刊毕竟又都出现在宣扬新文化运动的报纸上，这又体现着副刊与所属报纸基本立场的统一性。而且，我们还看到，由于这些报纸的政治背景不同，副刊的激进程度各有差异。比如，《时事新报》带有研究系的色彩，副刊《学灯》基本属于新文化中的右翼。主持《民国日报》的是国民党人，并受到早期共产党人的影响，其副刊《觉悟》则明显地采取了更为激进的立场。新文化运动发生分裂后，有些报纸迅速倒退，其副刊随之失去往日的光彩。

左联时代是进步副刊发展的第二个高峰，当时左翼文化人掌握了许多副刊编辑阵地，这固然体现着反文化"围剿"的胜利，却也是和当时错综复杂的政治形式有关。因为"九一八"事变后，国人愤懑，报纸特别是民营报纸的舆论发生了变化，这在客观上造成了进步副刊大量出现的有利条件。

进步副刊出现的第三个高峰期是在"七七"事变以后，抗日民族统一战线的建立，为救亡报纸和进步副刊开辟了道路。即使在"孤岛"上海，进步文化人也善于利用帝国主义之间的矛盾，开展合法的副刊活动。这些情况说明，进步副刊的出现并不在进步的报纸上，是有特定历史条件的。大多数情况下，副刊和报纸所属的某一阶级、集团的立场是有关联的，当副刊越出他们所能接受的界限时，往往就被迫中断。这就是为什么新中国成立前进步副刊虽然数以百计，但刊期却很少有超过一年的，从这里不难找到原因。

第三节　副刊之于现代文学传播的地位和价值

任何深刻睿智的思想和丰富的文化（文学）都需要一定的物质载体，并加以传播和接受，否则它只是一种无任何依附的纯粹的东西。就一个作家

（作者）创作的文学作品来说也是如此，作品最初只是一种观念形态的产品，必须走向社会，进入读者的手中，被千百万读者所阅读，这样它才能由潜在的产品变为现实的产品，实现自己的各种功能。另外，从文学生产和消费来看，从生活到作家、到作品、到接受，再从接受到生活，形成一个完整的活动流程，在这个流程中，文学的传播无疑显得非常重要，没有传播，或传播不畅，都会影响文学的社会作用和审美功能的发挥。而文学要传播，就必须借助一定的传播媒介，这是文学信息赖以传递的工具和信道，是文学信息生产和传播过程赖以联结的纽带，犹如河之舟与桥。

那么，什么是文学传播媒介呢？这首先得从什么是媒介说起。从传播学角度来说，媒介是指用以承载并传递信息的物理形式和信道。倘若引用美国著名传播学者韦尔伯·施拉姆和威廉·波特的话，即："媒介就是插入传播过程之中，用以扩大并延伸信息传递的工具。"① 具体地说，"我们谈到大众媒介，通常指的是中间插进了用以重复或传播信息符号的机器和有编辑人员的诸如报纸或电台之类的传播组织的传播渠道。我们谈到个人之间的传播渠道，指的是一个人同另一个人之间的没有上述事物介入的交流渠道"②。个人之间面对面的人际传播虽然通常没有"机器"和"组织"介入，但它仍然要有一定的信道和人体自身的感觉器官做媒介，如眼、鼻、嘴、空气等。所以，传播所必需的信道和物理形式就是传递或获得各种信息的媒介。由此推之，文学传播媒介就是指那些承载并传递文学信息的物理形式和信道。文学传播媒介是文学传播过程中实现的重要因素。一方面，离开了文学传播媒介，就不存在所谓文学信息，更谈不上文学信息的传播；另一方面，没有文学信息内容，文学传播媒介只是一种单纯的抽象的物理形式。文学传播媒介对人的影响，实质上是文学信息内容对人的影响。由此，我们想到麦克卢汉的一个著名论点——"媒介是人体的延伸"。比如，印刷品相当于眼睛的延伸；广播、扩音系统相当于耳朵的延伸；电影、电视相当于耳朵和眼睛的同时延伸；录像机、录音机的信息储存功能，计算机的逻辑运算功能相当于人脑部分的延伸等。每一项新媒介的延伸都会使人的各种感官的平衡状态产生变动，使某

① 〔美〕施拉姆等：《传播学概论》，陈亮等译，新华出版社 1984 年 9 月版，第 114 页。

② 〔美〕施拉姆等：《传播学概论》，陈亮等译，新华出版社 1984 年 9 月版，第 122 页。

一感官凌驾于其他感官之上，造成“心理上和社会上的影响”[①]。依此类推，我们不妨可以说，文学传播媒介也是一种人体的延伸，这种延伸扩大，提高了文学传播的效率和范围，打破了受传者感官的平衡，使人的某一感觉器官比其他感觉器官发挥更大的作用。不仅如此，这种延伸，也促使文学传播媒介自身向深度和广度发展，迫使媒介不断改变形式，使“延伸”更深、更广，以求更好地生存。

由于科技发展和历史时代等方面因素的制约，中国现代文学的传播主要依靠文学书籍、文学杂志和文艺副刊三种媒介来承担，它们都属于印刷媒介，即都是由油墨印刷在纸张上的文字组成的媒介，其共同特点：一是能大规模地复制与传播文学信息，其范围和效率无疑是手抄、口传方式无法比拟的；二是能直接刺激人的抽象思维能力与想象能力，人们在看到文字符号的文学信息后，必须动用自己的思维和审美经验，及时地想象出文字的对应事物，这个过程增加了人们的思维强度；三是能比较充分地显示受传者的选择性，适应不同受众的特殊需要和兴趣，使读者享有控制阅读速度、时间和地点的主动权。此外，这些印刷媒介还可以长久地、大量地保存文学信息。当然对于那些文化程度低下和文盲，印刷媒介是无法实现其文学传播效果的。

尽管如此，这三种文学传播媒介彼此又各有其独特的传播特性、传播方式和传播效果。

书籍在整个文学传播的历史中是最为悠久的，它以其规格化的形式，在所有大众传媒中是最具保存性的。其次，书籍也是最具个人性的，人们一般是按照个人意愿、兴趣、需求来挑选、购买或借阅图书的，同时又以自我的安排方式和节奏来阅读图书。此外，由于书籍形式固定、容量大，因而适宜于对于一些题目或思想内容做深入全面的思考，它比其他媒介更能保证内容的深入性，书中所阐述的观点、文化科学知识和资料，具有相对的稳定性和系统性。加上书籍的古老性更增加了它在人们心目中的可敬性和地位，所以在整个中国现代文学的传播中，书籍发挥着不可动摇的作用。

文学杂志是一种定期的或不定期的连续出版物，每期版式基本相同，有

① 〔加〕麦克卢汉：《理解媒介——人体的延伸·引言》，何道宽译，商务印书馆2000年10月第1版，第4页。

固定名称，用卷、期或年、月顺序编号出版。作为印刷媒介，除了和书籍一样具有深入性外，它在内容的选择和安排上具有比报纸、图书更强的“伸展性”，它的形式、篇幅灵活多样，以便在不同的“单位时间”内阅读，也易于携带、保存。而时间上的持续性则与报纸副刊又有近似之处，但它的出版时限，不像报纸副刊那样“紧迫逼人”。此外，就文学杂志而言，无论是在传播系统的“始端”，还是在其“终端”，其传播者和受传者的构成都有较之于其他印刷媒介更浓厚的群体性。因此，文学杂志也是传播现代文学的重要媒介。

比较文学书籍和杂志，报纸副刊作为大众传媒的一种，由于其固有的文化、文艺色彩，使得它与现代文学有着天然联系，因此它必然地成为传播现代文学的重要工具和信道之一，这也是副刊之于现代文学传播的地位和价值之所在。历史的事实就是这样：在现代文学发生的最初阶段，是没有纯粹的文学期刊的，连最早的《新青年》也仅是综合性的杂志，当初的文学启蒙主要靠的还是报纸副刊，尤其五四时期的“四大副刊”，它们对五四新文化运动的展开做出了不可磨灭的贡献。可以说，如果没有报纸副刊参与现代文学的这一伟大传播事业中去，现代文学生成的历史状态是不可想象的，至少是要逊色得多。

不仅新文学的传播最早是在报纸副刊上展开的，而且最先反对诸如鸳鸯蝴蝶派之类的旧文学，也是在报纸副刊上进行的。文学革命初期，鸳鸯蝴蝶派作品几乎垄断了整个文坛，正是承载旧文学的副刊大胆地进行脱胎换骨的自身改革，才使得自身摆脱了长期以来受旧文学对副刊媒体的桎梏和束缚的局面。可以说正是在报纸副刊上，在反对旧文学的暴风骤雨中，新文学叫出了第一声真正的“文学传播的呐喊”。现代文学的第一篇白话小说——鲁迅的《狂人日记》，虽然最初发端于 1918 年的《新青年》，但是《新青年》不是一份真正的纯文学杂志，真正纯文学杂志的出现是始于五四文学革命高潮之时，即 1921 年文学社团兴盛的时候。这样一来，至少 1918 年至 1921 年间的很多新文学作品和西方的译作大都是通过五四“四大副刊”等传播出去的，试想如果没有这些副刊载体，以“提倡新文学，反对旧文学，提倡白话文，反对文言文”为主要内容的五四文学启蒙只能是一句空话。据统计，《晨报副刊》仅在 1919 年 2 月 7 日至 1921 年 10 月 11 日，由李大钊主编期间，其副刊的“小说”栏目就曾翻译介绍过包括托尔斯泰、莫泊桑、高尔基、普希金、契诃夫、屠格涅夫、妥思陀耶夫斯基、泰戈尔、斯特林堡以及芥川龙之介等在内的欧美、俄罗斯和日本著名大师的作品，同时还选登过鲁迅、陈大悲、冰心、叶圣陶、林如稷、晨曦、玉诺、许指严、成舍我等人创作的小说作品。这在文学启蒙运动初期，立下了汗马功劳。

然而，与文学书籍和杂志相比，报纸副刊在传播现代文学过程中，副刊有其自己的优势和特色。第一，从总体上看，与文学书籍和文学杂志追求纯学术性、纯文学性不同，报纸副刊在传播现代文学中，更多地倾向通俗化、大众化、市民化风格，这样有利于文学信息和受众进行更“亲密的接触”，并为之提供前所未有的文化接触机会。纵观现代文学史很多作品，特别是章回小说，大多是在副刊上连载的。这里最突出的应该算是张恨水了，张恨水一生中写了近百部小说，大多是言情小说，他写尽了那个时代两性之间在黑暗势力摧残下生生死死的苦情、哀情，在坎坷的人生旅途中爱得死去活来的思情、痴情，以及经过严峻考验和抗争终成眷属后如胶似漆、如癫若狂的欢情、喜情，唯独没有低级下流的艳情、色情。这些小说大多为章回体，如《春明外史》《金粉世家》《啼笑因缘》等，这些小说很多就是在他自己主编的《世界日报》《世界晚报》等报纸副刊上连载的。其中张恨水的成名作《春明外史》就整整连载了57个月，之所以如此长久地吸引读者，我想原因是多方面的，但其作品用通俗化、大众化、市民化的风格，演绎了一个个曲折动人的人生故事，不啻为一个必要条件。在大众传媒并不发达的时代，那是仅存的不多的消遣娱乐方式。

第二，就传播特点来看，副刊与杂志都是以非新闻体裁向读者传播思想、理论，提供知识和文化享受的，虽然副刊的篇幅有限，在专业性方面也不如某些杂志那么强，但副刊因其发行量大，传播范围极其广泛，面对的读者多，所以影响面大。另外，副刊的出版周期是最短的，其传播呈现出密集状态，便捷快速。副刊作为新闻纸的有机组成部分，和杂志相比，具有较强的新闻性、时效性和现实针对性，这更是其重要的特点。再加上其廉价和能及时得到受众的信息反馈的特点，因此，从传播信道的畅通度来说，这是其他印刷媒介无法比拟的。正因如此，在现代文学史，为了使作品引起文坛的轰动效应和应有的关注，很多作家都非常乐意把它首先放在副刊上发表，然后再结集出版。即便不能在副刊发表，也要想方设法在副刊上用书评的形式进行宣介。

图 2-9 《世界日报》副刊图

图 2-10 《世界日报》《世界晚报》副刊主编 张恨水

且不说，为了适应 20 世纪 30 年代激烈的政治、文化斗争，在《申报》副刊《自由谈》上，曾引发了以鲁迅、茅盾为代表作家的杂文的繁荣，就是整个现代文学上的文艺论争，几乎很大部分，都是借报纸副刊来展开的。究其原因就在于副刊传播的“广、快、深”的优势特点。不仅如此，小说等其他文体的创作也是这样。当年鲁迅的《阿 Q 正传》最初在《晨报副刊》发表后，曾引起了全社会的震动，曾使多少人感到“惶恐”，而纷纷就主人公进行“对号入座”式评说呢！还有巴金的《家》在副刊上发表之后，曾鼓动了多少青年人，反叛自己的家族和阶级，从而走上革命之路啊！更有意味的是，抗日战争胜利后，重庆《新民报》晚刊的副刊“西方夜谈”，在 1945 年 11 月 14 日这一天，发表了毛泽东的词作《沁园春·雪》。这首气势磅礴、脍炙人口的诗词精品发表时，副刊主编吴祖光特地在词前加了题《毛词·沁园春》，词后写了段热情推崇的赞语："毛润之氏能诗词，似鲜为人知。客抄得其沁园春咏雪一词者，风格独绝，文情并茂，而气魄之大乃不可及。据氏自称则游戏之作，殊不足为青年效法，亦不足为外人道也。"《新民报》晚刊"西方夜谈"发表《毛词·沁园春》一时掀起轩然大波，重庆新闻当局曾指责《新民报》的主持人陈铭德等"为共产党张目"。陈铭德反驳说："蒋委员长对他（毛泽东）都以上宾相待，报纸发表一首词，有什么不可以？"于是，无论是《新华日报》《大公报》《新民报》《新蜀报》《时事新报》《商务日报》，还是国民党的《中央日报》《和平日报》等报纸副刊，几无例外都有步韵唱和或评论，形成罕世的热潮。

以上所说的这些作品，之所以有如此传播效果，除了作品本身的艺术魅力之外，与传播媒介之副刊的传播优势是不无关系。当然，副刊传播迅捷的特点，一旦把握不好，也会造成不必要的负面影响。比如延安时期的《解放日报》"文艺"副刊，曾发表过王实味的《野百合花》、丁玲的《三八节有感》、罗烽的《还是杂文时代》等作品，由于其特殊的政治、历史原因，最后酿成了不必要的历史悲剧。这又不能不是我们应该从中惊醒的教训。

第三，副刊的编排属于空间排列，所以有比较强的可选择性，亦即读者可借助版面、标题的提示，在极短的时间总揽要点，并根据需要选择阅读内容。同时，还可以随心所欲地调控阅读过程和速度，甚至可以把部分内容作为资料保存起来。另外，报纸具有"版面语言"这一特殊的传播表现手段，报纸版面通过不同稿件的编排组合，版位的安排调整，字号字体的选择，围框、线条、色彩、版花的添减等编排手段，进行强化或弱化的处理，向读者间接、含蓄地传达出臧否褒贬、喜怒哀乐的思想感情，从而赋予报纸副刊一种特殊的传播效果。这也是书籍和文学杂志无法企及的地方。说到围框和线条，我们很自然地会想起，20世纪30年代鲁迅先生向《申报》副刊"自由谈"投寄杂文时，主编给其作品外加的那些"花边"。对此，鲁迅先生说，"（花边文学）这个名称，是和我在统一营垒里的青年战友，换掉姓名在暗箭上射给我的。那立意非常巧妙：一，因为这类短评，在报上注销来的时候往往围绕一圈花边以示重要，使我的战友看得头痛；二，因为'花边'也是银圆的别名，以见我的这些文章是为了稿费，其实并无足取”[①]。尽管如此，副刊独特的版面语言确实在传播现代文学的过程中，起到了一个非常特殊的作用。过去我们似乎忽视了这些方面的研究，其实这也是副刊与现代文学整合过程中，综合“场效应”的一个不可忽视的细微之处。

上海 中央書店謹啓

自由談

五洲固本廠

图 2–11 《申报 · 自由谈》

第四，副刊之于现代文学传播的地位和价值还表现在：副刊不仅充当着中介作用，而且起着引导、制约、整合传者和受众的作用。从文学传播过程来看，媒介、传者和受者是不可或缺的三要素。如果我们把整个文学传播活动比作一条奔腾不息的长江的话，那么，文学传播者无疑就是那河流的源头；如果把它比作一根转动不息的铁环的话，那么文学传播者无疑就是铁环中的第一环节。一切的文学信息都是从传播者这个源头和第一环节中生发和传送出去的，没有传播者既无文学信息可说，也无文学传播流程和传播效果可言。因此，文学传播的主体是文学传播者，他们根据自己的审美理想、审美经验、审美情趣和社会需要等，创造和传送文学信息——文学传播的客体，使文学传播活动的开展成为现实的可能性。由此推之，现代文学传播的主体也是传播者，它主要包括文学作者、文学编辑和文学社团组织等。由于特定历史时代的原因，现代文坛曾集聚了一批文化精英，就当年的副刊作者来说，很多

① 鲁迅：《花边文学 · 序言》，载《新版鲁迅杂文集》（伪自由书 · 准风月谈 · 花边文学卷），浙江人民出版社 2002 年 10 月第 1 版，第 373 页。

是高水平的作家，尤其是他们中的一些优秀者则是身兼双职或多职的传播者，即一方面是文学信息的制造者，另一方面又是文学信息的编辑、“把关人”或文学传播媒介之报刊的经营管理者。传播者的多重身份，特别是“作家”崇高的使命感、责任感和道德感，使得他们对待副刊与文学倍加珍惜和呵护。又因为传播者特有的审美趣味和副刊要求，围绕着特定副刊或编辑者、主持人，纷纷出现一定的文学传播群体和组织，从而构成了更大的传播主体和更大规模的文学传播。

另外，从文学生产与消费的关系来说，传播过程的另一极——读者的欣赏水准和审美趣味也在时常影响着副刊编辑思想、方针的方向和定位，而副刊编辑思想、方针的定位反过来要求传播者（作者）修正其创作，调整其组稿和编稿的思路等，又因为不同的副刊有其自身的要求和倾向，无形中围绕它形成了一定的作家群体和受众群体，以至于社团或流派等。五四“四大副刊”之文学社团，20 世纪 30 年代《大公报》“文艺”副刊之京派，20 世纪 40 年代《解放日报 · 文艺副刊》之解放区文学群体等不一而足。围绕副刊而聚散的文学作者和组织，一定程度上标示着现代文学的一次大洗牌、大整合，这对文学流派的形成和发展有着重要的影响。这里，副刊这一媒介实际上提供了整合传播者和受众的一个重要平台，使副刊、作家、读者三者间构筑一种特殊的审美供求关系，无形中扮演着引导和制约的功能与作用。

总之，副刊不仅是一种传媒现象，也是一种文学传播的重要工具和特殊信道，当然它不是唯一的。不过，副刊对现代文学的影响在一定程度上比其他文学传播媒介的影响来得更深刻和久远。

第三章　副刊与现代文学的动态演绎

正如前文所说，现代报纸副刊就其基本形式而言，它是一种文学现象，它的发生、发展自始至终与现代文学联系在一起，它们之间的互动整合，给现代文学的发展以深刻影响，从副刊中，我们既可以看到现代文艺力量、流派和思潮的消长变化，也可以看到作者群落、文学社团组织的聚散离合，以及读者喜好的变化等等。下面拟以史事为线索，粗略勾勒一下报纸副刊与现代文学的动态演绎的轨迹和脉络。

第一节　副刊革新与新文学运动

标志着近代报纸副刊正式形成的是1897年《消闲报》的出现，然而，也许就是这“消闲”的缘故，自它出现以来，垄断早期报纸副刊的几乎都是消闲性质的作品，大量趣味性的文字，吸引了众多的读者，这无疑增加了报纸的销路。这种状况一直延续到民国初年，随着政局的动荡和社会理想价值的迷失，副刊的游戏消遣色彩更见浓厚，媚俗煽情一纸风行。当陈独秀、胡适等人倡导新文化运动和文学革命之时，鸳鸯蝴蝶派几乎一统报纸副刊的天下，这种情状成为开展五四新文学运动的无形障碍，不过，这也为副刊与新文学的互动提供了一个全新的机遇。这个机遇就是迫使对报纸副刊进行大刀阔斧的改革。

五四时期的副刊改革最初是由报纸宣传新思想、新文化所引起的，不过，革新后的副刊无疑又成了推动了新文化运动进一步发展的助推器，二者是互动的。我们知道，由新闻和评论组成的报纸的“正张”是革命者直接进行政治鼓动宣传的有效手段，维新变革和辛亥革命时期的报纸发展就是明证，但是对于宣传新思想、新文化它却难以适应，因为新闻报道受客观条件的限制，说理的评论也难于被人接受，而副刊内容很“杂”，涉及的领域很广泛，表达的方式多样，是新闻和评论所难包容的。于是副刊异军突起，担负起宣传新思想、新文化的历史重任，这样就推动了报纸副刊改革的深入进行。而开革新风气之先的就是俗称的五四“四大副刊”，即北京的《晨报副刊》《京报副刊》，上海的《时事新报 · 学灯》《民国日报 · 觉悟》。

说起“四大副刊”的革新，不能不首先说一说《新青年》，这不仅因为它是五四新文化运动的发源地，同时它还是新文化运动的孵化器和思想启蒙的摇篮，对于报纸特别是报纸副刊的改革与改造，直接地发生了作用。《新青年》的影响大体上可以分为三个阶段。第一个阶段是1915—1918年，以反封建的新文化运动为中心，代表了激进民主主义者的战斗。第二个阶段是1919—1921年，由一个民主主义的刊物逐渐变为社会主义的刊物，并为马克思主义思想的宣传做出了贡献。第三个阶段是1921年后，曾改组为中国共产党的理论刊物。前期的《新青年》高举“民主和科学”两面大旗，掀起了以“提倡新文学，反对旧文学，提倡白话文，反对文言文”为主要内容的文学革命运动。为此，胡适最先发难，发表《文学改良刍议》，提出了文学改良应从“八事”入手：“一曰须言之有物，二曰不模仿古人，三曰须讲究文法，四曰不作无病之呻吟，五曰务去滥调套语，六曰不用典，七曰不讲对仗，八曰不避俗字俗语。”[①] 一年后他又提出了“文学的国

图 3–1 《青年杂志》创刊号

① 胡适：《文学改良刍议》，《新青年》1917年1月第2卷第5号。

图 3-2 《新青年》第 6 卷第 5 号

图 3-3 陈独秀（1872—1942）

语，国语的文学”的口号。[①] 而真正高举起文学革命大旗的是陈独秀，他在《文学革命论》中深刻地揭露了旧文学的弊病，把革新文学和革新政治联系起来，揭示了彻底反对封建文学的三大主义：“曰推倒雕琢的阿谀的贵族文学，建设平易的抒情的国民文学；曰推倒陈腐的铺张的古典文学，建设新鲜的立诚的写实文学；曰推倒迂晦的艰涩的山林文学，建设明了的通俗的社会文学。”[②] “三大主义”的提出，对当时的政治观念和文学观念具有巨大的启蒙作用。此后，周作人还提出了“人的文学”，指出“以人道主义为本，对于人生诸问题，加以记录研究，便谓之人的文学”[③]。《新青年》的战士们，不仅在“文学革命”的理论建设方面创立了许多建树，而且在文艺论争、创作实践和译介外国文艺思潮和作品等方面都做出了初步的实绩。诸如对“桐城谬种”“选学妖孽”的斥责，对一切“腐臭的旧文学”的反对，以及钱玄同和刘半农“双簧戏”的表演，均凸现出激进的文学革命者积极主动出击的勇气和魄力。而鲁迅在《新青年》上发表的《狂人日记》《我之节烈观》《我们现在怎样做父亲》等系列小说和杂文，不仅标志着文学革命创作实绩的一个里程碑，而且是整个现代文学史上白话小说和杂文

① 胡适：《建设的文学革命论》，《新青年》1918 年 4 月第 4 卷第 4 号。
② 陈独秀：《文学革命论》，《新青年》1917 年 2 月第 2 卷第 6 号。
③ 周作人：《人的文学》，《新青年》1918 年 12 月第 5 卷第 6 号。

的模板。《新青年》上大量译介的外国文艺思潮和作品，则打破了几千年的封建文化专制主义，促进了思想的解放，为新文学的发展提供了良好的土壤。所有这些对五四报纸副刊的革新以积极影响，这种影响不仅表现在副刊形式上的变化，也表现在内容上的变化。不过，其影响突出表现在，新文化运动造成了人们对报纸副刊价值观念的再认识：副刊不仅是消闲的工具，更是宣传新思潮、新文化的重要阵地。诚如《新民意报》之《本刊今后的趋势和任务》所言，副刊的任务在于：①介绍“关于政治的社会的文化的论著或批评”；②“介绍各国民众的思潮到中国来”；③“要以艺术的力量去滋润”读者。[①]

迈出副刊革新第一步的是《时事新报》的《学灯》副刊。创刊于1907年12月18日的《时事新报》，原本是资产阶级改良派的报纸，后为研究系的机关报。1918年以后才转向宣传新思想、新文化，介绍诸如共产主义、社会主义、空想社会主义、基督教社会主义、无政府主义等各种思潮。1918年3月4日《学灯》副刊正式出版，1919年该报曾刊登《学灯》的宗旨说：“内载关于学术及社会问题之提倡，评论思潮，研究讲坛，丛谭名著，译述新文艺，学术界消息及讨论通讯诸门，借以革新思想，促进文化。其大旨：①对于原有文化，主张以科学解剖之；②对于西方文化，主张以哲学和科学调和之；③对于新派所持之主义，加工研究，不作无价值之调和；……⑦对于学风，主张改造成活泼朴实之学风，排除现在萎靡不振之积习。”[②] 主持《学灯》的编辑先后有张东荪、李石岑、匡僧、俞颂华、郭虞裳、宗白华、郑振铎、柯一岑、徐六儿、郭梦良、朱隐青、潘光旦、程晓君等。《学灯》彻底抛弃了原来副刊的消闲性质的内容，而将全部版面用来介绍新文化、新思想。比如，1919年8月13日曾全文转载过毛泽东发表在《湘江评论》上的《民众的大联合》，接着刊载过李大钊、瞿秋白、陈独秀、张闻天、陈望道、杨昌济等人所撰写的政治、伦理、教育和语言学方面的文章。几乎每期都发表有关新文化运动的书刊介绍，还为新文学的创作提供了刊发园地。

据初步统计，在《学灯》副刊上，曾聚集着新文学两大文学社团文学研

---

① 冯并：《中国文艺副刊史》，华文出版社2001年5月版，第175页、第185页、第192页。

② 引文摘自上海《少年中国》1919年7月版第1卷第1期。

究会和创造社的众多作家。比如，创造社的郭沫若、田汉、成仿吾、郑伯奇都在《学灯》发过诗作，特别是郭沫若，对《学灯》可谓是情有独钟，不仅他的《女神》中的大部分诗作都是在上面发表的，他的《浮士德》译稿也被刊登了一部分。而且他的新诗创作欲望的爆发，便是受到《学灯》的刺激。他在《我的作诗的经过》中说："当时胡适们在《新青年》上已经在提倡白话诗并在发表他们的尝试，但我因为处在日本的乡下，虽然听得他们的风声却不曾拜读过他们的大作。《新青年》杂志和我见面是在民九回上海以后。我第一次看见的白话诗是康白情的《送许德珩赴欧洲》(题名大意如此)，是民八的九月在《时事新报》的《学灯》栏上看见的。那诗真真正正是白话，是分行写出来的白话，其中有'我们喊了出来，我们做得出去'那样的词句，我看了委实吃了一惊。那样就是白话诗吗？我在心里怀疑着，但这怀疑却唤起了我的胆量。……"郭沫若把他与《学灯》的接触当作一个"机缘"，认为如果没有这个机缘的话，"创作欲的发动还要迟些，甚至永不见发动也说不定"。他说《学灯》"使我增长了自信，我便把我以前作过的一些口语形态的诗，扫数抄寄去投稿，公然也就陆续地被登出来，真使我感到很大的愉快。这便是我凫进文学潮流里的真正的开始"。再说，编辑宗白华"怂恿我尽量写诗，我凡有诗写去，他毫无保留，甚至有时用《学灯》整个的篇幅登载我的诗。在1919年与1920年之交，我的诗兴被煽发到狂潮的地步"①。

而文学研究会的代表作家或发起人如沈雁冰、郑振铎、叶绍钧、王统照、郭绍虞、耿济之、蒋百里等也都有大量作品在《学灯》上出现。沈雁冰翻译的第一篇白话小说《在家里》(契诃夫)，就是发表在1919年8月20—22日的《学灯》上。此外，他翻译的契诃夫的《诱惑》《卖诽谤者》《万卡》《他的仆》以及高尔基的《情人》等10余篇小说，爱尔兰葛雷古夫人的《月方升》和奥地利希尼茨劳的《界石》等剧本，均刊载于《学灯》。文艺理论文章则有《文学家的托尔斯泰》《表征主义的戏曲》《肖伯纳的"华伦夫人之职业"》(肖伯纳现译为萧伯纳)。值得注意的是文学研究会的会刊之一《文学旬刊》最初也是附于《时事新报》发行的，它与《学灯》关系非常密切，借此文学研究会也扩大了自己的影响。

---

① 《文哨》第1卷第2期，转引自《新文学史料》1979年第3辑，第34页。

晨報副鐫

國內戰爭六講跋

現代的大人教育運動

二十二日目錄

图 3-4 《晨报副刊》（1924-11-22，全国报刊索引）

如果说五四时期《时事新报》是最先迈开副刊改革步伐的话，那么《晨报》是副刊改革最彻底、最负盛名的，同时宣传新思想、新文化也最有力。《晨报》原名《晨钟报》，1916 年创刊，1918 年被军阀当局查封，同年 12 月改名《晨报》出版。该报日出对开八版，第七版为副刊版，专门刊载小说、诗歌、小品及学术演讲录等，内容虽较高雅，但依然没能摆脱旧式副刊的窠臼。在新思想、新文化的影响下，1919 年 2 月《晨报》决定改革第七版，由李大钊主持编辑工作，1920 年李就任北京大学图书馆长后，改由孙伏园编辑。改版后的第七版增加了三个新栏目，即介绍新修养、新知识、新思想的“自由论坛”，采编东西学者名人新著的“译丛”，以及具有高尚精神的“剧谈”。副刊改革的当天发表了李大钊的《战后世界之潮流》，盛赞布尔什维克的胜利，从而使之成为宣传新文化运动和社会主义的园地。

图 3–5 副刊编辑孙伏园

五四运动后，《晨报》副刊在鲁迅的支持下，又进行了重大改革。为此，它专门刊登启事说："我们报告你们一件可以高兴的事，本报从 10 月 12 日起，第七版要宣独立告示了。……本报的篇幅原是两大张，现在因为论说、新闻、海内外通讯、各种调查、各种事件以及各种广告，很是拥挤，几乎要全占两大张的篇幅；而第七版关于学术文艺的译著，不但读者不许删节，而且常有增加的表示。所以现在决定于原有的两大张之外，每日加出半张，作为《晨报附刊》。原来第七版的材料，都划归副刊，另成篇幅，并且改为横幅，以便装订成册。除附刊之内，又把星期日的半张分别编辑，专取趣味性可以导娱又可以益智欲的材料，以供各界君子休假脑筋的滋养。"① 由此可知，《晨报》副刊的改革主要表现在三个方面：一是副刊另立门户；二是副刊内容不断丰富；三是副刊增加了娱乐性、趣味性的稿件，使副刊除了思想性、新闻性、文学性、知识性外，又多了娱乐性和趣味性的重要素质。这一改革对整个中国报纸副刊文学的发展具有里程碑的意义。

改革后的《晨报》副刊用白话写作，采用新式标点，并主要刊登纯文艺作品。据统计，"晨报副刊"在改为副镌前，其新文学作品占一半，之后增

① 见《〈晨报副镌〉出刊启事》，《晨报》1919 年 10 月 11 日第六版。

加至70%，而且内容丰富，形式多样，从理论到实践，从创作到翻译，从小说、诗歌、戏剧、散文、游记到文艺杂谈、剧目评介、民间歌谣等，应有尽有。以小说为例，1919年至1924年底，《晨报》副刊共发表小说480篇，其中译作占40%，计有莫泊桑的《乞人》《遗嘱》《童贞女》，普希金的《驿吏》《棺材匠》，契诃夫的《圣诞节》《妻》，高尔基的《苏妃之死》《争自由之波》，爱罗先珂的《春夜的梦》《狭的笼》（鲁迅翻译）。[①] 作家原创小说以叶圣陶、冰心、陈大悲、许钦文等人的作品为多。鲁迅曾以巴人为笔名，将其名作《阿Q正传》连载在1921年12月4日至1922年2月12日的《晨报副刊》上。小说以辛亥革命前后的中国半殖民地半封建社会为背景，通过阿Q受压迫要反抗，最终为反动势力所杀害的悲剧，意在"画出这样沉默的国民的魂灵来"[②]。小说刊载后，立即引起了各阶层人士的强烈反响，成为当时小说创作的典范之作。以诗歌为例，《晨报》副刊刊发的诗歌以原创诗歌为主，连同译作计有700余首（组），这些诗歌多为现代白话诗，充分表现了五四时代精神。在《晨报》副刊上发表过诗歌的作者计有刘大白、俞平伯、康白情、冰心、郭绍虞、汪静之、叶圣陶、徐志摩、瞿秋白、郑振铎、冯雪峰、王统照、应修人、孙席珍等，从而形成了一股强大的新文学创作力量，这也是保证新文学有效传播的前提条件之一。《晨报》副刊上刊发的剧本计有50余种，主要有易卜生的创作，鲁迅翻译的爱罗先珂的《桃色的云》，熊佛西、陈大悲的作品。游记、散文有60余种，如冰心继诗歌《繁星》发表之后，又写了《寄儿童世界的小读者》在《晨报》副刊之"儿童世界"栏目发表（这个栏目，还发表安徒生童话、格林童话以及赵景深、周作人的儿童文学作品）。尤其令人注目的是瞿秋白曾以《晨报》记者的身份到苏俄采访，写下了《饿乡纪程》（即《新俄国游记》）和《赤都心史》两部著名的通讯，在《晨报》副刊发表。作者以自己的亲身见闻，用清新热情的笔调，报道了十月革命的苏俄真相，有力地驳斥了反对派散布的各种谣言，同时也留下了自己的思想印痕。此外，《晨报》副刊还有许多文艺杂谈和剧目评介，前者介绍国外的文学思潮、文艺学和美学，后者介绍国外戏剧艺术流派和戏剧理论等。同时大力倡导"爱美

① 冯并:《中国文艺副刊史》，华文出版社2001年5月版，第175页、第185页、第192页。
② 鲁迅:《俄文译本〈阿Q正传〉序》，载《鲁迅全集》第7卷，人民文学出版社1981年版，第82页。

剧”，即非职业性戏剧，以抵制营业剧团的庸俗的“文明戏”，为此，副刊开辟版面，积极报道北京名校的戏剧活动，并开展剧评。由此可见，《晨报》副刊的改革对新文学运动的影响是十分广泛的。

晨報

即舊曆辛酉年五月十七日　星期三

莫思科特派員通信

共產主義之人間化

△第十次全俄共產黨大會▽

民族問題

瞿秋白

○浙事昨日之所聞

○漸有轉圜之陝局

○桂軍佔領靈高之港訊

图 3-6 《晨报》发表瞿秋白的《共产主义之人间化》

1924 年 10 月，由于一些人勾结《晨报》代总编辑刘勉，把已经发排的鲁迅先生的散文诗《我的失恋》随意抽掉，引起了副刊编辑孙伏园的愤怒。全诗是这样的：

我的所爱在山腰；
低头无法泪沾袍。

爱人赠我百蝶巾；
回她什么：猫头鹰。
从此翻脸不理我，
不知何故兮使我心惊。

我的所爱在闹市；
想去寻她人拥挤，
仰头无法泪沾耳。
爱人赠我双燕图；
回她什么：冰糖壶卢。
从此翻脸不理我，
不知何故兮使我胡涂。

我的所爱在河滨；
想去寻她河水深，
歪头无法泪沾襟。
爱人赠我金表索；
回她什么：发汗药。
从此翻脸不理我，
不知何故兮使我神经衰弱。

我的所爱在豪家；
想去寻她兮没有汽车，
摇头无法泪如麻，
爱人赠我玫瑰花；
回她什么：赤练蛇。
从此翻脸不理我，
不知何故兮——由她去罢。

对于鲁迅的这首被称为“拟古的新打油诗”，孙伏园认为：“这并非只是为着一篇文章，原是思想斗争，民主思想和封建思想的斗争。”[①] 于是，在报纸上发表启事，提出辞职，而后由汤鹤逸接编。1925年10月1日又转由新月派盟主徐志摩接编，并将《晨报副镌》更名为《晨报副刊》。在徐志摩接编的第一天，副刊刊名下，刊登一幅敞胸半裸的西洋女子画像，同时发表了徐的《我为什么来办，我想怎么办》一文，文中引用与他是“同一战壕”的陈西滢的话说：他本来是最厌恶副刊的，但“为了要处死副刊”，反而赞成徐志摩来编《晨报副刊》，以便“第一步逼死别家的副刊，第二步捏死自己的副刊，从此人类可永免副刊的灾殃”[②]。此言未必可信，但要把副刊纳入他们的文学主张，则一点不错。后来的事实也证明，这时的《晨报副刊》已经成了现代评论派的阵地。因此，内容大不如以前，直至1928年停刊，其副刊也被“捏死”为止。不过，徐志摩毕竟是诗人，他编副刊对诗歌青睐有加，不仅多登载诗作，而且办有诗专刊《诗刊》（即《诗镌》）附于《晨报》发行。于是，在徐志摩的周围聚集了一批留学英美的归国文人和诗人，如陈西滢、闻一多、朱湘、饶孟侃、孙子潜、孙大雨、刘梦苇、蹇先艾等，因之在沉寂的北京城，形成了一个小小的文化沙龙，正是这个沙龙，给20世纪20年代的北京诗坛吹来了一股清风。

孙伏园辞职离开《晨报副刊》，一方面造成了《晨报副刊》的整体转向，另一方面也催促了《京报副刊》的创刊、演化和发展，以及鲁迅主编《莽原》周刊的出现。《京报》于1918年10月15日由进步报人邵飘萍（1884—1926）创办，其办报宗旨是反映民意，代表民意。一直想着改革《京报》副刊的邵飘萍，当听说孙伏园辞别《晨报副刊》后，立即邀请他到《京报》工作。在鲁迅的直接鼓励下，孙伏园进入《京报》，并创办了《京报副刊》随报发行，至1926年4月24日停刊，共计477号，以此与已经沦为现代评论派之手的《晨报副刊》展开针锋相对的斗争。孙伏园编辑《京报副刊》，秉持和发展了《晨报副镌》的编辑精神和风格。首先，保持干预生活、干预社会的特色，重视探讨与青年有切身关系的问题，特别强调社会批评，注重刊发文艺性的杂文。他认为“日报附张的主要部分，就是短篇的批评。无论对于社会，对于

① 《晨报》1924年10月31日。

② 《晨报副刊》1925年10月1日。

学术，对于文学艺术，对于出版书籍，日报附张就负有批评的责任。这类文字最易引起人的兴味，但也最容易引起人的恶感”。为此，副刊常常抓住一个问题，有意识地展开讨论，正反两面的文章都编排发表，然后总结。收入鲁迅《华盖集》和《华盖续集》的杂文《咬文嚼字》(1—3)、《忽然想到》(1—11)、《并非闲话》《我还不能“带住”》等，都是与《晨报副刊》展开论争的思想结晶。此外，鲁迅还有40余篇的译作也在上面发表。其次，进一步提出了副刊知识性和趣味性的问题，认为“日报附张的正当作用就是供给人以娱乐，所以文学艺术这一类作品，我以为是日报附张的主要部分，比学术思想的作品尤为重要”①。另外，作为副刊编辑，孙伏园特别注意副刊队伍的建设，认为要处理好名家与新作者的关系，切不可顾此失彼。所有这些编辑思想和做法都是可取的。

京報副刊青年愛讀書特刊（一）

引言　記者

我們當初以爲徵求「愛讀書」的成績一定比「必讀書」更好，現在知道不然。

我們發出的必讀書票不過一百，應徵的却也有三四十位。愛讀書票登在報上幾及一月，約計共有二十餘萬，而收到的票數却還不到三百！

但也因爲只有三百，所以不妨全數發表出來。既然全數發表了，統計一層可以讓之讀者了。記者所能作的，這裡只有對於投票諸君的感謝。

（一）張資肖，二十三，山東肥城。紅樓夢，西廂，嘗試集，沉淪，創造季刊，小說月報，吶喊，詩人，中國小說史略（魯迅的），星海。〔附注〕余愛文藝，尤酷愛小說，其餘若西洋小說，及新舊詩學詞學子部等亦頗愛讀，但以限制關係，不能一一記載，只好將最愛讀者寫在此處。

（二）張世俊，十五，湖北漢陽。資治通鑑，西遊記，聊齋，東方雜誌，超人，小說月報，古文辭類纂，火災，唐詩三百首……

图3–7　《京报》1925年3月3日第T1期《京报副刊青年爱读书特刊》(一)

鲁迅主编的《莽原》周刊也是随《京报》发行的，是“聊以快意的团

① 孙伏园：《理想的日报附张》，《京报副刊》1924年12月5日第1号。

体”，1925年4月24日正式创刊，意在扩大“社会批评”的阵地。诚如鲁迅所言：“我之以《莽原》起哄，大半也是为了想由此引出新的一种批评者来……继续撕去旧社会的假面。”他曾对莽原社的成员讲：“我们还应该扩大起来。你看，《现代评论》有多猖狂。现在固然有《语丝》，但《语丝》态度还太暗，不能满足青年人要求。”① 由此可见，鲁迅先生对报纸副刊的社会作用有着足够的认识，因此他希望围绕副刊能形成一种更灵活自如的革命文学的战斗阵地。正是出于这一考虑，鲁迅主编的《莽原》极富文学的战斗性。鲁迅自己就在上面发表过20多篇作品，包括杂文、通讯、译文、补白、正误、附白，其中《春末闲谈》《灯下漫笔》《答KS君》《我的“籍”和“系”》等集中地代表了《莽原》的战斗特色。此外，许广平、许寿裳、周建人、高长虹、向培良、张衣萍、荆有麟、尚越、黄鹏、冯文炳、冯沅君、李霁野、台静农等均在《莽原》发表过许多作品。可以说，在鲁迅的指导和参与下，《京报副刊》和《莽原》《语丝》《猛进》《国民新报》副刊等，形成了北伐前北京的进步文化堡垒，取得了抨击军阀政府和文化走卒的光辉业绩。

在五四时期的“四大副刊”中，上海《民国日报》的《觉悟》是最杰出的。之所以这样说，主要是因为《觉悟》一方面自创刊始就表现出社会主义倾向，它也是“四大副刊”中最具马克思主义倾向的副刊，在五四思想和文化战线上起着积极的舆论引导作用；另一方面在恽代英主持编辑期间，发表了许多共产党人的文章，表现了强烈的战斗性。

《民国日报》创刊于1916年，原是国民党人为进行反对袁世凯而创办的，中国国民党第一次全国代表大会后成为国民党的机关报。在五四新文化运动前后，该报大造舆论、引导舆论，推动五四运动的深入发展，是当时有影响的重要报纸之一，实际负责人为邵力子和叶楚伧。《觉悟》是该报的主要副刊，亦即甲种副刊，其办刊方针是“集思广益”“兼容并包”。在1925年国民党右派召开西山会议之前，它大体经历了三个阶段：即1920年5月前，陈望道负责时期，主要宣传新思想、新文化，其观点比正刊还激进，尤其它在副刊上公开答复青年的来信，充满了“因婚姻不自由的青年的呼声”；1920年5月后《觉悟》随报附送，当时具有初步共产主义思想的知识分子正在酝酿成

---

① 冯并：《中国文艺副刊史》，华文出版社2001年5月版，第175页、第185页、第192页。

立中国共产党，上海共产主义小组成员通过与《觉悟》编辑的关系，使它初步具有马克思主义的倾向；1924—1925年恽代英主持时期，成为反帝反封建、宣传马克思主义、发表革命文学的园地，经常撰稿的有邓中夏、萧楚女、沈泽民、瞿秋白、方志敏、张闻天、蒋光慈、冯雪峰、沈雁冰等革命作家。由此可见，《觉悟》虽然不是无产阶级的报纸副刊，但却展现了无产阶级报纸副刊的某些特点和发展前景。诸如对彻底的民主主义思想和社会主义的宣扬，关心现实政治思想斗争等。

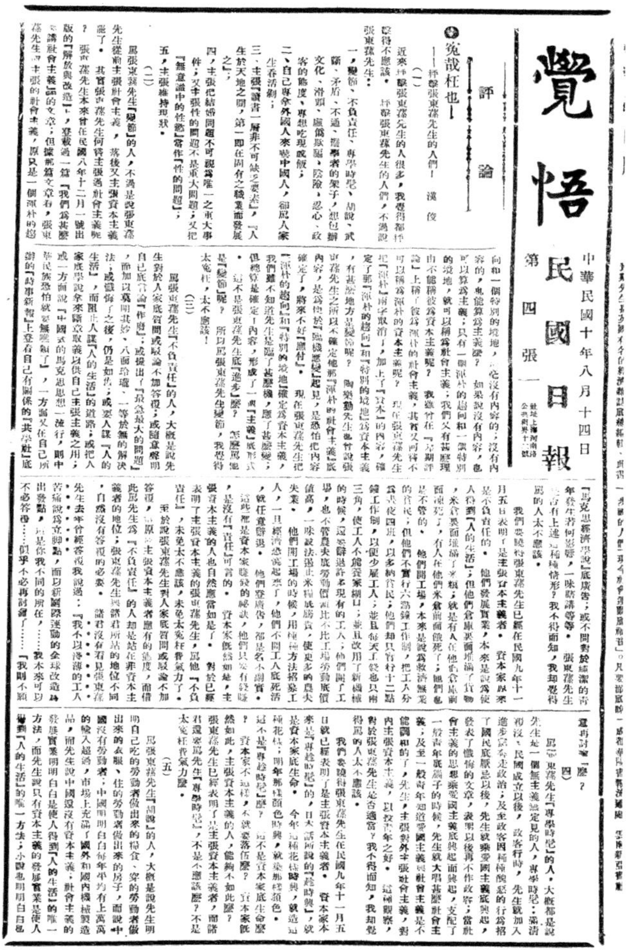

覺悟

中華民國十年八月十四日

民國日報

第四張

評論

冤哉枉也！

——抨擊張東蓀先生的人們！　漢俊

图 3-8 《民国日报·觉悟》

图 3-9 《民国日报·觉悟》（1927 年五四特刊）

在推动新文学方面，首先，《觉悟》大力介绍国外的文艺批评理论和文学基本知识，为此，它设置了“文艺”栏目，专门对自然主义、象征主义、新浪漫主义、唯美主义以及从古希腊神话到莎士比亚逐一做了介绍。尤其“文艺”栏目曾将馥泉翻译的厨川白村的《文艺思潮论》，连载了两个月，对国外的文艺批评理论做了系统的介绍，这在当时影响极大。另外值得注意的是《觉悟》出现了无产阶级文艺思想的萌芽，这里要提到的是 1924 年 11 月 6 日，《觉悟》发表了沈泽民的《文学与革命的文学》，文章正确地阐述了文艺和革命斗争的关系。沈泽民还和蒋光慈等，组织革命文学社团“春雷社”，并在《觉悟》上出版“文学专号”，这对当时的文学生态产生了深刻的影响。其次，刊载了具有现实主义的小说、诗歌和杂文。据统计 1920—1925 年共发表小说 900 多篇，其作者既包括国民党人士叶楚伧、沈玄庐、陈德微、谭正壁和张静庐，也有赵景深、魏金枝、胡愈之乃至于鲁迅的创作和译作。鲁迅的小说《故乡》（选登）、《白光》，译作《池边》《春夜的梦》《古怪的猫》（均为爱罗先珂的作品）都刊载在《觉悟》副刊上。诗歌创作的思想性一直比较健康，其中最著名的要数刘太白，他一个人曾在《觉悟》发表诗歌 160 多首。《觉悟》还设置“随感录”栏目，专刊载杂文，一直由邵力子负责，陈望道、郑振铎、沈玄庐、张闻天、萧楚女、恽代英等均是经常性的撰稿人。不过，

1924年《觉悟》改版后，文艺性作品相对减少，论文比重增加，这也体现出五四时期战斗的报纸副刊的政论特点。

总之，五四“四大副刊”虽然在政治倾向上各有不同，但在宣传和推动五四新文化运动方面有着不少共同点。首先，它们都是以介绍西方的新思想、新的科学文化知识，发表新的文学见解和文学作品为主要内容，有力地促进了思想和文学启蒙的兴起。其次，它们突破了过去副刊只登文艺性作品的旧规，使副刊内容包罗万象，理论文章、社会科学和自然科学知识、各种各样的文学作品布满“四大副刊”，倘若容纳不下，就出版专刊。最后，“四大副刊”所载的文章，都摒弃了陈腐的文言文，采用白话文写作，通俗易懂，文风清新，别具一格。此外，“四大副刊”的读者对象主要是青年人，为此针对他们的婚姻、前途、妇女解放等切身问题，发表系列文章，倡导民主、科学和个性解放，极大地吸引了广大读者，尤其是青年读者。

“四大副刊”的革新，引起了全国各地报纸副刊的改革，在新文化运动和文学革命的冲击下，越来越多的报纸副刊改变了以前消闲、游戏的格调，开始刊登新文学作品，使这些副刊也或多或少地适应新文化运动的发展要求，其情势蔚为壮观。比如北京的《国民公报》开辟新文艺栏;《国风日报》附设《学汇》，发刊《狂飙周刊》；成舍我的《世界日报》《世界晚报》除张恨水主编《明珠》《夜光》外，也于1925年发刊宣传新文化的《学库》。就是上海的《申报》也在副刊不得不搞一些“应急”措施，如发刊《星期增刊》《常识》等。上海呼应副刊改革较强烈的是《时报》和《中华新报》。1920年《时报》率先提出设立专门性副刊，1923年创造社在《中华新报》上附刊《创造日》，使其副刊表现出了新的变化。此外，湖南的《湖南通俗报》，江西的《大江报》《中庸报》，四川的《川报》《新蜀报》等都进行了副刊的改造。

“四大副刊”的革新不仅影响发达地区的报纸，而且对中小城市的报业也产生了冲击波，这些报纸的新副刊主要偏向于文艺。如芜湖《皖江日报》的《皖江新潮》，主要发表白话小说和新诗，作者有蒋光慈、李霁野、苇丛芜。绍兴的《越铎日报》出有《龙山》《微光》《爱之力》《心潮》《爱美的戏剧》等新副刊，作者中有刘太白、许钦文、何赤华等。另外浙江的柔石和冯雪峰、潘漠华、魏金枝、汪静之、周辅仁等组织“晨光社”，在杭州的小报上出《晨光》副刊。这些新型的副刊连同“四大副刊”一起，成为宣传民主、科学思想的窗口，成为反对旧文学、提倡新文学的战地和团结进步作家的纽带。同时，这些副刊也是培养青年作家的摇篮，吸引着大批文学青年，由此培养了现代文学的第一批文学生力军。所有这些，标志着新文化战胜旧文化，新式副刊代替旧式副刊。

值得注意的现象是五四时期的报纸副刊不仅从观念、内容到形式进行了彻底的革新，而且围绕一定的报纸副刊周围形成了各种文学社团组织，一些文学社团纷纷在报纸上附设社团刊物，借报办刊，从而形成规模宏大的新文学传播体系，正是这个体系的有序运作，借报纸的传播优势，才使得五四新文学运动如浩荡之长江，奔流向前。以下是主要文学社团与报纸副刊关系的情况一览表：

文学社团	主要作者	副刊及附设期刊	报纸名称
文学研究会	沈雁冰 郑振铎 叶绍钧 王统照 许地山 朱希祖 耿济之 孙伏园 周作人 郭绍虞 瞿世英 蒋百里	《学灯》《文学旬刊》	《时事新报》
		《晨报副镌》	《晨报》
		《京报副刊》	《京报》
		《微笑周刊》	《民意报》
创造社	郭沫若 成仿吾 郁达夫 田汉 郑伯奇 张资平 王独清 穆木天	《创造日》	《中华新报》
		《学灯》	《时事新报》
春雷社	蒋光慈 沈泽民	《觉悟》	《民国日报》
绿波社	赵景深 焦菊隐 林如稷 孙席珍	《朝霞》 《绿波旬刊》	《民意报》
浅草—沉钟社	冯 至 陈炜谟 林如稷 杨 晦 邓君吾 陈翔鹤 王怡庵	《文艺旬刊》	《民国日报》
		《新中华报副刊》	《新中华报》
		《华北日报副刊》	《华北日报》
莽原社	鲁 迅 向培良 高长虹 章衣萍 荆有麟	《莽原》	《京报》
未名社	鲁 迅 韦素园 曹靖华 李霁野 吕静良 韦丛芜	《民报副刊》	《民报》

从这表中，我们不难发现副刊与文学社团的密切关系。事实上，报纸副

刊和文学社团的结合，在当时非常普遍，有的是报社主动找文学社团，并支付其相应的编辑费用。比如，当年主编《中华新报》的张季鸾看到创造社声誉日高，提出要他们每月在《中华新报》上编辑半版副刊文字，定名为《创造日》，报社每月支付100元编辑费。报社之所以这样做，究其原因，一方面是报社可以节约人力、物力和财力，加上新型的报纸副刊又代表了不可抗拒的文化潮流，吸引着大批的读者，这是报业商人和办报团体不能不考虑的现实问题。另一方面是文学社团组织也想借副刊扩大自己的影响，以推动新文学的发展，因为报纸上的版面是现成的，无须投资，更不用担心会赔钱，况且有的报社还支付一定的编辑费呢。在当时的条件下，如果没有出版机构的支持，要创办并维持一家文学杂志是十分困难的。因此，一些文学社团采用了借报办刊的方式，许多文学青年也通过在报纸上包办一个副刊来开展文学活动。当然，比起《小说月报》《创造季刊》《语丝》这样的文学刊物来，这些副刊的艺术水准并不上高。创造社增设《创造日》，其原因之一就是“《季刊》和《周报》的标准太高，外来的投稿百分之九十九以上不能用，因而失掉不少的读者，应该要有一种日报做尾闾，以销纳外来的投稿”①。不过，正是在这类副刊上，一大批文学青年迈出了走向文坛的第一步。他们的习作通过副刊得以面世，并由此增加了创作的信心和热情，在汹涌的文学大潮中练就了一副好身手。20世纪30年代的许多作家，都是这个时候在报纸副刊崭露头角的。

图3-10　张季鸾

第二节　多彩的副刊与文学互动

尽管五四新文化运动，以反对旧道德，提倡新道德；反对旧文学，提倡新文学，为文化革命的两大旗帜，立下了伟大的功劳，新型的报纸副刊与新

① 郭沫若:《创造十年·十二》，现代书店1933年版。

文化运动也开展了很好的互动合作。但是五四之后，迫于军阀反动政府的压力，一些报纸的政治倾向由革命变为保守，在宣传上往后退。然而，毕竟新思想新文化已经产生了广泛而深远的影响，特别是在知识界的影响还相当强烈，办报者又不能不顾及这一点。因此，在复杂的历史背景下，报纸宣传虽然总的趋向是附和军阀当局的反动统治，但又不能完全背离革命而向后转，这样一些报纸在副刊上仍然保持着宣传民主、科学、革命和新文学的“绿洲”，表现出与整个报纸的政治调子相背离的双重性。到后来随着革命形势的发展，国共合作的形成，在新的政治形势的推动下，出现了报纸的新一轮发展和竞争之势，副刊与文学的积极互动，又重现昔日的风采。

历史进入20世纪30年代，“九一八”事变后，中华民族到了最危险的时候。面对严峻的现实，报纸的政治态度发生了明显的变化，报纸的宣传渐趋合奏同一个主旋律：抗日救亡。《申报》迈出了这一变化的第一步，其副刊《自由谈》的革新，对现代文学的发展更具有开拓性的意义。由此看来，五四新文化运动后，抗战全面爆发之前，报纸副刊出现了多元化倾向，随之而来的文化和文学也异彩纷呈，景象迭出：既有礼拜六派（又叫鸳鸯蝴蝶派）的文艺复旧和通俗报、小报的繁荣，又有左翼报刊和文艺的活动；既有民营报纸《大公报》文艺副刊和京派的形成，也有无产阶级政党报纸副刊和革命文学的展现。这就是这一时期报纸副刊与文学互动的大致脉络。

礼拜六派的副刊在五四后再度兴起和迁延，是一个特异的现象。早在1920年初，郑振铎就发现了这个问题，他说：“中国的出版界，最热闹的恐怕就是1919年了，就11月一个月而论，我所知道的，已经有20余种的月刊、旬刊、周刊出现了，他们的论调，虽然不能一致，却总有一个走向——向着平民主义而走”，但是“还有一件事也很奇怪，就是黑幕一类的书，仍然十分发达，我们一拿起新闻报的第四张来看，真是觉得肉麻啊！”①事实上，从1920年周瘦鹃接编《自由谈》开始，上海、北京、天津的许多商业性报纸先后恢复和设立了消闲性的副刊和旧式副刊：《天津益世报·益智粽》《庸报·天津卫》《北京午报·午炮》《世界日报·明珠》《世界晚报·夜光》《小夜报·灯下》《东方时报·东方朔》等。这些商业性的报纸副刊，特别是一些老牌大报

① 冯并：《中国文艺副刊史》，华文出版社2001年5月版，第232页。

纸依然保持着旧式副刊的作风，对新文学漠然视之。另外，礼拜六派的一些主要人物发起组织了“青社”和“星社”，人数分别达到20人和100多人，几乎囊括了江浙地区各大报纸副刊和消闲杂志的所有编辑和作者，如包天笑、周瘦鹃、王纯根、严独鹤、毕倚虹、胡寄尘、郑逸梅、范烟桥、姚苏凤等都是其中的骨干。他们创办和控制着许多杂志和日报的副刊，如周瘦鹃除了主编《申报》的《自由谈》和《春秋》外，还先后主编过《礼拜六》周刊、《游戏世界》《半月》《良友》《紫罗兰》等12种杂志。严独鹤除主编《快活林》外，也与人合编《侦探世界》等7种杂志。据统计1919年至抗战爆发前，上海地区出版的50余种消闲性杂志，几乎全部出自“星社”社员之手。这些副刊和杂志，无论内容、格调，还是编辑特点都与五四新副刊和新文学极不协调。至于像张恨水的《啼笑因缘》类带有思想性的作品在《快活林》连载，算是十分罕见的了。

上海夜報

小夜報

小閒話

上海之三多

砲火中的情史

佛蘭克林的奇事

滑稽的詩聯

發明久咳丸

唐拾義

商務印書館發行

中國儲蓄銀行廣告

香亞化妝品

图 3–11 上海《小夜报》

图 3–12　成舍我（1898—1991）

这里不妨说说张恨水和《明珠》《夜光》等副刊。张恨水是著名的文学家，也是著名的报纸副刊编辑，他一生中共创作中、长篇小说 120 余部，大多数在报纸副刊连载。《世界日报 · 明珠》和《世界晚报 · 夜光》是张恨水主编的两个著名的副刊。《世界晚报》和《世界日报》由报业老板成舍我于 1924 年和 1925 年在北京分别创刊的。《世界晚报》创刊当初，北京的报业竞争很激烈，当时有晚报 17 家。为了增强竞争力，扩大影响，在 4 月 16 日创刊时，先在《京报》等几家报纸上做广告宣传，介绍晚报特色，其中有一条就说：本报特辟“夜光”一版，揭载各种关于寓兴趣之文字，而“《春明外史》描写北京各阶层社会之状况，淋漓尽致，尤不可多得之作”。这《春明外史》正是副刊主编张恨水所作，这部长达百万言的作品一开始就在刚创办的《世界晚报》连载，一连载就是 57 个月，这使报纸和作者一举成名。小说中的主人公杨杏园是一位怀才不遇、流落京华的青年记者。他真诚地爱着雏妓梨云，可梨云不幸染病夭折。在心灵创伤尚未愈合之际，他爱上才女李冬青，冬青却因身患暗疾而不能与之婚配，便借口南行来减轻感情上的折磨。行前，她把好友史科莲介绍给杏园，却遭富有个性的史的拒绝。杏园遂看破红尘，遁入佛门，在身心交瘁中撒手西天。小说对当时的官场丑恶等黑暗现象做了大量的披露和辛辣的讽刺，在京城引起了极大的轰动，以至于许多人每天下午提前两小时在报馆门口排队，为的是先睹为快。

《世界晚报 · 夜光》的成功，极大地鼓舞了成舍我，于是在《世界日报》第八版开辟《明珠》副刊，此副刊也由张恨水主编，与《夜光》一起并称为姊妹刊，二者均以诗词、掌故、随笔为主要内容，富有知识性和趣味性。和《夜光》一样，《明珠》曾连载过张恨水的小说《新捉鬼传》《荆棘山河》。尤其是从 1927 年 2 月 13 日起，开始连载张恨水的长篇小说《金粉世家》，这部被誉为“民国红楼梦”的长达百万言的作品，讲述了一位平民女子冷清秋与国务总理金铨之子金燕西从恋爱、结婚到反目、离异的故事，描写了豪门贵族金铨一家醉生梦死、荒淫糜烂的生活。小说最后以金铨暴死、家道陡衰、金太太遁世学佛作结。小说总共连载了 2197 次，时间长达七年之久，成为风靡一时的小说，吸引了大量读者，堪称历史纪录。

由此，我们不禁要问：在新文化和新文学的冲击下，礼拜六派为何没有被冲垮？在报纸副刊革新的大背景下，他们为何能盘踞报纸副刊而不退呢？原因是多方面的，其一，与当时的复古逆流有关，学衡派之吴宓，甲寅派之章士钊都是对新文化运动和白话文抨击的能手。其二，这是商业主义报纸庇护的结果。资本家从商业利润出发，把副刊当作招揽读者的“特种广告”，而作者把小说当成待价而沽的商品。只要有地方销，就可赶制出来；只要能迎合社会心理，无论怎么迁就都可以。在市场法则的支配下，商业性报纸是不肯牺牲自己的销路而提高文学质量的。事实上，五四之后，虽然新一代青年接受了新文学，但广大的市民阶层所欣赏的还是那些言情、武侠、侦探、黑幕之类的文字，这类文学仍然拥有广泛的读者。其三，礼拜六派在迎合小市民心理的同时，也注意到在形式上迎合“时代潮流”。比如，新文学和新副刊注意劳动、妇女、家庭问题，他们也在形式上大加模仿，“成了满纸问题”。加上礼拜六派本身注重通俗化，这样就能吸引相当的小市民读者。

就在礼拜六派文艺复旧的同时，因五四新文化运动后大力倡导白话文，通俗报纸和刊载通俗文学的小报也得到了空前繁荣。在面向大众的通俗报纸中，《湖南通俗报》办得最有特色，其主编是湖南通俗教育馆馆长谢觉哉。此报为周六刊，四开四版，第四版刊登小说和广告，其小说主要是社会小说，如谢觉哉的《清儿》，就是讲述小丈夫娶大媳妇的故事。作者用白描手法寥寥数笔，将人物刻画得栩栩如生，血肉丰满。全文不到两千字却分三天刊出，短小精悍，很是吸引人。该报的第二、三版也时常刊登副刊性文体，如诗词、儿歌、谚语等，并开辟了不少知识性的专栏，从中可以窥探到五四运动后，新文化的大众方向，白话文逐渐在向下普及。

而小报的繁盛则始于 20 世纪 20 年代，其种类千姿百态，“有清末文艺小报，有戏报和游戏娱乐报，有综合性的三日刊，有揭载内幕秘闻的日报，还有黄色横报，等等”，数量在 1500 种以上，较有影响的有 60 多种，其中上海的《晶报》《福尔摩斯》《罗宾汉》《金刚钻》四家小报在当时各领风骚，被誉为沪版小报的“四大金刚”。[①]《晶报》原是1919年3月3日开始随《神州日报》发行的附刊，三天出一期，很符合由三个日字组成的“晶”字的含义。《晶报》创办之初，仍摆脱不了风花雪月的俗套。五四后受当时社会思潮的影响，报风改变，发表了很多短小精悍的作品、连载小说和笔记小品，如李涵林的《爱克司光录》《沁香阁笔记》，包天笑的《一年有半》《冠盖金华》，林琴南的《畏庐杂录》，张恨水的《锦绣前程》，袁寒云的《新华初来》《宾筵随笔》，等等。

《金刚钻》创刊于1923年10月18日，其用意是想以文为戏，出出心中之气。因为那时《晶报》主持人余大雄和主笔张丹斧常挑起一班文人间的笔战，以此来增加报纸的销路。报纸内部反对他们这种做法的人便另起炉灶，集资办起了《金刚钻》，寓意“金刚钻”的硬度可以刻“晶”（指《晶报》）。这张报纸以文艺为主，注重刊载长篇连载小说，比如张恨水的《铁血情丝》，顾明道的《龙山王》，汪仲贤的《恼人春色》等长篇小说都在此报连载过。那时盛行写作集锦小说，即由几个人或十几个人合写一部，每篇文末在字句中嵌入下期作家的名字，由被点名的作家接着写下一篇。《金刚钻》曾刊载过两部集锦小说，它们是《明星劫》和《江南大侠》。

《福尔摩斯》则创刊于1926年7月3日，该报摒弃风花雪月与长篇小说，其特点是注重立体式揭露党政军和社会各界的黑幕。该报常常抛出惊人消息，常取一些不便登在大报上的内幕新闻或文章在这张报纸上刊载。

《罗宾汉》创刊于1926年12月8日，它以报道影剧界新闻及评论影剧而见长，因此被报界称为中国的“戏报鼻祖”。此外，还有《上海夜报》《上海报》《上海画报》《小说日报》《小说旬报》等。

所有这些小报继承了晚清小报的消闲性质，但又有不同于晚清小报的新的时代烙印，即它与当时的世俗化都市生活密切相关。它们对新文学的影响有两个方面，一是它调适了文学生态系统。因为晚清以来的“新小说”潮流导引文学成为政治宣传的工具，而小报却因消闲、娱乐等功能满足了读者的阅读需求，从而使文学生态系统得以平衡。另外，小报以其诙谐、嬉笑怒骂的文风和游戏笔墨，不断消解着传统文化对人们思想的禁锢。总之，20世纪

① 秦绍德：《上海近代报刊史论》，复旦大学出版社1993年7月第1版，第133页。

二三十年代小报的勃兴，给报纸文艺副刊和文学的发展起到了很大的推动作用，这些小报的文艺性、知识性、趣味性逐渐成为报纸副刊的主要特色。

金鋼鑽

星期一　第二版

舊小說的研究

天外奇峯

女學生必讀

鐵血情絲

老槍之友

本報發行月刊啓事

白濁簡論

保嬰丹

白濁丸

朱其石作畫刻印

图 3–13 《金刚钻》

历史翻到 1927—1937 年，这是一个特殊的年代。一方面国民党反动派背叛革命，建立了对新闻、文化机构的控制与统治；另一方面中国共产党创建的独立的革命新闻、文化事业正蓬勃发展，这是革命与反革命、“围剿”与反“围剿”的殊死搏斗之时。正如毛泽东同志所指出的：“这时有两种反革命‘围剿’：军事‘围剿’和文化‘围剿’。也有两种深入：农村革命的深入和文化革命的深入。”① 正是在这种背景下，在农村革命根据地里，首次创办了共产党领导下的工农报纸和红军报纸，这些报纸有湘鄂西根据地的《红旗日报》、湘鄂赣根据地的《工农兵》、红三军团的《红军日报》、中央工农政府机关报《红色中华》《红星报》等，这些报纸的文艺栏、副刊和随之而来的文学（文化）具有鲜明的党性和革命的色彩，同时具有通俗化、大众化的特点，具有文化普及的性质。这样，从一开始就形成了无产阶级报纸副刊文化的特色。比如，《红军日报》的副刊《红军》在《开场白——“红军”的使命》中，副刊编辑曾饱含激情地说：“红军的日报之有副刊，不是和一般所谓报屁股那样简单，只是怕资产阶级看花了眼，来用一种温柔淑丽的文词的副刊，来调和他的心情。‘红军’之为‘红军’，他是撕下了小姐们的衣裳，脱去了温柔淑丽的娇态，他不是资产阶级的撩抱的调情的玩物。他是什么，他只是一朵血滴滴的鲜花，火一般赤热的鲜花……因此，‘红军’的立场，他是以无产阶级的立场为立场，他是无产阶级的喉舌。只有他能替无产阶级说出一种要说的话。还有，不仅要替无产阶级说出要说的话，而且还要引导教育无产阶级尽量发育他的革命情绪，使劳苦的工农从‘闻风而起’，而做到自觉地走上革命的最前线。因此他的任务，是负着这一开导革命、发扬革命、充实革命的使命的，小小的副刊，却不要看不起他……”② 这种对革命报纸副刊的认识，标志着无产阶级报纸副刊的发展走上了一个新的阶段，随之深刻地影响着报刊上的革命文学的发展趋势。

《红色中华》的副刊为《赤焰》，属于不定期的文艺副刊，在瞿秋白参与编辑期间，《赤焰》大力提倡文艺大众化和副刊文字通俗化，在反“围剿”斗争中起了巨大的宣传鼓动的作用。红军长征胜利到达陕北后，一度改为《红中副刊》。而那时一批文化人和革命文学青年纷纷进入边区，并成立了根据地的第一个文艺团体——中国文艺协会（以下简称“文协”），发起人有丁玲、伍修权、徐特立、陆定一、成仿吾、徐梦秋等 34 人，由丁玲任主任。当时有

---

① 毛泽东:《新民主主义论》，载《毛泽东选集》第 2 卷，人民出版社 1952 年 8 月版，第 662 页。

② 《红军日报》1930 年第 6 期。

关“文协”的活动和创作，包括通讯、特写、随笔、诗歌和小说都在《红中副刊》上刊载。其中丁玲著名的《记左权同志话山城堡之战》《彭德怀速写》分别刊发在《红中副刊》的第一期和第三期上。西安事变后，《红色中华》更名为《新中华报》，副刊也随之起名为《新中华副刊》，出至第6期改作《苏区文艺》。不过，由于物质条件的限制，以上副刊均出版期数少。尽管如此，它们是无产阶级报纸副刊和革命文学走向完善和成熟的必经之路。

一九三一年十二月十一日　紅色中華　第一版

中華蘇維埃共和國臨時中央政府機關報

紅色中華

創刊號

收報費銅元一枚

發刊詞

紀念廣州暴動

日本帝國主義進攻中國的加緊

（一）廣州暴動英勇斗爭的精神

图 3–14 《红色中华》创刊号

而在国统区，由于国民党颁布了《宣传品审查标准》《出版法》《图书杂志审查办法》，限制人民言论出版自由。在这种情况下党的报刊不得不转入地下秘密出版，运用隐晦曲折的形式，并通过左翼文化组织开展活动，反对国民党及其文化“围剿”。在众多地下报纸中比较有代表性的是谢觉哉在1929—1930年主编的《上海报》，这是一份面向上海广大工人的报纸。该报很重视《海上俱乐部》副刊的作用和可读性。在《本报周岁感言》中说：“想到要使读者在看报之余，能有一点趣味上的润饰，所以决定划出1/3的篇幅来登载游戏文字和插图，因此有《白话报》时代的《小白话》。之后，因人力的不足，乃缩短篇幅，在《上海报》出版时，遂改为《余味》。”又说，“本报既经常在与反动派统治奋斗，不免要更改名称……于是有了《海上俱乐部》”①。《海上俱乐部》经常发表通讯、诗歌、小说、戏剧、短评、戏曲小段、音乐、美术等，如反映工人斗争的独幕剧《我们的力量》、短剧《打死黄狗》以及嘲讽官僚无能的《马桶委员》，力求通俗化和大众化。

作为无产阶级革命文艺运动的重要组成部分，左翼文艺力量在副刊与文学的关系史上具有举足轻重的地位。1933年后，“左联”的刊物如《萌芽》《拓荒者》《巴尔底山》《前哨》《北斗》《文学》等大部分被封，于是左翼文艺工作者纷纷转向新的阵地，或者利用各种关系编辑报纸副刊，或者向其他刊物和副刊投稿，造成了现代文学史和报刊史上最典型的特异现象：从资产阶级控制的报坛上杀出一批进步的或倾向于进步的文艺副刊和文艺周刊。这些副刊在反文化“围剿”斗争中占据了重要的作用，它们涉及的领域很广泛，既有综合性文艺副刊，也有戏剧、电影等专门性副刊。其中，在上海，就有革新后的《申报·自由谈》《中华日报·动向》《时事新报·每周文艺》《大晚报·火炬》《文化街》周刊，以及郑伯奇等“左联”电影小组成员编辑的多种电影周刊。

在北方，“左联”的斗争也是在报纸副刊上展开的，如北平剧联曾经在《益世报》《全民报》《京报》《新报》《进报》附有剧刊。这些进步副刊之所以能出现在资产阶级报纸，甚至国民党反动报纸上，一方面缘于报纸副刊编辑本身具有相对独立性的特点，另一方面这也是报纸顺应历史潮流取得自身生

① 《上海报》1930年4月17日。

存与发展的必然趋势。因为民营性质的办报者认识到：失去进步文化人对报纸的支持，无异于失去相当数量的读者和作者，尤其是青年与学生读者。于是为了自身的经济利益，他们不得不暂时出让副刊园地。

此外，左翼文化运动在向纵深发展过程中，也由倡导“革命文学”扩展到艺术、新闻和各个社会科学领域，这就势必提出对报纸副刊进行利用和改造。“左联”改造利用和分化资产阶级报纸副刊的形式多种多样。第一种是利用民营报纸与国民党新闻检查机构的矛盾，以及民族报业资本家在特定时期政治态度的变化，给予稿件的支持，如后期《申报·自由谈》在这方面是有代表性的。第二种是参与和主持副刊，甚至设立新的副刊，如《中华日报·动向》。第三种是见缝插针，利用一切可以利用的机会，在反动报纸副刊上进行巧妙的宣传。如丁玲曾在国民党的《中央日报》上主编过《红黑副刊》，而立场较反动的《大晚报·火炬》也曾在特定时期刊载过若干进步作家的文章。这种“你中有我”的现象反映了20世纪30年代文艺斗争的复杂性，同时也是我们理解30年代文艺运动的一个重要线索。

这里重点说一说《申报·自由谈》。这是个老牌的消闲副刊，在20世纪20年代初到30年代初的十年里，一直由周瘦鹃主持。左翼文艺运动的兴起和民族解放运动的发展，对《自由谈》带来了巨大的冲击。1932年正值《申报》创刊六十周年纪念，被民族危机激奋的总经理史量才决定以纪念创刊活动为契机，彻底革新《申报》。这年9月1日发表《本报六十周年纪念宣言》，公开新的办报方针。《本报六十周年纪念宣言》指出：“为了肩荷社会先驱推进时代的责任，为了促进我民族臻于兴盛与繁荣，本报决心积极行动起来。”11月30日再度发表《六十年革新计划宣言》，宣布从十二个方面着手进行。其中关于《自由谈》的一条是：“自由谈虽说只是一种副刊，但为调和兴趣，关系也很重大，今后刊载文字，约分长篇创作，短篇世界名著小说译述、科学故事、世界风土纪，

图3–15　史量才

妇女和儿童的小品文字，以及幽默文字等。并时常举行有趣味的民意测验或悬赏征文，务以不违背时代潮流与大众化为原则。”[①] 要贴近现实，贴近大众，宣传民族危亡，唤醒大众奋斗。《自由谈》的改革是《申报》改革中取得成效最大、影响最深远的，这对报纸副刊和文学的发展是一个有力的推动。正因如此，茅盾说：“我认为，连续两年的《申报·自由谈》的革新，在现代文学史上应当大书一笔。”[②]

《自由谈》革新的重要举措，就是由刚从法国留学归来的年仅28岁的作家黎烈文接替周瘦鹃而主持编务工作。1932年12月1日黎烈文在改版的第一天，发表《幕前致词》说：

《自由谈》，正可以当作自由“台”，在这“台”上，我们可以自由地表演。那便是自由的“谈”。

到昨天为止，这台上所“表演”的，已告一段落了，闭幕了。从今天起，新的活动开始，幕又要重新开了，其中有些什么，这里也不多谈，瞧着吧。

不过在观众渴欲知道幕内情形以前，我们这些“台上人”，却不能不将我们的态度概述一下。

我们认定世界上的一切都在进步中，都在近代化，一则理论上应该，二则事实上需要。我们认为我们生活之涵养，大有赖于文艺，而文艺之应该进步与近代化，需要进步与近代化，乃是当然的事实。我们此后在这“台上表演”些什么，虽然在节目方面，不能预先一一地报告出来，而我们对于进步和近代化的立足点，却是需要牢牢站定的，即便是一些插科打诨，一些装腔作势，我们也不敢随便应付。

但是话还得说回来。我们虽然不肯搬演猴子戏，模仿人的作为，以博观众一笑，不肯唱几句十八摸、五更相思，或者哼几句“云淡风轻近午天”，以迁就一般的低浅趣味，而我们也不太愿意大唱高调，打起什么旗号，吹起什么好筒，出什么堂堂正正“像煞有介事”的导师，以宣传什么主义，将个人或以小部分人的嗜好，来勉强大多数人的口味。我们只认定生活的要素，文艺，是应该而又需要进步的，近代化的；同时都也不愿意离观众太远，“自敲

---

① 《今后本报努力的工作》，《申报》1932年11月30日。

② 参见罗贤梁《中国副刊史略》，长江文艺出版社1993年6月版，第130页。

锣鼓自唱戏”，只在“台里喝彩”。

幕已开了，自由的“台”在出现了，台上的人在自由地“表演”了，瞧着吧。

为此，黎烈文首先从组织作者队伍入手，改变《自由谈》的面貌，他摒弃了所谓“礼拜六派”的作家，聘请鲁迅、茅盾、郁达夫、老舍、巴人、叶圣陶等有进步思想的、宣传革命的作家撰稿。1933 年 1 月 30 日，黎烈文特意在《自由谈》上刊出《编辑宣告读者书》，郑重宣布：“编辑为使本刊内容更为充实起见，近来约三两位文坛老将何家干及玄先生为本刊撰稿，希望读者不要因为名字生疏的缘故，错过‘奇文共赏’的机会！”何家干和玄分别是鲁迅和茅盾的笔名，在他们的带动下，左翼作家和进步作家纷纷向《自由谈》投稿，从而组成了强大的作者群，他们用创作改变了《自由谈》的面貌，使之成为最有生气、最引人注目的文艺副刊。其次，从内容上，为“尊重读者意见”，他毅然决定停发了张资平反映三角恋爱的长篇小说《时代与爱的歧路》（1933 年 4 月 22 日《自由谈·编辑室启事》），这就是有名的“腰斩张资平”的“文案”。同时发表广大读者喜爱的进步作家的作品，使《自由谈》成为当时进步文化人发表作品的重要园地，特别是大量刊载犀利的战斗杂文。黎烈文的这一举动深受读者的欢迎，以至于国民党的杂志《微言》和《社会新闻》也惊呼“左翼文化运动的抬头”。

同年 12 月 12 日黎烈文又在副刊版发表《编辑室启事》，进一步阐明《自由谈》的编辑意旨：“本刊改革以来，每天接到许多来信，对于我们的努力赞许备至，真使我们又惭愧又感激。我们以后当益加奋勉，务使本刊的内容更为充实，成为一种站在时代前面的副刊，绝不敢以茶余酒后、消遣之资自限。”然而，改革之路是坎坷的，特别是来自政府当局的压力愈来愈大。诚如鲁迅所说，“《自由谈》并非同仁杂志，‘自由’当然不过是一句反话”[①]。叶圣陶也觉得“‘自由谈’只是个幻影似的名词”[②]。正因如此，黎烈文不得不又于 1933 年 5 月 22 日发表《编辑室启事》：

① 鲁迅：《伪自由书·前言》，人民文学出版社 1980 年版，第 2 页。

② 叶圣陶：《今天天气好呵！》，《申报·自由谈》1932 年 12 月 1 日。

从兹多谈风月

编辑室

这年头，说话难，摇笔杆尤难。这不是说：“祸福无门，惟人自招。”实在是“天下有道”，“庶人”相应“不议”。编者谨掬一瓣心香，吁请海内文豪，从兹多谈风月，少发牢骚，庶作者编者，两蒙其休。若必论长议短，妄谈大事，则塞之字篓既有所不忍，布之报端又有所不能，陷编者于两难之境，未免有失恕道。语云：识时务者为俊杰，编者敢以此为海内文豪告。区区苦衷，伏乞矜鉴。

编者

从这里我们不妨看到《自由谈》革新的艰难。黎烈文主编《自由谈》仅一年零五个月，最后只好以无奈地被迫辞职结束。1934 年 5 月，张梓生接替《自由谈》主编。他承袭了黎烈文的一些做法，保持紧密联系现实生活，既尖锐泼辣又活泼生动的传统风格，增加刊发小品、散文，仍继续刊登鲁迅、茅盾等进步作家的文章。不仅如此，他在版面上对杂文的处理比过去更为突出，即四周加上花边，以引人注目。这样做又引起了政府当局的忌恨，最后威逼张梓生辞职，迫使《自由谈》停刊。

尽管如此，《自由谈》的革新对现代文学的发展具有极其重要的意义。其中突出的一点就是，它有力地推动了杂文的发展，迎来了杂文的全盛时期。诚如茅盾所说：“《自由谈》的改革推动了杂文的发展，造就了一批杂文家。”茅盾还曾将《自由谈》的革新与《小说月报》的改革做过比较，以此说明其改革的意义和影响，他说：“1932 年 11 月，听说《申报》的副刊《自由谈》要改革了。《自由谈》也是鸳鸯蝴蝶派的巢穴，它的改革和十年前的《小说月报》的革新一样，使进步者高兴，落后者惊骇，而且《自由谈》的改革又不同，《自由谈》虽然是《申报》的副刊，篇幅有限，但天天和读者见面，而

《申报》不但在中国是上流人士和小市民的案头必备之物，且在南洋华侨中亦是流行的;《小说月报》发行量最多时才一万多一点,《申报》却是每天发行十几万。因此,《自由谈》的改革轰动一时。”[①] 据不完全统计，从革新之初的1932年12月1日至1935年10月31日被迫停刊，出版了911期，总共发表杂文近两千篇，平均每天发表两篇以上。

这里首先值得提出的是鲁迅，他曾以“何家干”“丰之余”“旅隼”“韦索”“洛文”等40多个笔名，在《自由谈》上发表了143篇杂文，这些杂文后来结集为《伪自由书》《准风月谈》和《花边文学》，成为这一时期《自由谈》的一面旗帜。鲁迅以实际行动支持与帮助黎烈文的副刊改革，使《自由谈》发挥出很强的战斗、批评作用。茅盾为《自由谈》撰稿比鲁迅略早，他也发表了60多篇杂文。郁达夫、叶圣陶、陈望道、陈子展、老舍等作家也在《自由谈》上发表了不少杂文作品。在他们的带动下，又涌现出唐弢、徐懋庸、曹聚仁、姚雪垠、周而复、荒煤、柯灵等一批新的杂文作家，可以说革新后的《自由谈》扶持了一批文学新人，他们在这里初试笔墨，走上文坛。

这样，以《自由谈》为阵地，在20世纪30年代迅速形成了一个杂文运动，其特点是紧密结合实际，有感而发，针砭时弊，犀利尖刻，幽默风趣，“嬉笑怒骂，皆成文章”。这些杂文不仅成为报纸副刊的旗帜，也成为当时民众的一面追随光明，追随进步的旗帜，对读者具有很强的吸引力。正因如此，陈子展说:“如果要写现代文学史，从《新青年》开始提倡的杂感不能不写;如果论述《新青年》以后的发展，黎烈文主编的《申报》副刊《自由谈》又不能不写，这样才能说得清历史变化的面貌。”[②]

就在《自由谈》革新前后，左翼文艺工作者以及受“左联”影响的进步青年，纷纷在报纸副刊上开展编辑和文学活动。他们或以个人名义参加编辑文艺副刊，或通过若干具有进步倾向或同情左翼文艺运动的编辑，集中发表文章，发起讨论，从而取得了强烈的社会效果。在1928—1937年间，受到“左联”控制和影响的报纸副刊达四五十种，成为左翼文艺运动特别是后期左翼文艺运动的主要力量。这些副刊的种类很多，但以文学创作为特色的居多。

---

① 茅盾:《多事活跃的岁月》,《新文学史料》1985年第5期。

② 唐弢:《影印本〈申报·自由谈〉序》。

上海是左翼文艺的中心，除了《自由谈》外，《中华日报·动向》《大美报·浅草》《大美晚报·文化街周刊》《时事新报·每周文学》等都是进步的副刊。其中《动向》曾和《自由谈》一起参与文艺大众化的讨论。《文化街》由柯灵主编，而《每周文学》和《浅草》则由徐懋庸、周立波、王淑明等负责。此外，丁玲和胡也频主编过《中央日报·红与黑》。这些都是左翼文艺运动影响下的进步副刊，其中发表了大量左翼作家的作品。

中華民國廿四年二月十三日 時代日報 星期三 第四版

芳君 編輯

蘇堤覓妓記

榮康莊倒閉餘波

舞后白宮博局談

逃婚誓話憶毛娘

烟消火滅之贈券潮

有關必錄

胖主席妾殉節隱事

第三批 無名的姊妹們

图 3-16 《时代日报》副刊（1935-02-13）

在内地，随着许多“左联”组织的纷纷创立，也有受其影响的报纸副刊。例如，1932 年后，陈荒煤在汉口主编过《时代日报》副刊，经常撰稿的有张庚、丽尼、巴人、吕骥等；杭州的“左联”成员耶林、于海等成立了“泼波社”，意在使无产阶级文艺“泼波扬波”；厦门有王鲁彦 1930 年主编的《民众日报》副刊；太原出现了由“榴花社”主编的《山西日报》《榴花》文学周刊。

另外，比较引人注目的，是1934年至1935年间在青岛出现的一系列进步副刊和文学活动。由于日本侵占了东北，国民党又在上海大搞文化“围剿”，因此，青岛一度成为南北文化人路过和暂住的“中心”地区。当时的青岛大学聚集了一批著名学者和进步作家，杨振声、闻一多、洪深、老舍、王统照、杨晦、吴伯箫、台静农、沈从文、赵少侯、游国恩、梁实秋等都曾在此任过教。此外，萧军、萧红等东北作家也在青岛居留一时。在这种情况下，青岛的思想文化界愈来愈趋于活跃，文艺气氛愈来愈浓，副刊和文学活动也随之发达起来。当时青岛的主要报纸《晨报》和《民报》均为国民党所控制，但《晨报》副刊《公园》以及附设的《文艺周刊》曾由萧军主编过，时间达半年多。而《民报》副刊《新地》在这一时期也渐渐被进步作家所掌握，于黑丁、蔡天心、孟超等先后任主编。青岛的进步作家不仅在副刊发表文章，而且常常借机举行集会。比如，1935年7月14日，臧克家、洪深、孟超、老舍、吴伯箫、王统照、王亚平等与前来青岛避暑的作家共12人，发起了“同人”性质的文艺副刊《避暑录话》，附设在《民报》上发行，每周一次。洪深在《发刊辞》中说，尽管他们之间有许多不同，但“在一点上是相同的：他们都是爱好文艺的人……他们要和政治家的发施威权一样，发施所谓文艺者的威权”。“此外，还有一点是相同的——就是，同人们相约在1935年的夏天，在避暑胜地的青岛，说话必须保持‘避暑’态度”，因为“这避暑不是纳凉，而是避国民党反动派的炎威”。从这里不难看出，这些作家对国民党文化“围剿”的愤怒与蔑视。这个副刊共出了10期，主要作品有老舍的《西红柿》《檀香扇》《避暑聊到立秋》，洪深的戏剧创作和研究，孟超、吴伯箫、王亚平的诗歌以及王余杞的连载《一个人在青岛》等。后因办刊“同人”纷纷离开，投入新的战斗，由老舍发表《完了》一文而结束。

值得注意的是随着左翼电影戏剧运动的发展，这时的一些报纸副刊出现了以电影戏剧评论为特色的专刊。其中影响最大的是《晨报·每日电影》，该刊虽然隶属于立场反动的《晨报》，但受到左翼电影小组的直接影响。1933年6月18日，《每日电影》曾发表了由洪深、郑伯奇、夏衍、阿英、柯灵等15人署名的《我们的控诉》，宣布要为探索真理而建设性地开展电影批判工作，这标志着电影战线思想斗争的全面开展，这种批判工作有力地促进了进步电影创作的发展。例如田汉的《三个摩登女性》曾遭到国民党检查机关的“剪祸”，《每日电影》的影评及时揭露反对派对进步电影的摧残，明确赞扬这部电影“昭示着1932年后半期的中国电影事业有了一个新的转变”，“是艺苑里一枝新生的嫩芽”。

“左联”时期，我国现代戏剧运动的发展出现了一个飞跃。由于戏剧运动的需要，左翼戏剧也开始同报纸发生联系。早在1928年春，田汉就受《中央日报》王礼锡之约，在该报编辑“摩登”（modern，即现代）副刊。“摩登”的出现，使一部分青年戏剧工作者集结起来，终于在1929年成立有陈白尘、左明、郑君里参加的摩登社。虽然摩登社与“摩登”副刊最初不是一回事，但在思想和组织上有着必然的承继关系。此外，在上海出版戏剧专刊的，还有《民报·戏剧运动》《时报号外·剧刊》，以及《中华日报》的戏剧电影综合刊《戏剧与电影》等。北京地区则有《全民报·戏剧艺术》、《益世报·戏剧旬刊》、《新报·新球剧刊》、《京报》的《诗·剧·文》周刊、《进报》的《剧》周刊等。这些戏剧专刊，对我国现代戏剧的传播和戏剧运动发展起了推波助澜的作用。

“九一八”事变后，东北沦为日本帝国主义的殖民地。东北作家萧军、萧红、舒群、白朗、骆宾基、林珏、塞克、田凤等主要以哈尔滨的《国际协报》和长春的《大同报》为阵地。《国际协报》是一家私营报纸，其副刊《国际公园》先后由赵惜梦、斐馨园、白朗等主编。《大同报》的副刊有《大同俱乐部》《夜哨》《文艺》。这些副刊均发表了许多进步作家的作品，成为进步青年的“同人”副刊。比如，萧红就是从《国际公园》开始她的文学生涯的，她先后在此副刊发表了《王阿嫂之死》《麦场》《夏夜》《幻觉》《蹲在洋车上》等小说，同时萧红以悄吟的笔名在《大同报》的副刊上发表了《八月天》等多篇作品。

20世纪30年代，民营报纸的副刊比较复杂。它们一方面无疑受到左翼进步作家的影响，另一方面又直接受制于国民党当局，同时也要考虑自身在经营上的独自发展问题。这种特征与中国民族资产阶级的二重性息息相关。民营报纸的副刊繁多，各家并立，甚至同一张报纸在同一时期，会出现两种根本对立的副刊。这些副刊或迎合时代潮流，为争取读者而聘请进步作家来编辑；或走恬淡闲适的路子；或走商业化之路；或富有“艺文”的色彩；等等。这些副刊因其编辑方针的取向不同，无不影响着与之密切联系的正在发生的文学态势。

《新民报》是一家影响较大的民营报纸，它的两个副刊《新园地》和《文艺俱乐部》，其观点立场根本对立，前者始终以左翼文化人为核心，是他们开展文学活动的重要阵地；后者却成为反动的“民族主义”文艺运动的喉舌。又如《申报》，前面介绍了《自由谈》的革新，然而，同时它还附设了《春秋》副刊，由周瘦鹃主持，所载内容依然不脱“礼拜六派”的色香和猎奇。如张恨水的《东北四连长》《小西天》《换巢鸾凤》，秦瘦鸥的《秋海棠》以及译作《御香缥缈录》，顾道明的《血雨琼葩》等，这与当时风雨飘摇的民族的社会斗争环境极不相称。另外，《新闻报》的《快活林》一直是上海报纸的主要副刊，编辑始终由严独鹤担任，它以游戏文章、讽刺幽默的杂文小品为主旨，同时刊有很多长篇小说，内容杂沓，言情、剑侠、历史、社会小说无所不有。其中张恨水的“国难小说”《啼笑因缘》和《新水浒传》算是上乘之作。

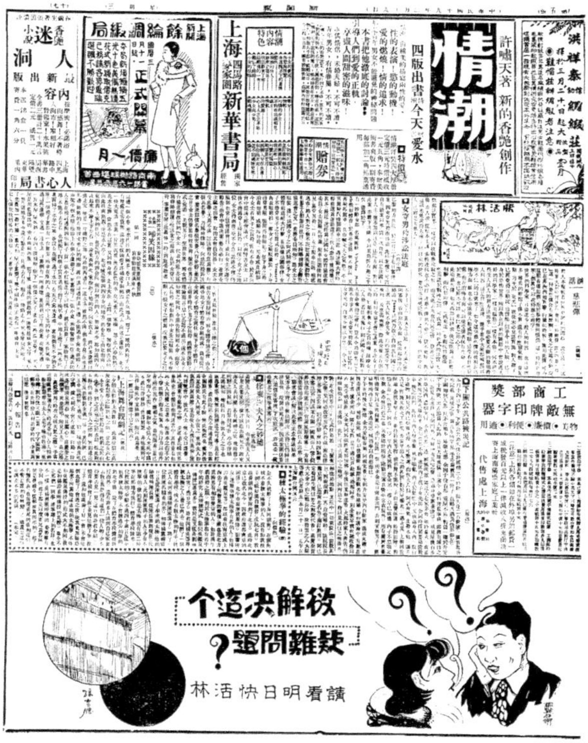
香艷小說 迷人洞
最新出版
人心書局
上海餘綸調綢緞局
正式開幕
上海四馬路新華書局
許嘯天著 新的香艷創作
情潮
四版出書 今天
快活林
啼笑因緣
工商部獎 無敵牌印字器
解決這個疑難問題？
請看明日快活林

图 3–17 《新闻报·快活林》刊载张恨水的《啼笑因缘》

新民報

第二千七百七十四號

南京新民報社股份有限公司受盤啓事

董事長 蕭同玆 常務董事

首都新民報社推盤啓事

图 3-18 1937 年 7 月 1 日《新民报》实行股份制

在 20 世纪 30 年代民营报纸与副刊极具商业化的同时，出现了一种新型的“小型报”，这种报纸开张较小，具有精编特点。如北平的《实报》，南京的《民生报》《朝报》《新民报》，上海的《立报》《晨报》《社会日报》《辛报》《时代日报》《世界日报》等，这些小报促进了报纸的发展和数量的增多，它们也都有副刊。其中成舍我创办的《立报》，是小报中最杰出的一种，它的发行量在 1937 年达到 20 万。它有三个副刊:《言林》《花果山》《小茶馆》。《言林》为文艺副刊，由谢六逸主编，后来《立报》在香港复刊时，由茅盾主编。《花果山》先后由包天笑、张恨水主编，主要刊登小说和故事，张恨水的长篇小说《艺术之宫》就是在他主编时连载的。《小茶馆》由张友鸾、萨空了先后主编，侧重于介绍有益的知识，文学活动的成分较少，但在当时最有影响。

另外，《社会日报》也辟有三个副刊，由总编辑陈灵犀主编，刊载的作家作品有朱双云的《菊部珍闻》、程瞻庐的《瞻庐杂缀》、范烟桥的《茶烟歇》、徐卓呆的《床前有矮壶杂缀》等。长篇小说连载的有张春帆的《大刀王五》、张恨水的《春明外史》、秦瘦鸥的《蓝手》等。《社会日报》还重施集锦小说的故伎，由谢豹等 10 人合作《胭脂印》，执笔者有周瘦鹃、徐卓呆、程小青、范烟桥、朱大可、徐枕亚、顾道明、程瞻庐等百余人，几乎是旧文学各流派的大检阅，因此一时被视为回潮的小报。总之，小报发展到 20 世纪 30 年代，已是日暮穷途。之所以再度风行，实在是半封建半殖民地文化的回光返照而已。

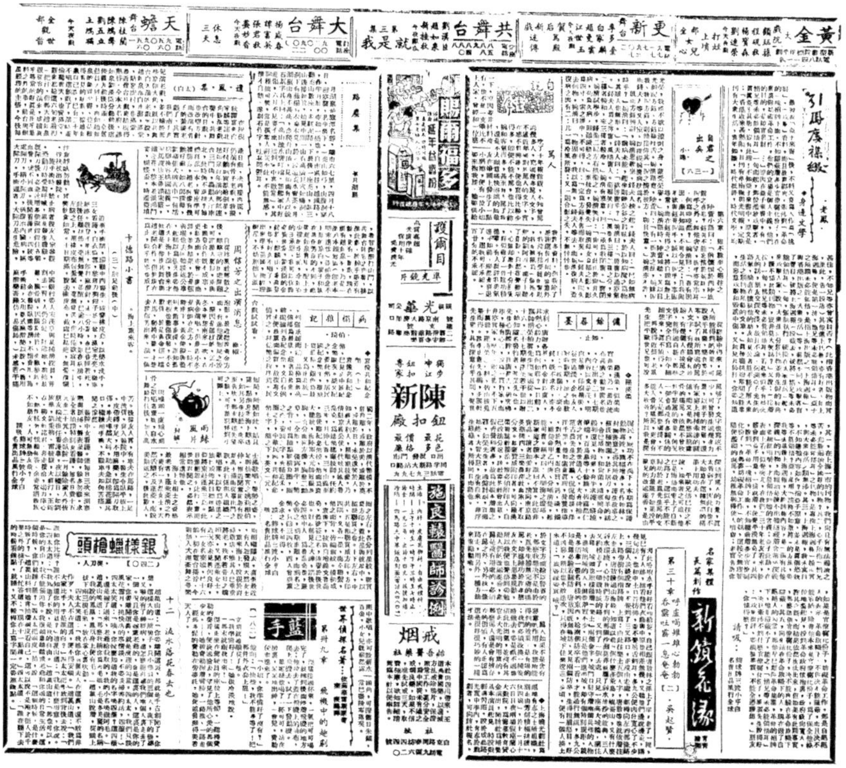

图 3-19 《社会日报》(1941-11-04)刊载《蓝手》

在20世纪30年代的民营报纸副刊中,《大公报》“文艺”副刊与文学的互动可谓独树一帜。它不仅培养了大批的青年作者,而且在其周围形成了一个重要的文学流派,即京派,从而对现代文学的发展产生了深远的影响。《大公报》是由吴鼎昌、胡政之、张季鸾三人组成的新记公司接办后,于1926年9月1日复刊的。新记《大公报》复刊的第一天,就在第八版出版《艺林》副刊,由何心冷主编。他在发刊词《我们说些什么》中说:“国家大事固然要说,就是里巷间的歪事,免不了要说上几句。”在文艺方面,“除掉长篇小说、短篇小说和有趣的诗词、笔记、戏剧、电影的批评,奇奇怪怪的消息外,还要加写流行的时装,或是社会写真。”① 1927年3月《艺林》移至第五版,第八版则设立综合性副刊《铜锣》,1928年1月二者合而为一,取名《小公园》,

① 新记《大公报》1926年9月1日。

这是刊期最长、影响最大的副刊，先后由何心冷、徐凌霄、曹世瑛、吴砚农、陈纪滢、冯叔鸾、萧乾主编。何心冷主编时比较注重趣味性，甚至说“第一要紧的是有趣味”。1933 年何心冷病逝后，注重趣味的《小公园》愈来愈与抗日民族矛盾的形势极不协调。于是，胡政之通过杨振声、沈从文找来萧乾。此前的 1933 年 9 月，《大公报》增设过《文艺副刊》，由杨振声、沈从文编辑，1935 年 1 月改为周刊，8 月《小公园》与《文艺副刊》合并，改称《文艺》，9 月则正式由萧乾主编。1936 年 4 月上海《大公报》创刊后，沪版的《文艺》周刊也由萧乾主编，从此开始了《大公报》文艺副刊最光彩的一幕。

小公園
「園例」
——致文藝生產者——
編者
劇壇

图 3-20 《大公报》(1935-07-04) 刊载《致文艺生产者》

萧乾进入《大公报》后，首先对《小公园》实行改版，他“决心要让手里这《小公园》成为千千万万个文艺青年自己的园地”。按此思路，他从两个方面着手改进：一是强调文章质量。他在“园例”中刊登《致文艺生产者》的长信，说明副刊的取稿标准，认为“好的文章，像一切好看的艺术品一样，一看便能辨认得出。……好的文章有一种光泽：也许是思维的透彻，也许是想象力的奔放，文字间焕发着光彩。”[①] 二是不断开辟新的栏目，大力引进新文学以充实版面。设置的新专栏有《书报简评》《文艺新闻》《读者与编者》

① 周雨:《大公报人忆旧》，中国文史出版社 1991 年版。

《名著介绍》《小艺短论》。

改版后的《小公园》面目焕然一新，一大批知名作家叶圣陶、冰心、周作人、朱光潜、巴金、靳以、芦荻、李健吾等，经常给《小公园》赐稿，使这个小小的园地身价倍增。同时，萧乾特别注重刊发文学青年的作品，他认为对于报纸经营者来说，副刊也许是吸引读者的“鱼饵”。而对于副刊编辑来说，副刊更应成为文学青年的园地乃至文艺界的“论坛”和“阵地”。副刊是一道桥梁，“它应该拱了腰身，让未成长或还未把握住自信力的作家渡来”[①]。“我认为品评一个文学刊物的成就主要不是看它发表过多少资深作家的文章，而是看它登过多少无名的。”[②] 萧乾常以“文学保姆”来自诩[③]，认为副刊的职责就是为新人提供园地。因此《小公园》和《文艺》对于许多作家来说都起过摇篮的作用，成为不少作家发表作品的重要园地。早在沈从文主编期间，何其芳、李广田、卞之琳、萧乾、丽尼、陆蠡、严文井、芦荻等一批新进青年作家，就在《大公报·文艺》上成长起来，成为“京派”作家的中坚力量。萧乾接编后，更是扶持那些和自己一样年轻的投稿者。

事实上，20世纪30年代的许多副刊都重视发表文学青年的习作，把培养新进作家当作刊物的一个重要职责。虽然有不少杂志也致力于此，但与副刊相比，副刊在这方面的贡献更加突出。因为它的刊期短，出版频率高，须广收外稿，且不能单纯依赖已经成名的作家。因此副刊比杂志更易于向青年作者开放。在20世纪30年代，数量繁多的杂志已经占据文学传播的主渠道的情况下，为了与之竞争，副刊更加注重发挥自身的特点，重视扶持青年作者。只不过沈从文和萧乾主编的《大公报·文艺》更表现出一种自觉和努力。

1936年沪版《大公报》创刊后，萧乾全面负责津沪两地的《文艺》，直至1937年“八一三”事变前。这期间，萧乾策划了一次在现代文学史上极有价值和意义的活动，即设立《大公报》文艺奖金和出版一部《大公报小说选》。经过一年的反复斟酌、评比，到1937年5月《大公报》终于公布了评

① 萧乾:《一个副刊编者的自由》,《大公报·文艺》1939年9月1日。

② 转引自方勤《萧乾与〈大公报〉的〈文艺〉副刊》,《新闻大学》2002年夏季号。

③ 萧乾:《我当过文学保姆——七年报纸文艺副刊的甘与苦》,《新文学史料》1991年第3期。

选结果，得奖作品分别是芦荻的小说《谷》，曹禺的戏剧《雷雨》以及何其芳的散文《画梦录》，这次评奖活动，在全国引起了很大反响。① 接着，林徽因就两年来在《文艺》上发表的作品，编了一本《大公报小说选》，于同年出版。萧乾的这一策划，不仅促进了文艺创作，而且拓宽了副刊乃至报纸的功能，架起了报纸与社会间联系的又一座桥梁。为了把《文艺》办得生动活泼些，除了发表小说、散文、诗歌以及翻译外，萧乾不断开辟专栏，设计特辑。其中《创作经验谈》深受文学青年欢迎。关于小说有巴金的《〈爱情三部曲〉作者的自白——给刘西渭先生》；关于诗歌有陈梦家的《一个写诗者的自白》；戏剧方面有曹禺的《我怎样写〈日出〉》。所有这些，使得《文艺》名副其实地弥漫着浓郁的文艺气息和时代气息。

另外，《大公报 · 文艺》对于现代文学史上京派的形成具有重要的意义。无疑“京派”的形成是个复杂的问题，有着一系列不同性质的原因。不过，有一个十分重要的原因，就是1926年新月派文人南下到20世纪30年代初该派文人北返北平，经过了分化、组合。以胡适为首的志在“议政”的知识分子创办了《独立评论》的“议政”杂志；而叶公超、闻一多等人则志在“学文”，组成了“学文”社并创办了《学文》杂志。“学文”社的知识分子最后和此前创刊的以周作人为首的《骆驼草》的成员互相融合，成为30年代“京派”队伍和结构的主要班底。② 而促成《骆驼草》成员和“学文”社成员走到一起并最终成为构成“京派”的两支主要力量的，是杨振声、沈从文主编的《大公报 · 文艺》之后发生的一系列事件。

杨振声、沈从文1933年自青岛返回北平后，《大公报 · 文艺》的原主编吴宓被辞绝，杨、沈二人应约做主编，实际上由沈一人操持。由于主编易人，《大公报》考虑需要一批撰稿人，需要团结一批作者队伍，因而在沈从文主编该刊后，基本上每月一次由沈从文出面召集北平的文人聚餐，团结、联络作者，并征求办刊意见。为了广泛地取得北平著名文人的支持，每次召集聚餐，沈从文所请之人并不拘于某一团体，也没有把《文艺》副刊办成同人刊物的意思。于是周作人、废名、俞平伯、朱自清等原

① 刘小慎、刘晓滇：《中国百年报业掌故》，江苏人民出版社2000年版。

② 高恒文：《京派：备忘与断想》，《文艺理论研究》1995年第4期。

来的《骆驼草》成员，都是每次聚餐必请的常客。这种频繁的聚餐会，扩大了北平几方面成员的互相交往，促进了思想感情的交流，对于“京派”的形成具有重要意义。

图 3–21　沈从文

不过，促成北平各方面的大学文人、学者结成“京派”文学团体的直接事件，是 1933 年底沈从文在其主编的《文艺》副刊发表的《文学者的态度》一文所引起的“京派”与“海派”的论争。[①] 沈从文在其文章中并未使用“京派”和“海派”的概念，当他的文章引起上海作家反驳时，他才明确站在“京派”作家立场批评“海派”，并给“海派”一词做了解释，这就是《论“海派”》一文，不过文中他仍未使用“京派”，而是用“北方作家”（以北平为中心，包括与北平文坛有联系的平津一带的作家）代称。[②] “京派”概念是上海作家在反驳沈从文的文章中提出来的，主要指的是具体的人。1934 年初鲁迅发表《“京派”与“海派”》，对“京派”和“海派”各打五十板，都持批判态度。认为“京派”“近官”，是“官的帮闲”；而“海派”“近商”，是“商的帮忙”。[③] 这时鲁迅所说的“京派”主要是指胡适等《独立评论》的成员，直到 1935 年鲁迅发表《“京派”和“海派”》时才明确以“京派”来指周

① 沈从文:《文学者的态度》,《大公报·文艺》1933 年 10 月 18 日。最早反驳此文的是苏文（杜衡）的《文人在上海》一文，载《现代》1933 年 12 月第 4 卷第 2 期，从此论争正式开始。

② 《大公报·文艺》1934 年 1 月 10 日。

③ 《申报·自由谈》1934 年 2 月 3 日。

作人等文人。[①]

由此，沈从文主编《大公报·文艺》不仅挑起了引人注目的“京派”与“海派”之争，还发表了相当数量的有关这方面的论争文章，俨然使该刊无形中被视为“京派”的一个阵地。同时，他还在《文艺》上大量刊发以北大、清华为中心的学院作家的作品，如“汉园三诗人”的作品，这也使得这些作家被文坛视为“京派”成员。“京派”虽无具体的组织形式，但事实上，由于各种因素，北平的作家确实“无形中形成一个小圈子”[②]。直到1937年朱光潜主编《文学杂志》创刊，“京派”才真正有了自己的同人刊物，并集体登场。为此，朱光潜后来说：“他（沈从文）编《大公报·文艺》，我编商务印书馆的《文学杂志》，把北京的一些文人纠集在一起，占据了这两个文艺阵地，因此博得了所谓‘京派文人’的称呼。”[③]

通过1934年的“京派”与“海派”论争之后，《大公报·文艺》进一步扩大了“京派”的社会影响和文学创作的实绩。这里有两件事可以佐证（这两件事都是萧乾接编之后发生的）：一是开辟《书报简评》栏目，持续开展书评活动。这里首推李健吾，他在书评专栏上发表的文章，后来结集为《咀华集》于1936年出版，影响很大。[④] 这些书评除了评巴金的《爱情三部曲》《神、鬼、人》和罗凯岚的《苦果》外，其余都是对“京派”作家新作的评论，如对萧乾的小说集《篱下集》、卞之琳的诗集《鱼目集》、李广田的散文集《画廊集》和何其芳的散文集《画梦录》等评论。李健吾对这些作品的热情褒扬，无疑进一步扩大这些“京派”年轻作者在文坛的影响。他对作品的评论，仿佛使他成了“京派”成就的宣扬者、发言人，及时地向“京派”之外的文坛报道“京派”的文学成就，并及时向文坛推荐这些“京派”年轻作家，这在当时具有特殊的意义。

另一件事就是上文所说的1936年底《大公报》“文艺奖金”的评选活动。这次评选工作具体由萧乾负责，其评选委员由十人组成：杨振声、朱自清、

---

① 《太白》1935年5月5日第2卷第4期。

② 卞之琳：《追忆邵洵美和一场文学小论争》，《新文学史料》1989年第3期。

③ 朱光潜：《从沈从文先生的人格看他的文艺风格》，《花城》1980年10月第5期。

④ 1936年文化生活出版社出版，是巴金主编的一套大型文学丛书中唯一一本批评文集。其中的文章在《大公报·文艺》发表时，影响很大。参阅卞之琳《追忆李健吾这匹“快马”》，《新文学史料》1990年第3期。

朱光潜、叶圣陶、巴金、靳以、李健吾、林徽因、凌叔华、沈从文。① 从这些名单中可以看出，除了叶圣陶、靳以、巴金外，大都是“京派”成员，评选活动主要在北平进行。据熟悉内情的卞之琳回忆说，正是林徽因的推荐和游说，何其芳的《画梦录》才获奖。由此可见，这次评奖活动是“京派”作家主持的，且是“京派”作家获奖的文艺活动，它进一步扩大了“京派”的社会影响，从一个侧面展示了“京派”文学的部分成就。

第三节 从“最后关头”到“明朗的天”

“最后关头”是重庆版《新民报》的副刊之一，这个副刊名称可谓一定程度地表达了1937—1949年这一时代的某些特征。主编张恨水在题为《这一关》的发刊词中说：“关这个字，在中国文字里，已够严重。关上再加最后两字，这严重性是无须费词了。最后一语，最后一步，最后一举……这一些最后，表示着人生就是这一下子。成功，自然由这里前进，不成功，也决不再有一下。那暗示着绝对的只有绝大的努力，去完成这一举。所以这副刊的命名，有充分的呐喊包含在内。”② 的确，1937年“七七”卢沟桥事变的爆发，改变了中国历史的进程，全民族开始转向争取民族独立解放的时代。面对着全国人民高涨的抗日情绪，大片国土相继沦陷和纷乱动荡的政治生活，文化工作者纷纷走出都市的“亭子间”，走向内地、乡村和前线，或进行抗日宣传，或从事实际的救亡工作。

抗战爆发后，各个报馆纷纷内迁。由于出版条件的限制，报纸普遍减少了篇幅，副刊差不多都压缩掉了。但不久各报又都恢复或新设立副刊，并且比战前更加重视副刊了。究其原因，主要有以下几个方面：一是抗战宣传的需要。在抗日民族战争中，报纸肩负着宣传抗战的任务。战时的报纸，不仅要报道新闻，更要发挥呐喊助威的职能，而副刊上的文学作品能够起到动员民众、鼓励士气的作用。所以，当梁实秋在《中央日报》《平明》副刊上提出

① 见1936年上海版《大公报》所载的关于两项评奖的“启事”。

② 陈昌凤：《蜂飞蝶舞——旧中国著名报纸副刊》，福建人民出版社1999年9月版，第138页。

“与抗战无关”论时，立即遭到了报界的指责，原因也就在此。[①] 二是报纸竞争的需要。因为国民党实施战时新闻统治政策，凡是重要新闻都由中央社统一发布，报纸上的社论更要统一观点，这样很易使各报正刊“千报一面”，差别不大。只有副刊文字可以显示一家报纸的特色和风格。另外，当时的言论非常不自由，不好用社论发表的言论，可以用副刊发表，因为国民党当局在进行新闻检查时一般只看重消息和评论，在他们眼里副刊只不过是“报屁股”，无关大局，检查时有时不严格。即使副刊触犯了他们，也比较好应付，哪怕副刊被迫停刊，还可以“改名换姓”再办一个。因此，各报纸都十分重视用副刊来吸引读者，有的甚至同时设立几个副刊，以加强抗战宣传，提高竞争力。这是其一。

其二，战争使得报坛与文坛的关系更加密切起来，五四以来所形成的副刊和文学的传统，在这时不能不做些调适，以适应战时的形势需要。这时，许多作家因从事战时宣传或因失去原来的职业而进入报社。他们大多担任副刊编辑，其中比较知名的作家有茅盾（《立报·言林》）、夏衍（《华商报·灯塔》）、王统照（《大英夜报·七月》）、阿英（《救亡日报·文艺》）、郁达夫（《星洲日报·晨星》）、戴望舒（《星岛日报·晨座》）、丁玲（《解放日报·文艺》）、端木蕻良（《大刚报·大江》）、靳以（《国民公报·观察台》）……众多作家直接参与副刊编辑，壮大了副刊的力量，也提高了副刊在文坛的地位。如果说20世纪30年代因为杂志的繁盛，使得副刊在文学传播中的作用已不像五四时期那样重要的话。那么随着抗战爆发，原来出版的文学杂志几乎全部停刊，而战争期间新创办的杂志多数不能按期出版，或时出时停，或半途

---

① 1938年12月1日，梁实秋在其主编的《平明》上发表《编者的话》说：“现在抗战高于一切，所以有人一下笔就忘不了抗战。我的意思稍为不同。于抗战有关的材料，我们最为欢迎，但与抗战无关的材料，只要是真实流畅，也是好的，不必勉强把抗战搭上去。至于‘空调的抗战八股’，那是对谁都没有益处的。”这种不合时宜的话，顿时引起了舆论界的一片哗然。或赞成，或反对，或默许，但更多的是反感和驳击。罗荪在《大公报》上撰文对梁的观点大大讥讽了一番。巴人在《文艺战线》上著文批驳说：“活在抗战的时代，要叫人作无关抗战的文字，除非他不是中国人，……他的用意是非常明显的，他要我们的作者，从战壕，从前线，从农村，从游击区，拖回到研究室中去。”不过，倘若撇开政治、历史和心理因素，完整地理解梁实秋的这段话，却无论怎么推敲，也不能说它有什么原则性的错误。把这段文字的一句孤立起来，演绎为“抗战无关论”或“要求无关抗战的文字”，要不是只眼见事，不免有些曲解的嫌疑。

夭折，连长命的《抗战文艺》在1942年也只出了两期。在这种情况下，副刊便成了作家们发表作品的主要园地。这时期许多有影响的作品是通过副刊与读者见面的，如郭沫若的《屈原》(《中央日报》的《中央副刊》)和《虎符》(《时事新报·青光》)，茅盾的《清明前后》(《大公晚报》副刊)，夏衍的《芳草天涯》(《新民报·雄辩》)，老舍的《四世同堂》(第一部连载于《扫荡报》，第二部连载于《世界日报》)，萧红的《呼兰河传》(《星岛日报·星座》)，张恨水的《八十一梦》(《新民报·最后关头》)……至于诗歌、散文等篇幅短小的作品，更是以在副刊发表为主了。

其三，与20世纪二三十年代相比，这一时期人们不仅越加重视副刊和文学，而且由于特殊的历史环境和动荡的时代因素，形成了一定的战时地缘政治文化，这对副刊与文学间的互动状态，形成了强有力的制约，由此呈现出“副刊—文学”的区域性特征。这一时期全国划分为几个不同的政治区域，即国统区、解放区、沦陷区及上海“孤岛”。尽管如此，但其互动的总趋势是从战争烽火中的“最后关头”走向解放区“明朗的天”。

国统区，即国民党统治区，由于它在全国所占面积最大，拥有的文化人最多，而且有比较好的物质条件，所以相对于其他区域来说，报刊与文学的活动最为活跃。其中上海和武汉曾是抗战初期救亡报刊和文学活动的中心，上海、武汉沦陷后，桂林和重庆一度成为战时的政治文化中心。

1937年8月13日，上海军民英勇抗日。在斗争的烽火中，《救亡日报》于8月24日诞生了，这是上海文化界救亡协会的机关报，同时也是抗日统一战线组织的机关报，为鼓舞、组织、激励、推动全国军民英勇抗战做出了出色的贡献。该报社长郭沫若，主编夏衍，经理翁毅夫。该报先后经历了三个时期：上海时期(1937年8月24日创刊—11月22日上海沦陷而停刊)，广州时期(1938年元旦创刊—10月21日广州沦陷而停刊)，桂林时期(1939年1月10日复刊—1941年2月28日因“皖南事变”被当局勒令停刊)。由于《救亡日报》是抗日统一战线的报纸，在上海沦陷以前，救亡报刊活动主要是围绕《救亡日报》为中心展开的，许多作家、学者、政界名流都团结在它的周围，为抗日救国义务写稿。如宋庆龄撰写过政论，何香凝发过诗词，冯玉祥写过抗战诗歌，郑振铎发过杂文，言情小说家包天笑也写过政论和杂文，田汉发过戏剧、诗歌、小品。此外，为适应抗战的群众需要，报纸发表了适合街头宣传的小型文艺作品，如街头小说、街头话剧、街头歌剧、街头报告剧、抗日歌曲、大鼓词等，形式多样，短小精悍，成为抗战初期副刊文学的一道亮丽的风景线。

上海成为“孤岛”后，除一部分报刊继续留守“孤岛”，造成了后来战绩辉煌的“孤岛文学”外，救亡报刊的宣传中心向华中和华南转移，华南方面仍以《救亡日报》为主力军，华中方面则以新创刊于汉口的《新华日报》为核心。《新华日报》出版后，大批进步文化人由上海和内地转赴武汉，并筹划成立了统一战线性质的“中华全国文艺界抗敌协会”，简称“文抗”。“文抗”总会先设在汉口，后迁至重庆，在一些地区设有分会，由老舍出面主持。郭沫若、茅盾、巴金、邵力子等都是主要领导成员。“文抗”于 1938 年 5 月 3 日创办机关报《抗战文艺》，编委由 33 人组成，楼适夷、锡金、姚蓬子为执行编辑。自“文抗”和《抗战文艺》诞生起，就一直担负起推动“抗战文艺”的任务。

《新华日报》1937 年 10 月就开始在南京筹办，1938 年 1 月 11 日在汉口正式出版，同年 10 月 25 日汉口沦陷，迁至重庆继续出版，它是抗日战争时期和解放战争初期，中国共产党在国统区公开出版的机关报。《新华日报》自创刊起就辟有副刊版《团结》，这个副刊以“促进团结，拥护抗战”为宗旨，刊载政治理论性文章、文艺作品、随笔、杂感等，每天一期。著名的《新华副刊》是《新华日报》1942 年在重庆改版时创立的。在创刊的《编者的话》中说：“它将成为一个文化性的综合副刊。我们希望这个副刊能够名副其实地做到，一方面是在反法西斯的激烈战斗中文化武器的担当者，一方面又是一切读者在工作与战斗之余的文化公园。……无论自然科学还是社会历史科学，是文学、戏剧、音乐，都是构成综合副刊的内容的有机部分。”① 纵观《新华副刊》，其特点一是形式多样，新闻性和文学性有机地结合，二是“快”“实”“杂”：反映现实、配合形势最快；所载作品大多是真人真事，有真情实感；内容丰富，杂而有趣。正因如此，《新华副刊》不仅为巩固和发展抗日文化统一战线做出了有益的贡献，而且成为抗战时期国统区文艺斗争的重要阵地和中流砥柱。

---

① 《新华日报·新华副刊》1942 年 9 月 18 日。

中華民國三十一年九月十八日　新華日報　星期五　第四版

新華副刊

獻念「九一八」十一週紀念　余伯約

蚯蚓　郭沫若

黑龍江畔的暴動故事　周民力

在另一個世界裏

編者的話

投稿簡則

反對王實味反動言行的

論文介紹

本報

歡迎參觀

歡迎選購

本外版一律八九折

另設廉價部

圖書課自由訂戶辦法

新華日報營業部經售　地址：民生路二〇八號

〔10〕324

图 3-22 《新华副刊》

抗战期间，重庆作为战时首都，不仅是文化、政治的中心，也是当时文艺论争的中心。由于政府当局和一些御用文人大肆散布“文艺与抗战无关论”“文学贫困论”“民族主义文艺论”，给当时重庆的文艺界罩上了一层浓雾 。在这场隐蔽而激烈的斗争中，其核心就是文艺要不要为现实斗争和抗战服务的问题。《新华副刊》团结广大进步文艺工作者，对反动的文艺观点一一进行了批判。首先，针对喧嚣一时的“抗战无关论”进行了针锋相对的斗争。1938年12月1日梁实秋在重庆《中央日报》由他主编的《平明》副刊上发表《编者的话》，攻击抗战文艺作品是“对谁都没有益处的”“空洞的‘抗战八股’”，并公开征求“与抗战无关的资料”。梁实秋的文章立即引起了革命和进步文艺工作者的注目，他们纷纷在《抗战文艺》《大公报》《新蜀报》《文艺阵地》《国民公报》《文学月报》等报刊上发表文章。其中在《新华日报》刊发的文章有郭沫若的《抗战与文化问题》《抗战以来的文艺思潮》、张天翼的《论“不关抗战的题材”》、孔罗荪的《再论“抗战无关”》等，这些文章对“与抗战无关论”进行有力的批评。老舍也发表文章，并辛辣地反驳说：“一位习惯于住在象牙塔内的艺术家，会告诉我们‘闲情中方有灵感，风尘中了难创作；为了艺术，大家都须藏起来去’。”然而，“把自己放在关着的小圈子里，你只会吟花弄月。那就是你的一点小小的热情，一点小小的灵感，拿这点幽情支持着抗战期间的生活，而说在抗战后能创作出关于抗战的伟大作品，岂不是梦想？是的，抗战后必有伟大的作品出现，那可是必出于在抗战中尽力的战士之中，绝不是旁观者的乘机”①。

其次，是关于“民族形式”的论战。1940年1月，毛泽东发表《新民主主义论》，提出民族的大众的文化和民族形式问题，提倡中国作风和中国气派。3月24日《大公报》副刊《战线》发表了向林冰的文章《论“民族形式”的中心源泉》，提出“民族形式的中心源泉是民间文艺形式”，否定中国新文学传统。为此，《新华日报》副刊与《文学月报》召开座谈会，组织艾思奇、潘梓年撰写了《旧形式新问题》和《论文艺的民族形式》等文章，予以反驳。郭沫若、茅盾、老舍也都参加了讨论。郭沫若认为：“民族形式的中心源泉，毫无可议的，是现实生活。今天的民族现实的反映，便自然成为今天的民族文艺形式。”②

1941年底至1942年，国民党的御用文人陈铨、林同济、雷海宗创办《战国策》，并在重庆《大公报》上开辟《战国》副刊，公然宣扬法西斯理论，鼓吹所谓“民族文学运动”，并形成“战国策派”文艺派系。他们把二次世界大战等同于中国战国时代的重演，以此否定人民抗日战争的正义性。在文艺

① 老舍：《艺术家也要杀上前线去》，《新华日报》1940年2月11日。

② 郭沫若：《“民族形式”商兑》，原载于重庆《大公报》1940年6月9日。

上，提出尼采的“恐怖”“狂欢”“虔恪”为创作的三母题。陈铨不但撰文大讲“民族文学运动的意义”，而且创作话剧《野玫瑰》《蓝蝴蝶》来实践其观点。针对“战国策派”的论调，《新华副刊》连续发表文章，进行深刻批判。其中汉夫的《“战国”派的法西斯主义实质》等文，着重从政治上解剖这个派别的理论，是赤裸裸的希特勒主义，是为日本帝国主义侵略中国张目，是极反动的“中国必亡论”。欧阳凡海的《什么是“战国”派的文艺》则指出林同济的三母题论是反理性的法西斯主义文艺论。

此外，《新华副刊》对当时的文化专制主义也进行了有力的抵制。就在国民党进行第三次反共高潮前后，《文艺先锋》公开宣传“一个主义，一个党，一个领袖”，说作家不是自由太少，而是“自由太多”，并以茅盾、老舍仍在创作为例来证明。为此《新华副刊》发表了叶圣陶的《言论自由》、臧克家的《吊古、自吊》以及文艺简讯《取缔不准上演的剧本160种》，针锋相对地进行斗争。值得注意的还有1943年底和1944年初，《新华副刊》采用化整为零，又化零为整的办法，躲过国民党政府的检查，将毛泽东的《在延安文艺座谈会上的讲话》刊载出去，接着根据《讲话》精神，组织和发表了大量的文艺思想评论、书评、剧评、影评等，这对当时重庆的文化工作者发挥出了重要的指导作用。这也是进步报纸副刊在特殊斗争环境下开展文艺工作的成功典范。

总之，可以说《新华日报》及其副刊，像雾都重庆的一团火光，辐射到大后方社会生活的各个方面。又像一座光芒四射的灯塔，在黑暗的国统区，为群众照亮出一条光明的革命的解放大道。

抗战时期，重庆集中了一大批文化人，他们除了以《新华日报》副刊作阵地进行抗日救亡反对投降的文艺活动外，还充分地利用了当时重庆的许多报纸和文艺阵地，其中最主要的是各种报纸副刊，它们包括国民党《中央日报》的《艺林》《平明》《中央副刊》，内迁的《大公报·战线》，《时事新报》的《青光》《学灯》，《国民公报·国民副刊》，《新蜀报·蜀道》，《益世报·语林》以及《新民报》的《血潮》《最后关头》《大时代》《万方》等，这些副刊彼此开展斗争和竞争，并呈现出一种你中有我，我中有你的文化斗争的复杂格局。

值得注意的是，抗战时期，与国统区关联较密切的还有香港和东南亚地区的报刊、文学活动。1938年以后，香港和东南亚也成了救亡文艺运动开展的中心地区。因为大批文化人进入，使香港这块“文化沙漠”发生了巨大的变化。1938—1941 年这里的救亡副刊和文学的发展可以分为三种方式：第一种方式，是以郁达夫、戴望舒为代表，直接利用香港和东南亚华文报纸开展报刊文学活动。1939 年，郁达夫应邀到新加坡《星洲日报》主编副刊，这标志着进步文化人士开始奋力开辟海外的副刊战场。郁达夫主要负责早报副刊《晨星》和晚报副刊《繁星》，后来兼编星期日《文艺》，在副刊上，他做了大量的工作。比如鲁迅逝世三周年纪念时，他在报上撰文宣布：一是在《晨星》上出版纪念专号；二是开纪念会；三是与其他救亡团体合作演剧、演讲，募捐经费转赠给鲁迅艺术学院。不仅如此，他主编的副刊大量转载国内的抗战文艺作品，实行文稿义卖运动，以支持全国文艺界抗敌协会。在这期间，郁达夫自己的创作，也一洗往日小说散文中的“颓废”，开始了充满爱国主义的激情斗争。戴望舒在香港则主编星系报纸《星岛日报》副刊《星座》，并和许地山一起负责“文协”香港分会的工作，以引导青年走上抗日救亡的道路。

第二种方式，是内地报纸迁港，利用原有副刊开展抗战文艺活动。有代表性的是《立报》和《大公报》副刊。1938 年 4 月 1 日《立报》在香港复刊，仍然是三个老牌副刊，其中影响最大的是《言林》，先后由茅盾和杜埃主编，曾连载过茅盾的反映“八一三”上海抗战的长篇小说《你往哪里跑》（后改名为《第一阶段的故事》），这一副刊虽然不是救亡文艺中贡献最大的，但它有力地推动了香港的救亡文艺运动。《花果山》和《小茶馆》都由萨空了主编，张恨水的《桃花港》就是在《花果山》上连载完的。而《大公报》在上海沦陷后分两支发展，一支由张季鸾主持，先出汉口版，后移至重庆。另一支由胡愈之主持，于 1938 年 8 月 13 日发行香港版，至 1941 年 12 月 13 日停刊。同年 3 月 15 日出桂林版，至 1944 年 9 月停刊后，人员重新并入重庆版。香港版《大公报 · 文艺》最初仍由萧乾主编，他在副刊上专辟“作家行踪”栏目，用以摘登作家来信，报道活跃在各战区的作家近况，其中以延安作家最多。在抗战最艰苦的期间，此举对于联络作家、鼓舞士气具有特殊的作用，同时也为《文艺》副刊展示新的姿态创造了有利的条件。从此，投笔从戎的作家寄来文章，大量地刊载在香港版的《文艺》上。如刘白羽的小说《蓝河上》，反映根据地人民火热斗争生活；吴伯箫的散文《潞安风物》，从 1939 年 6 月至 7 月连载 16 期，记录了作者从陕北到太行前线途经潞安的见闻。甚至从黄钢的《两个除夕》中，还可以看到毛泽东和群众共度除夕的场面。1939

年萧乾赴英国进行战地采访，《文艺》于9月1日由杨刚接编。杨刚接编后刊出《重申〈文艺〉意旨》，指出《文艺》已经是一名“披上了战袍，环上了甲胄”的抗日战士。为此，她一是大量增发延安作品和敌后游击区作品，大力宣传边区军民的抗战业绩。穆紫统计，香港版《文艺》共发表延安作品118篇，萧乾主编期间发了44篇，其余74篇都是由杨刚编发的。[①] 二是开展文艺问题的公开讨论，以引导战时文艺发展的方向。比如1939年10月《文艺》副刊就在香港文艺界发起了“民族文艺”问题的讨论，参加讨论的有许地山、刘火子、黄文俞、郁风、刘思慕等十余人，讨论后大家认为当今的民族文学应该是“抗战的内容，民族的形式”。1943年10月，杨刚奉命调到重庆，主编《大公报》渝、桂两地的《文艺》。

第三种方式，就是在党的领导下，由进步人士新建报纸副刊阵地。这里突出的要数《华商报》，这是在周恩来、廖承志的直接关怀和指示下，于1941年4月18日由夏衍等在香港创刊的，不过其法律注册人是爱国华侨邓文田。该报是作为党在南洋的宣传据点而诞生的，它的创刊标志着文化斗争的深入和文化界抗日民主力量的巩固和壮大，促进了抗战文艺统一战线的纵深发展。《华商报》虽然只出了8个月，但它是香港地区具有广泛影响的报纸，其副刊也很有特色和影响。茅盾的《腐蚀》、夏衍的《春寒》、邹韬奋的《抗战以来》等著名作品就是在《华商报》副刊上连载的。不仅如此，它和《大众生活》《笔谈》《文艺阵地》《耕耘》《青年知识》以及进步文化人打入的其他副刊一起，组成了皖南事变前后的香港进步文化阵营。

以上所述，是抗战时期国统区及香港、东南亚报纸副刊与文学活动的情况。而上海“孤岛”的报纸副刊和文学活动则在艰难的条件下，坚毅、顽强地进行着。1937年11月日本侵略者占领上海的华界，上海的公共租界、法租界便像孤岛一样处于日占区的包围之中，直到1941年12月珍珠港事件爆发，日军占领租界为止，这四年零一个月的时间通常被称为上海“孤岛”时期。这一时期，日本侵略者以高压手段，极力扼杀抗日进步报刊的出版，而留在上海的一批进步作家和爱国文化工作者，在特殊的环境下，运用特殊的斗争方式，坚持进行出版抗日报刊，展开各种公开的、隐蔽的抗日文学活动，使

---

① 冯并:《中国文艺副刊史》，华文出版社2001年5月版，第392页、第437页。

抗日报刊和文学始终成为“孤岛”的文化主流，在抗日战争中发挥着巨大的宣传鼓动作用。

图 3–23《立报·花果山》

上海“孤岛”时期，由于日本侵略者和租界当局的双重压制，从1937年11月下旬起，大批抗日报刊被迫停刊或撤出上海，《救亡日报》《立报》《时事新报》《神州日报》《大公报》《申报》《抗战》等相继宣布停刊后，上海一时几乎成为无报世界，上海“八一三”事变后形成的强大的抗日报刊阵营此时遭到毁灭性的摧残。然而，共产党人和爱国志士并没有屈服，他们努力寻求抗日报刊生存发展之路。因为当时复杂的国际形势，以及欧、美、日之间的矛盾和相互间的制约，上海尚有大量的外国报纸发行，上面刊登有关中国抗战的消息、评论，资料十分详细。为此，进步文化人利用外国报刊在租界照常出版发行的合法性，于1937年12月9日首先创办刊登翻译文章的《译报》，一个月后改为《每日译报》，并请两位与公共租界有特殊关系的美国人出面担任发行人。《每日译报》除了刊登外报译文，还自己编写新闻，并设置了《爝火》《大家谈》副刊以及《星期评论》《青年园地》《书报评论》《戏剧电影》等周刊，主编者有王任叔、钱杏邨、于伶、陈望道等知名作家。这种“挂上洋商招牌”办“洋旗报”的做法，成为革命报刊和进步报刊在“孤岛”生存所普遍采用的战术。如1938年一年中，相继就有《文汇报》《国际夜报》《导报》《通报》《循环日报》《大美报》等创刊，而《申报》《大晚报》等报纸也都挂上洋商招牌在租界出版。这些新崛起的“洋旗报”连同过去在上海出版的报纸，使上海“孤岛”成了沦陷区抗日报刊的出版中心，在抗日宣传中担负着正面作战的任务。而《文汇报·世纪风》（柯灵主编）、《大美晚报·夜光》（朱惺公主编）、《申报·自由谈》（王任叔主编）、《大英夜报·七月》（王统照主编）等报纸副刊，则成为上海“孤岛文学”的重要阵地，为“孤岛文学”的繁荣做出了不可磨灭的贡献。这些副刊或利用犀利泼辣、短小精悍的杂文，让民众发出抗战呼声，如《文汇报·世纪风》通过“鲁迅风”的讨论，强化了“鲁迅风”杂文作为投向敌伪的匕首的战斗文学风格。或辟专栏及时刊发八路军、抗日根据地的文艺通讯、报告文学、评论等，使“孤岛”读者了解民族的脊梁，看到抗战胜利的希望，如《导报·晨钟》曾刊发过《延安》，《大晚报·剪影》刊发过《奔向祖国的怀抱》。或开展关于“抗战文艺”的讨论和文艺通讯运动，以促进文化界人士的团结，进一步壮大抗日文艺队伍。

“孤岛”时期，影响最大的副刊当数《文汇报·世纪风》。《世纪风》是1938年2月11日由《文汇报·文会》副刊改名而来，编辑是柯灵，它是坚持在“孤岛”的最重要的文艺阵地，它团结了大批留守上海的进步文化人士。《世纪风》不仅介绍斯诺、史沫特莱，发表斯诺在上海的演说词和史沫特莱的长篇报告文学《中国红军行进》，而且显著刊登阿英的《关于瞿秋白的文字遗著》，连载达10天。沈远写的反映延安的长篇通讯《从云阳到延安》、美联社记者勃兰脱的《与中国游击队在前线》等，也都在上面刊载。此外，《文汇报》文艺丛刊出版了杂文《边鼓集》，收集了这一时期文载道、周木斋、周黎庵、柯灵、屈轶、风子的杂文，《世纪风》随即发表《〈边鼓集〉序》，此举对当时“孤岛”文艺界形成了一次较大的冲击。1938年底《世纪风》还连载了芦荻的《马兰》，这是抗战以来上海出现的第一部长篇。《世纪风》特别注意开展文艺问题的论争。1938年12月1日，梁实秋在重庆《中央日报》由他主编的《平明》副刊上发表《编者的话》，提出“与抗战无关论”。对此《世纪风》发表了巴人的《有关与无关》《我们需要艺术》等杂文，鲜明地指出：“我们需要艺术，为的是靠它去震撼人们的心，而完成民族抗战的武器的任务”，使艺术运动的影响，“传播到前线，到陕北，到一切战区。”①《世纪风》还展开了关于“鲁迅风”的讨论，到1938年底终于达成共识：“我们认为只要把握住现阶段的反日反汉奸的任务，无论鲁迅风或非鲁迅风的杂文，都同样有存在的价值。”②

如果说国统区、上海“孤岛”复杂的政治形势使得报纸副刊与文学的互动呈现出一种复杂情状的话，那么，在抗日根据地和解放区，可以说是呈现出一片“明朗的天空”。为了适应全面抗战的新形势，中国共产党一方面力促抗日统一战线的形成，另一方面加强对新闻和文化事业的领导，使之得到了前所未有的大发展。例如，1937年1月，将《红色中华》报改组为《新中华报》，后来发展成为中共中央的机关报《解放日报》。4月成立新华通讯社，向国内发布新闻。9月创办大型的敌后根据地报纸《抗敌报》，后改名为《晋察冀日报》，这是由共产党出版的第一张地方机关报。此外，还有《大众日报》《冀南日报》《边区群众报》《抗战日报》《江淮日报》等。各根据地还创刊了许多小型报纸，据华北《新华日报》1940年6月11日报道，仅晋西北出版的各种小报就有《黄河日报》《文化导报》等9种之多。报刊的发展推动了抗日

① 冯并：《中国文艺副刊史》，华文出版社2001年5月版，第392页、第437页。

② 应服群、孔另境等：《我们对于“鲁迅风”杂文问题的意见》，《文汇报·世纪风》1928年12月28日。

救亡文艺运动。不过，在艰苦的战争环境下，除了延安和其他大的根据地设有专门的文艺机构和定期刊物如《边区文艺》《抗战文艺》《文艺月报》等，大部分地区的文艺创作活动和文化批评活动是要依靠报纸副刊的。这些报纸副刊有其自身的特点：即通俗，紧密配合抗日斗争，形式多样，灵活机动。其中《解放日报》《文艺》副刊在抗日根据地乃至于全国具有非常重要的影响。

GIEFANG RHBAO

解放日報

本報啓事

本報發行科啓事

蘇援華堅定不變

英美態度殊堪注意

國社黨副領袖赫斯出奔英國

社論

發刊詞

各國評論

美加緊援英

進行會談

3637

图 3–24 《解放日报》(延安原《新中华报》和《今日新闻》合并)

《解放日报》是在毛泽东亲自领导下，于1941年5月15日创建的。毛泽东在《发刊词》中说："本报之使命为何？团结全国人民战胜日本帝国主义一语足以尽之。这是中国共产党的总路线，也是本报的使命。"创刊号刊登启事，说本报"竭诚欢迎一切政论、译著、文艺作品、诗歌、短篇小说"。《解放日报》一开始只有两个版，尚无副刊，但有"文艺"栏位于二版。周扬、艾青、何其芳、陈荒煤、刘白羽、田间、戈宝权、萧三、柯仲平、严文井、韦君宜、雷加、白朗、柳青、孔厥等专业文艺工作者，是该文艺栏的主要作者。9月16日于第四版设立《文艺》周刊，标志着《解放日报》的副刊正式诞生，这是一个专门性的文学副刊，共出111期，其中前106期由丁玲主编，以后则由舒群主编。当时边区文艺刊物和创作园地少，因此《解放日报·文艺》担负着重要的文艺任务：团结边区所有成名作家，大力培养青年作家，提高边区文化水平，以及反映边区与各抗日根据地生活和八路军、新四军的英勇战斗事迹。《文艺》百期来，发现并培养了三十几位新作家，这些文学新人生活在群众中，具有较好的写作才能，创作出了不少作品。据统计，《文艺》百期来，共收到来稿五百多万字，从中选择一些好作品发表。《文艺》在当时具有双重性质，既是《解放日报》的文艺周刊，又是"文抗"的机关刊，因此一直得到"文抗""鲁艺"等文学社团的支持。

随着抗战形势的发展，日伪加紧对根据地进行"扫荡"和封锁，国民党顽固派也不断掀起反共高潮，而《解放日报·文艺》的编辑形式和内容上相对独立的做法，越来越不适应这种艰苦的斗争环境，自身弱点日益显露。另外，当时延安的文艺界流派较多，思想也十分活跃，因为一大批文化人和文学青年都是抗战爆发后从四方八方奔赴而来，这虽然在客观上促进了边区的文化建设，但也产生了一系列问题。如有些人在背地里"像村姑似的互相诽谤、互相攻击，各以为是，刻骨相轻"。有些人的文艺观不够正确，认为"作家不是百灵鸟，也不是专门唱歌的歌伎……他创作的时候，就只忠实于他的情感，因为不这样，他的作品就成了虚伪的、没有生命的"。因此，希望领导者"了解作家"，"尊重作家"，"给艺术创作以自由独立的精神。"① 有些作品不能紧密联系工农兵生活的实际，热衷提高，轻视普及，有些作品有小资产阶级的自我表

---

① 艾青：《了解作家，尊重作家》，延安《解放日报》1942年3月11日。

现。诸如，丁玲发表了《我们需要杂文》① 和《三八节有感》② 等杂文，揭露延安生活中的阴暗面与缺点，主张发扬联系"为真理而敢说，不怕一切"的精神，铲除"根深蒂固的封建恶习"。与丁玲相呼应的，还有罗烽的《还是杂文的时代》③，也认为"光明的边区"也存在"黑白莫辨的云雾"和"脓疮"，因此作家有责任用杂文的武器来清除现实中陈腐的思想行为。特别是王实味发表《政治家·艺术家》④ 和《野百合花》⑤ 两篇杂文后，引起了更大的反响。王实味把政治家与艺术家对立起来，认为政治家的任务"偏于改造社会制度"，而艺术家"偏于改造人的灵魂"，他提出"大胆地但适当地揭破一切肮脏和黑暗，清洗它们，这与歌颂光明同样重要，甚至更重要"。《野百合花》则从极端民主、绝对平均主义的观点出发，用夸大事实、以偏概全、冷嘲热讽的语言把个别干部的某些官僚主义说成是"到处乌鸦一般黑"。把延安形容是"歌转玉堂春，舞回金莲步"。这些错误观点在青年知识分子中引起了思想的混乱。加上《文艺》专栏的多数作品篇幅偏长，过于侍重，缺乏活泼明快的战斗风格，并且没有积极地组织和活跃文艺评论与文艺批评。所有这些问题都深刻地表明：文艺界需要迫切整风，《文艺》副刊急需进行改革。

1942 年 4 月 1 日，《解放日报》正式改版，并发表社论《致读者》，指出改版就是进行一次彻底的改革，而"改革的目的就是要使《解放日报》成为真正战斗的党的机关报"。改版后的《解放日报》第四版为副刊、专论版。版面比过去扩大了，内容也由过去偏重于文艺变为综合性副刊，除文艺作品外，还刊登政治、经济、哲学、历史等学术论文以及文艺评论、书评、读书札记等，内容比过去更加广泛。1942 年 5 月，延安召开文艺座谈会，毛泽东同志发表了重要讲话，许多同志也在会上发了言。自 5 月 15 日起，在《解放日报》副刊版上辟设"马克思主义与文艺"专栏，刊发了《恩格斯论现实主义》《拉法格论作家与生活》《列宁论文学》等文章，以及一些作家学习毛主席"讲话"的体会。改版后的副刊《文艺》加强了马克思主义文艺理论的宣传，

① 发表于延安《解放日报》1941 年 11 月 23 日。

② 发表于延安《解放日报》1942 年 3 月 9 日。

③ 发表于延安《解放日报》1942 年 3 月 12 日。

④ 发表于延安《谷雨》1942 年 3 月 15 日第 1 卷第 4 期。

⑤ 发表于延安《解放日报》1942 年 3 月 13 日和 23 日。

并贯彻了毛泽东的“延安讲话”精神。为此，开展了对《野百合花》等文艺作品和错误思想的批评。1942 年 6 月 20 日《解放日报》发表了延安文艺界作出的《关于王实味事件的决议》，7 月 28 日、29 日两日，又刊发了周扬的带有总结性的长文《王实味的文艺观与我们的文艺观》，通过对王实味文艺观和《野百合花》的批评，捍卫了马克思主义文艺理论的纯洁性，提高了文艺工作者和广大读者的思想理论水平与鉴赏水平。不过，由于特殊的历史条件限制，更由于政策上的失误，出现了无端上纲上线以及以不适当的组织措施解决思想理论问题的偏误，这对后来产生了消极的影响。

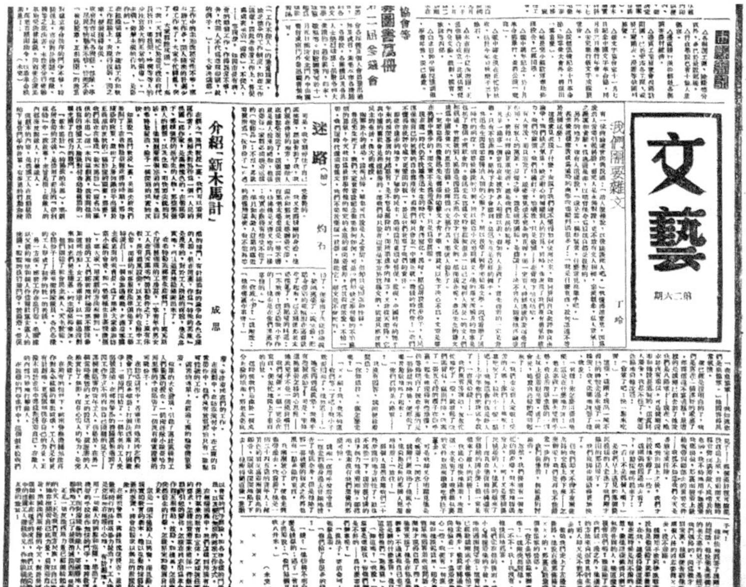
文藝
我們需要雜文
丁玲
迷路
灼石
介紹「新木馬計」
成思

图 3–25 《解放日报》发表丁玲的《我们需要杂文》

在毛泽东文艺思想的指导下，延安和边区的文艺界面貌日新。在火热的斗争生活中，小说、诗歌、杂文、戏剧、歌曲、木刻、漫画的创作日益繁荣。1943 年 4 月 25 日，《解放日报》副刊发表的秧歌剧《兄妹开荒》，是当时群众文艺的代表作。副刊还以大量篇幅介绍延安平剧院、鲁艺工作团等文艺团体及文艺工作者深入生活的体会和经验，有力地推动了延安和边区文艺的发展。

1943年10月19日，《解放日报》公开发表毛泽东《在延安文艺座谈会上的讲话》，“讲话”系统地回答了现代文艺运动中许多有争论的问题，如文艺与生活、文艺与政治、内容与形式、普及与提高、世界观与创作方法、文学批评标准、文化遗产的批判继承、文艺队伍的建设、统一战线等。根据“讲话”精神，《解放日报》副刊，在广泛领域里，发表了对平剧（京剧）、歌剧、小说、诗歌、美术等文艺创作的评论。发表了一批文艺佳作，如马可的《夫妻识字》，歌剧《白毛女》，赵树理的小说《李有才板话》《小二黑结婚》，西戎、马烽的长篇章回小说《吕梁英雄传》，李季的长诗《王贵与李香香》，孔厥的长篇通讯《吴满有的故事》，丁玲的《田宝霖》，欧阳山的《活在新社会里》，以及话剧《同志，你走错了路》等。副刊还开辟了“大众习作”专栏，发表业余群众作者的创作。为体现“文艺为政治服务”的方针，《解放日报》副刊根据报道的指导思想，舍得拿出版面，予以积极配合，相得益彰。所有这些充分体现出无产阶级党报副刊的特点，即思想性、战斗性、文艺性、知识性、生活性的结合，在抗战中它对“团结人民、教育人民、打击敌人、消灭敌人”发挥了重要作用。在这种背景下，解放区报纸副刊文学的特点也就可想而知了。

在延安，除了《解放日报》，还有一张影响广泛的《边区群众报》，该报创刊于1940年3月25日，1948年1月改为《群众日报》，它以通俗新闻和普及文艺乃至于扫盲识字为其特点。同时，抗战胜利后，随着解放战争的迅猛发展和解放区的不断扩大，党领导下的报刊得到了蓬勃发展，副刊也进入了一个历史发展的新时期。解放区和抗日根据地的报纸是一脉相传的，尽管在不同的战争时期有不同的特点，但总的特点是通俗、明快，具有强烈的战斗性。如晋西北的《抗敌日报》，在解放战争开始后，改为《晋绥日报》，其中有继承有发展。而由《抗敌报》改刊而来的《晋察冀日报》在解放区具有重要地位，此报自日降后，迁到新解放的城市张家口出版。当时进入张家口的著名作家很多，有萧三、萧军、贺敬之、丁玲、孙犁、艾青、王朝闻、薛暮桥等，这给当时的文艺带来了空前的繁荣。《晋察冀日报》的副刊主要有三种：《综合副刊》《每周增刊》《鲁迅学刊》。《综合副刊》上曾登载过孙犁的《白洋淀纪事》和丁玲的《阎日合流种种》。《每周增刊》曾聘请丁玲任主编，她在《创刊漫笔》中说：“副刊是人民的朋友，那上面有大伙的呼声，有人民的知心话。”1948年5月15日《晋察冀日报》与晋冀鲁豫《人民日报》合并为华北《人民日报》，设有《人民副刊》《文艺增刊》等副刊，成为中共华北局的机关报，全国解放后成为中共中央的机关报。此外，1946 年 1 月，晋绥解放区的《抗战日报》改为《晋绥日报》，1948 年 4 月 2 日毛泽东发表了《对晋绥日报编辑人员的谈话》，在这个讲话中，深刻地阐述了党报的性质、作用、任务和工作方法等问题，指出：“我们党所办的报纸，我们党所进行的一切宣传工作，都应当是生动的、鲜明的、尖锐的，毫不吞吞吐吐。这是我们革命无产阶级应有的战斗风格。”毛泽东的讲话指明了办报的方向，同时也指明了党报副刊文艺的方向。

在延安文藝座談會上的講話

毛澤東

引言

結論

图 3-26 《解放日报》(1943-10-19 第 1 期) 刊载《在延安文艺座谈会上的讲话》

人民日報

晉冀魯豫·晉察冀兩大解放區合併

華北解放區正式組成

華北解放區的當前任務

——代創刊詞——

图 3–27 《人民日报》创刊号

而国统区，在抗日战争胜利结束后，民主运动日益高涨，1946 年 2 月 1 日《民主报》终于在重庆创刊，这是中国民主同盟的机关报。虽然报纸只出了短短一年，但它旗帜鲜明地宣传民主，反对专制；主张和平，反对内战；要求进步，反对后退。《民主报》副刊也始终以民主、斗争作为其宣传的主旋律，因此而赢得读者的欢迎。《大家谈》是其最著名的副刊，刊头下有四句话："有话大家说，有事大家谈，只要句句真，不怕文章滥。"编者为此进一步阐释副刊的宗旨说："为大家说话是我们的责任，而要求民主政治的早些实现，更需要大家一齐说话。”[①] 由此可见《民主报》副刊的编辑思想。经常为副刊撰稿的有巴金、陈白尘、端木蕻良、聂绀弩、徐迟、沙鸥、臧克家等著名作家、诗人。《民主报》及其副刊还与《新华日报》一起互相配合，密切联系，团结《大公报》《新民报》《国民公报》《商务日报》《西南日报》的一批进步记者和副刊编辑，开展卓有成效的政治文化斗争。

这里说说《新民报》副刊与文学的关系。抗战胜利后，《新民报》的发展引人注目，它拥有北平、上海、南京、重庆、成都五个分社，出版日报、晚报八种报纸。其副刊丰富多彩，吸引着各个层次的广大读者。其中北平版《新民报》创刊于 1946 年 4 月 6 日，设有《北海》《鼓楼》《天桥》《北京人》《小家庭》《新世界》六个副刊。《北海》为文艺副刊，由张恨水主编，此副刊选稿标准要求较高，既要求与时令、时事相配合，又要求文字精练、饶有趣味。曾刊发过茅盾的中篇小说《生活的一页》，老舍的长篇《八方风雨》，以及章士钊、沈尹默、于右任等人的小说，张恨水的长篇《巴山夜雨》也在这副刊上连载。南京版《新民报》于 1946 年 10 月 10 日复刊，设有《新民副刊》《大观园》《评事街》三个副刊。《新民副刊》是文艺副刊，主要发表杂文、散文、译文、书报评介等作品，它所刊登的作品具有鲜明的政治性倾向，尤其是杂文，针砭时弊，切中要害，嬉笑怒骂，风格各异。副刊还利用政府当局与苏联有外交关系的条件，发表了一些介绍苏联的文章，评介推荐苏联优秀文学作品，特别是 1946 年底，连载了茅盾访苏所写的《访苏日记》达 70 多期，给人们带来一股清新的空气。当时南京报业竞争激烈，《新民报》正是以其副刊的鲜明特点，很快成为南京地区发行量最大的民营报纸。重庆版《新民报》有日、晚刊，先后增辟了三十来个副刊和专刊，其中最有影响的副刊是晚报的《西方夜谈》，“民之所好者好之，民之所恶者恶之”是其一贯秉持的编辑风骨。1945 年 11 月 14 日，该副刊发表了毛泽东的词作《沁园春 · 雪》，这首气势磅礴、脍炙人口的诗作精品刊发时，主编吴祖光在词前特意加了题《毛词 · 沁园春》，词后写了段热情推崇的赞语：“毛润之氏能诗词，似鲜为人知。客有抄得其沁园春咏雪一词者，风调独绝，文情并茂，而气魄之大，乃不可及。据氏自称则游戏之作，殊不足为青年效法，亦不足为

① 《编者先说个开头》，《民主报 · 大家谈》1946 年 8 月 3 日。

外人道也。”此举在重庆掀起了轩然大波，当时，无论是《新华日报》《大公报》《新民报》《新蜀报》《时事新报》《商务日报》，还是国民党的《中央日报》《和平日报》，几无例外都有步韵唱和或评论，形成热潮。特别是郭沫若和崔敬伯各作沁园春一首，于 1945 年 11 月 29 日和 12 月 11 日相继刊载《新民报》上，以横扫妖气和关切祖国命运、人民疾苦的激情，极力推崇毛泽东的词，以回答一些报纸和文人的攻击。

抗战胜利后的上海和南京，一直是各方争夺的重要舆论阵地和报业中心。以上海为例，截至上海解放前夕，除外文报纸外，先后出版过二十多种日报、十多种晚报，这是上海报刊史上出版最多的时期，不过这是一种虚假的繁荣。老牌报纸《申报》《新闻报》《大公报》《文汇报》等，或从敌伪手中接收改为官办，或在上海重新复刊。其副刊随之或恢复，或重新整合。如《申报》的“春秋”就并入《自由谈》后改出《文学周刊》。《文汇报》复刊后，其副刊《世纪风》，雄风不减当年，复刊当天主编柯灵就连载了曹禺翻译的莎士比亚名作《铸情》(即《罗密欧与朱丽叶》)。茅盾的以反映抗战生活为题材的长篇《锻炼》也于 1948 年在《文汇报》副刊上连载，不过这时上海版的《文汇报》已被国民党封掉，只好在香港出版了。其他报纸副刊和文学活动，因为政治等因素的影响，昔日的容光已经很难再现。历史毕竟即将翻开新的一页。

第四章　副刊与现代文学的体态建构

中国现代文学最初是以“形式大换班”拉开帷幕的，且不说使用了几千年的文言文，摧枯拉朽式地被现代白话文所取代，就是被捧为经典的古典诗、词、曲也一下子失去了其正宗地位，文言小说也很快销声匿迹，而新诗、白话小说、话剧、杂文、散文等一些面目全新的文学式样，如雨后春笋般竞相出现。这种“形式大换班”实际上也是现代文学体态的一种重构。

所谓现代文学体态主要是指现代文学在形式上所表现出来的总体特质，它包括现代文学的语言和文体特质等。现代文学体态的形成，无疑是由多种因素促成的，同时其形成也是逐步的。在这一过程中，报纸副刊对现代文学的体态形成和建构有着不可忽视的作用。因为作为文学传播的客体文学作品，它是文学信息的存在形式，其内容和形式凝聚了传播者和受传者共同的审美创造。当它进入文学传播过程中，一方面必须通过文学传播通道，才能搭起传者与受者沟通的桥梁。另一方面文学信息在传播过程中，自身内容和形式的相关要素，随着时代的发展变化无疑也会做适度的调适，以适应传播的要求。而副刊既是文学传播的通道之一，同时又是调适、整合文学要素的重要力量。因此它对文学体态的形成和发展有着重要的影响。诸如五四文学革命，提倡白话，反对文言，积极倡导文学语言的现代化，即文言一致，由此引起了现代文学史上的文白之争，以及文艺大众化、民族形式的论争等。此外，传统的旧式文体如小说、游记等，为适应时代变化而进行的多样化改造，新型文体如杂文、小品、报告文学等的创制和发展，所有这些与现代文学体态相关的事件，无不与传播媒介之一报纸副刊的参与联系在一起。报纸副刊的发展，在不断地改造、打磨现代文学传播客体之文学作品的内在“气质”与外在“面貌”，从而出现内容和形式更为丰富多彩的现代文学。

第一节　副刊与现代文学语言体系的形成

文学是语言的艺术，语言是文学的媒介：既是文学创作实践的物质材料，又是文学创作实践的工具。语言的组织运用，不仅是文学作品得以具体存在的形式，也是作家思想情感的寄植者，一个时代的文学风貌，区别于其他时代文学的特征，最终都会在文学语言的组织运用上表现出来。现代文学之所以区别于以往任何时代的文学，从文学语言的角度来看，就在于它运用了现代“活的语言（白话文）”，以取代传统的“死的语言（文言文）”，从而建立了一套以现代白话文为中心的文学语言体系。而这种文学语言体系的形成无不与现代传媒之报纸副刊有着密切的关系。也就是说，作为大众传媒，副刊始终是现代文学语言体系建构的参与者和实践者。尤其在现代文学史上，面对文白之争、大众语与民族形式论争等历史关键时刻，副刊发挥了自身的优势作用。

五四时期的文白之争，是力图建构现代文学语言体系的重要尝试。[①] 而当时最有影响的报纸副刊《晨报副刊》《学灯》和《觉悟》不仅直接参与了文白论争，而且积极投身现代白话文学的创造实践。我们知道，在五四文学革命过程中，随着文学观念和内容的更新，传统文学的话语形式已无法“旧瓶装新酒”了。文学传播的符号——语言文字的变革变得十分紧迫，反对封建文学僵死的文言文，提倡以人民大众的口语为基础的生动活泼的白话文，认定这种白话文是文学的正宗，要取文言文而代之，是五四文学革命的中心任务之一。“文学的国语，国语的文学”，成为当时五四文学革命响亮的口号之

① 白话文运动并非五四特产，早在晚清就出现了颇具声势的白话浪潮，那是应变法维新的要求而发生的。那时的倡导者认为，只有开通民智，才能使国家富强；而要开通民智，必须使人人通晓文字，中国言、文不一致的现象便成为最大障碍。为此，非废除文言、推行白话，便别无他路。当时把白话、文言的取舍，与国家的兴亡关联起来。不过，却忽视了对文学语言美感的追求。而这一历史遗留的问题，在五四文学革命发生后得到了较好的解决。

一。正如胡适后来所说，文学革命的作战方略，简单说来，只有“用白话作文作诗”一条是最基本的。这一条中心理论，有两个不可分割的方面：“一面要推倒旧文学，一面要建立白话为一切文学的工具。”① 文学革命的倡导者们之所以提倡白话文，反对文言文，一方面是因为文言文充满了封建意识，“青年子弟，读了这种旧文章，觉其句调铿锵，娓娓可诵，不知不觉，便将为文中之荒谬道理所征服”②。另一方面他们指出，文言文脱离了人民语言实际，形成八股教条，这是封建统治者造成的：“那独夫民贼，最喜欢摆弄架子。无论什么事情总要和平民两样，才可以使他那野蛮的体制尊崇起来”，“对于文字方面，也用这个主义……定出许多野蛮的款式来”。“我们认定白话是文学的正宗：正是要用老实的文章，去表明文章是人人会做的。”③ 而要传播新思想，就不能不去破坏旧思想，也不能不去打破束缚人们精神的枷锁和镣铐。文学革命提倡白话，反对文言，打破古文的桎梏，求得精神的解放，正适应了当时提倡“科学”和“民主”的思想运动的需要。

五四文学革命的倡导者积极倡导白话文，无疑遭到守旧派人物的极力反对，以古文家林纾为代表，声称“拼我残年，极力卫道”。早在胡适发表《文学改良刍议》之时，林纾就抛出《论古文之不当废》，④ 力图为封建文学和文言文辩护，攻击文学革命及其倡导者。说什么“学不新而唯词之新”，“不得新而先殒其旧，……吾恐国未亡而字已先之”。后来他又在报纸上连续发表《荆生》⑤ 和《妖梦》⑥ 两篇文言小说，以影射手法攻击新文化运动。同时，他还刊出公开信《致蔡鹤卿太史书》⑦《再致鹤卿书》⑧，直接攻击新文化运动和文学革命是“复孔孟，铲伦常”，“尽废古书，行用土语为文字”，并要求北大校长蔡元培制止反孔，废除白话，维持文言。与林纾引为同调的还有北大的刘师培、黄侃、张厚载等。面对敌人的猖狂围剿，文学革命的倡导者们毫

---

① 赵家璧主编：《中国新文学大系·建设理论集》，上海文艺出版社1981年影印本。

② 《钱玄同致陈独秀信》，《新青年》1918年3月第4卷第3号。

③ 钱玄同：《尝试集序》，《新青年》1918年2月第4卷第2号。

④ 上海《民国日报》1917年2月8日。

⑤ 上海《新申报》1919年2月17—18日。

⑥ 上海《新申报》1919年3月18—22日。

⑦ 《公言报》1919年3月18日。

⑧ 《申报》1919年4月1日。

无畏惧，积极迎战。当时主要以《新青年》和《每周评论》为阵地，给予猛烈的反击。其中主要的反击文章除了鲁迅的文章外，还有陈独秀的《本志罪案之答辩书》[①]《旧党的罪恶》[②]，李大钊的《新旧思想之激战》[③] 等。与林纾的论争是现代文学史上新旧文学的第一场激烈的论争，也是激烈的文白之争，经过论争新文学思潮取得了决定性胜利，初步扫除了阻碍新文学发展的障碍。

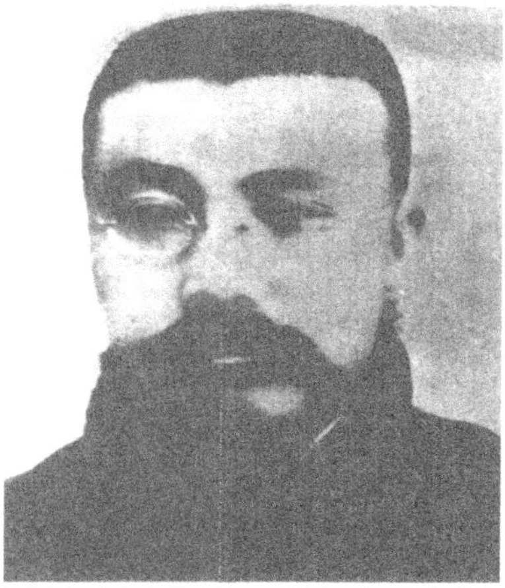

图 4–1　李大钊（1889—1927）

然而，五四运动后，“学衡派”和“甲寅派”又一次代表封建复古势力向新文学发起进攻。“学衡派”的主要人物有胡先骕、梅光迪、吴宓，他们以“昌明国粹，融化新知”[④] 为旗号，以“学贯中西”“博通古今”自我标榜，意在搬弄些西方古典来护圣卫道，反对新文化和白话文学。其实，胡先骕早在五四前期就攻击文学革命，反对白话文，宣称文言胜过白话，反对文、言合一，主张文学上的模仿，说“欲创造新文学必浸淫于古籍”，“必以古文学为根基而发扬光大之”。[⑤] 而“甲寅派”主帅章士钊则不仅利用职权发布“整

---

① 载 1919 年 1 月 15 日《新青年》第 1 号。

② 《每周评论》1919 年 3 月 16 日第 13 期。

③ 《每周评论》1919 年 3 月 9 日第 12 期。

④ 《学衡杂志简章》，《学衡》1922 年 1 月第 1 期。

⑤ 胡先骕：《中国文学改良论》（上），载赵家璧主编《中国新文学大系 · 史料 · 索引》，上海文艺出版社 1981 年影印本。

顿学风令”，规定小学学生读经，禁止学生用白话文，而且发表《评新文化运动》[1]《答适之》[2]《评新文学运动》[3] 等一系列文章，极力鼓吹文言文，诋毁白话文，重弹封建复古派老调。面对这些复古的逆流，以鲁迅为代表的新文学阵营对之进行了猛烈的反击。

图 4-2 《新闻报》(1923-08-21) 发表《评新文化运动》

① 《新闻报》1923 年 8 月 21 日、22 日。

② 《甲寅周刊》1925 年 9 月第 8 号。

③ 《甲寅周刊》1925 年 10 月第 14 号。

值得注意的是，五四前后这两次文白之争的最初阶段，尽管新文学阵营反击的火力很猛烈，但一是阵地少，主要阵地是《新青年》和《每周评论》，大有孤军奋战的味道，响应者寥寥，钱玄同和刘半农在《新青年》上表演“双簧信”就可见一斑。因为当时的副刊大多被鸳鸯蝴蝶派所笼罩，这使得发难者曾深感寂寞和焦虑。二是缺乏有足够说服力的白话文作品，面对赞成文言者的激烈猛扑，如果新文学不能拿出体现真正实绩的白话文学作品来，是无以说服读者的。副刊的优势这时恰恰得到了充分的体现，因为它一方面为新文学的创作者们提供了广阔的写作园地，另一方面一旦有了成功的作品，很容易形成传播效应，起示范作用。鲁迅的《阿Q正传》等小说之所以为许多人效仿，除了与作品本身的艺术魅力有关外，与副刊的传播效应不无关联。事实上，当《晨报副刊》《学灯》和《觉悟》等副刊正式加入新文学行列后，彻底打破仅由《新青年》主导新文学运动的岑寂局面。这三个副刊从1919年开始就大量刊发白话文作品，诚如胡适所说，它们是1919—1921年间“三个最重要的白话文机关”。可以说，三大副刊的加盟，进一步扩大了文学革命的影响，加快了文学革命的步伐。因为它们都是日报的副刊，天天发行，传播范围广泛，及时而迅速，在舆论引导方面具有极强的效力，是开展新文学运动的最佳工具。借助于报纸在传播时空上的这种优势，副刊把文学革命的主张和先驱作家的白话文示范作品介绍给社会上的广大读者，从而唤醒更多的人加入新文学的创作队伍中来。从此以白话文为话语形式的新文学语言体系开始诞生了。试想如果没有副刊的参与，没有新的报刊起来助战，没有更多的人执笔写作白话文，仅靠《新青年》和《每周评论》，不仅以现代白话文为中心的新文学高潮不会到来，而且很有中途夭折的危险。

反对文言，提倡白话，开始是在文学革命的口号下，作为它的一个内容提出的，但随着新文化运动和文学革命运动的发展，它已经形成了一个具有更广泛意义的白话文运动。1918年1月《新青年》首先改版，基本用白话刊行，除了一般文章外，白话的新诗杂文创作逐渐活跃，如鲁迅的白话小说《狂人日记》《孔乙己》《药》《明天》《风波》等相继在《新青年》上出现，显示了文学革命的实绩。经过五四新文化运动的推动，白话文的出版物和用白话写作的文学作品日趋增多，发展极为迅速。白话文运动终于从根本上动摇了文言文几千年来的统治地位，它不只是在创作上，而且在一般的著作范围内，白话文终于夺取了贵族的世袭领地。1920 年，北京政府教育部决定，全国小学一二年级的国文科改为国语科，开始使用白话的语文教材，1921 年又训令全国各省：凡师范学校及高等师范，相应酌减国文钟点，加授国语。白话成了学校教育的新工具，白话文的教学取得了合法的地位。白话文正式从“不登大雅之堂”的状态中解放出来，成为语言学研究的对象，在我国现代语言学史上也是一个巨大的转折。其他如新式标点符号的使用，注音字母的公布和推行，汉字改革、走拼音化道路问题的提出和研究，简体字的整理，以及“国语”运动的迅速发展，都是与白话文运动的推动分不开的。我们可以说，用白话文代替文言文这本身就是一场伟大的革命，白话文的胜利，也是新文化运动的胜利。

然而，现代文学语言体系的建立不是一帆风顺的，五四文学革命时期掀起的文白之争，在 1934 年又遭遇了一股逆流。这年 2 月蒋介石在南昌讲《新生活运动要义》，推行以“四维”（礼义廉耻）“八德”（忠孝仁爱信义和平）为准则的“新生活运动”，提倡尊孔读经，顿时出现了全国性的复古逆流。5 月、6 月间，曾在五四时期就反对白话文的国民党教育部中人汪懋祖，连续在《时代公论》上发表《禁习文言与强令读经》和《中小学文言运动》等文章，鼓吹中小学生必须学习文言文。面对这股逆流，立即引起了左翼文化工作者和进步文化人的及时反击，因而形成了又一场文言与白话的论争。这一次文白之争，很快发展成为白话文与大众语以及拉丁化的论争。这次论争有力地打击了复古思潮，使现代文学语言体系的建立有了更加稳固的基础，并涉及了语言文字如何才能大众化等重要问题。据统计，从 1934 年至 1935 年，在《申报 · 自由谈》《新中华 · 动向》和《太白》等报刊，发表将近五百篇文章①，在批驳陈腐老调的同时，对于白话与大众语等问题，也进行了广泛的讨论。鲁迅先生著名的《门外文谈》就是因此次论争在副刊《自由谈》上发表的。这是一篇通俗的马克思主义文化起源与发展史。鲁迅从大众语文的历史沿革中，说明历史是向前进的，决不倒退，人民群众是文化历史的主人，是人类文化和一切精神财富的创造者。

如果说文白之争是现代文学试图建构新的文学语言体系的最初尝试，且

① 孙中田等主编：《中国现代文学史》（上），辽宁人民出版社 1984 年版，第 376 页。

初获成功外，那么随着历史的发展，20 世纪 30 年代的“文艺大众化”“大众语文论战”以及 40 年代“民族形式讨论”是对现代文学语言体系建构的校正、深化和发展。因为五四文学语言的变革，虽然恢复了传统白话文学语言的“正统”地位，并在白话文体的基础上迅速丰富发展，建立起了一种新的白话文体。但是，五四白话文在努力使自己丰富、完备的同时，由于文言文的回流，以及吸收外来语言成分的生吞活剥等，也曾出现了半文半白和过分欧化的毛病。一部分白话作品不仅没有“如话”，反而是“不成话”，甚至还不如传统白话易懂易解，以至于被人称作“新文言”。这样，现代白话文的实际发展，就在一定程度上偏离了变革者的初衷，即偏离“明白如话”“言文一致”的变革要求。这些白话文不仅没有进一步接近口语，反而拉大了与口语的距离。现代白话文发展过程中出现的这种现象，越来越引起现代作家的强烈不满，他们不断要求纠正白话文的这些弊病，使现代文学语言的发展能走上现代化、大众化的健康道路，真正实现用现代语言表达现代人的情思的历史任务。因此，20 世纪 30 年代的“文艺大众化”“大众语文论战”以及 40 年代“民族形式讨论”，其意义和内容远远超出了现代文学语言的范围。不过，从现代文体发展史的角度来看，这是对五四现代白话文发展方向的一种校正和深化。在这个历史进程中，报纸副刊同样与之息息相关，丝丝相连。

以 20 世纪 30 年代上海地区报纸副刊为例，当时的报纸副刊除了《自由谈》，影响较大的进步副刊有《中华日报 · 动向》《大美报 · 浅草》《大美晚报 · 文化街》《时事新报 · 每周文艺》等。这些副刊都不同程度地直接参与了文艺大众化的讨论。特别是《中华日报 · 动向》，它与《自由谈》一起，成为当时文艺大众化讨论的主要阵地之一。《中华日报》是国民党汪精卫系报纸，创刊于 1932 年 4 月 11 日，《动向》是该报的文艺副刊，主要撰稿人有鲁迅、宋之的、田间、周而复、艾青、张庚、欧阳山等。文艺大众化问题的提出，是革命深入发展对文艺的要求，有着深刻的历史渊源和现实根据。

如果说在五四新文学运动中还不可能把大众化问题当作文学革命的中心口号提出来，左翼文学运动的发展却使之凸现出来。文艺大众化问题的讨论大体分三个阶段：第一个阶段是由陈子展在《自由谈》提出但是在《大众文艺》上展开的，主要着眼于通俗化问题，即如郭沫若所说：“我所希望的新的大众文艺，就是无产阶级文艺的通俗化。”第二阶段讨论主要是在《文学》和

《文学月刊》上进行，内容涉及深入到用什么写，写什么，为什么写，怎样去写的问题，指出过去所谓“民众文学”也不过是洋车夫文学、老妈子文学，而我们“需要开始一个运动，一个为着普洛现实主义而斗争的运动”①。第三个阶段讨论阵地转向副刊《自由谈》和《动向》，鲁迅、陈望道、叶圣陶、胡愈之、聂绀弩等参加了讨论。《动向》的讨论着重于内容和形式的关系问题，尤其是关于旧形式的利用问题。在《动向》上，鲁迅发表了《论“旧形式”的采用》，指出“为了大众，力求易懂，也正是前进的艺术家正确的努力”。在新旧形式问题上，则表达了“旧形式是采取，必须所删除，既有删除，必有增益，这结果是新形式的出现，也就是变革”的正确意见。

《自由谈》则偏重于大众语问题。由于国民党教育部汪懋祖、许梦因等在《时代公论》和《中央日报》上发表复兴文言、主张读经的逆流，这场讨论就带有了击退“新国粹派”的现实斗争意义，构成“左联”时期大众化运动的一个重要侧面。不仅如此，“大众语”口号的提出，还缘于纠正过去倡导白话文的一些弊端，正如提出这一口号的陈子展所说：“从前为了补救文言的许多缺陷，不能不提倡白话，现在为了要纠正白话文的许多缺陷，不能不提倡大众语。”② 按照提倡这一口号的作家们的看法，“大众语”的标准应该是“大众说得出，听得懂，写得顺手，看得明白”的语言文字。③ “大众语”的提出不是目的，只是手段，意在建设“大众语文学”，即“以生产大众为其对象，以前进的大众意识为作品的内容，用大众所活用的语言而从事创作”的文学。④ 这种文学也就是“普洛大众的文艺”。在“文艺大众化”和“大众语文论战”中，争论的焦点是如何估价五四白话文和“大众语”的建设方向问题，论争的结果，意见逐步达成一致。认为一方面“白话”和“大众语”不是对立的，“白话”的“基本的词汇、语法，也是大众口语基础的部分”。另一方面，大众语运动的倡导，“当然是继承白话文运动、国语运动而来”⑤，建设“大众语”是为了校正白话文的“欧化病”，在现有白话文的基础上谋求

---

① 史铁儿：《普洛大众文艺的现实问题》，《文学》1932年4月25日第一卷第一期。

② 陈子展：《文言—白话—大众语》，《申报·自由谈》1934年6月18日。

③ 陈望道：《关于大众语文学的建设》，《申报·自由谈》1934年6月19日。

④ 王任叔：《关于大众语文学的建设》，载宣浩平编《大众语文论战》，上海启智书局1935年版第125页。

⑤ 曹聚仁：《征求关于大众语意见》，《社会月报》1934年第1卷第2期。

新的发展。

文学的民族形式的创造，是20世纪40年代作家们思考的一个中心问题。当毛泽东提出创造“中国作风和中国气派”的号召后，在延安解放区和国统区分别开展了一场“民族形式的讨论”。虽然讨论集中发生在40年代初，实际上贯穿着整个40年代。延安的《新中华报》《文艺战线》《中国文化》等，国统区的《新华日报》、《抗战文艺》、《新蜀报》副刊《蜀道》、《文学月报》等报刊都开辟了专栏，发表了一系列的讨论文章。讨论的主要内容围绕着“民间形式”是否“中心源泉”这一问题展开的。由于“语言是文艺作品的第一个因素，也是民族形式的第一个标志”，[①] 因此对民族形式的思考讨论，也就使现代作家们对现代文学语言的重要性获得了五四以来从未有过的高度认识。诚如冯雪峰在《论民主革命的文艺运动》中所强调的那样：“在民族形式的实践上，语言问题，就是最根本也是最中心的问题。”如同20世纪30年代“大众语文论战”一样，在“民族形式讨论”中，依然存在着全面否定五四以来的新文艺传统和五四白话文的片面倾向。向林冰在《大公报》副刊《战线》上发表的《论“民族形式”的中心源泉》一文中，他“以民间形式为民族形式中心源泉”，把五四以来的新兴文艺形式说成“缺乏口头告白性质”的“畸形发展的都市的产物”，是“大学教授银行经理，舞女，政客以及其他小‘布尔’的适切的形式”[②]。向林冰对五四以来新文学形式的否定，鼓吹“中心源泉论”是不折不扣的复古倒退理论。与向林冰观点相对的是葛一虹的观点，他在《新蜀报》副刊《蜀道》上发表《民族形式的中心源泉在所谓“民间形式”吗?》等文章，认为民间形式是“没落文化”，是“封建残余”，“表现新事物而用属于旧事物的旧形式是绝不可能的”。认为五四以来的新文艺已完美无缺，新文艺只需站在“已经获得的劳绩上”，努力提高大众的文化水准就可以了。[③] 葛一虹割断新文艺与传统文艺形式的内在联系，形而上学地全盘肯定五四以来的新文艺，包括其缺点，其观点无疑是错误的，不利于新文艺克服弱点健康地发展。

---

① 《周扬文集》第1卷，人民文学出版社1984年版，第518页。

② 向林冰：《论“民族形式”的中心源泉》，《大公报·战线》1940年3月24日。

③ 葛一虹：《民族形式的中心源泉在所谓“民间形式”吗?》，《新蜀报·蜀道》1940年4月10日。

在这一有关“民族形式讨论”的历史时期，特别是延安文艺整风前后，毛泽东对语言表示了极大的关注。他不仅充分肯定了五四时期反对文言文、提倡白话文的巨大历史功绩，而且在《新民主主义论》中进一步指出：“文字必须在一定条件下加以改革，言语必须接近民众。”他号召文艺工作者向人民学习语言，学习古人语言中有生命力的东西，同时也要从外国语言中吸收我们有用的成分。这些精辟的论述，对于统一语言讨论中的不同意见，具有决定性作用。事实上，通过讨论，人们对“活的民族语言”的创造和五四以来的白话文的关系，取得了比较一致的看法：认为首先必须充分肯定五四文学语言变革的历史功绩，其次白话仍然是创造“活的民族语言”的基础部分。

总之，现代文学语言体系的形成，非一朝一夕而成。从五四的文白之争，到20世纪30年代“文艺大众化”“大众语文论战”以及40年代“民族形式讨论”，一路走来，终于逐步建立起了以现代白话文为中心的文学语言体系，正是这一语言特色使现代文学区别于以往的古典文学。而在这一历史演进的过程中，报纸副刊不仅为现代文学语言体系建构提供了论争的园地，而且副刊本来就是现代文学语言的试验场地，许多现代文学的典范作品正是通过副刊得到了有效的传播，从而影响着一代又一代的文人。

第二节　副刊与传统文体的演化

我国报纸副刊上的文章体裁，大体是从移植我国古典文学的体裁和当时流行的文学作品开始的，以后逐步和新闻相结合，从而创造出日益丰富多彩的适合副刊要求的各种文体。如新闻性的纪实文学、报告文学、生活素描，叙事性的散文、小说，抒情性的诗歌、散文诗，议论性的杂文、评论，等等。这些文体的形成和演化与副刊息息相关。下面拟从传统文体和新型文体与副刊的关系角度来探讨一下，副刊在文体演化、形成中所起的作用。

副刊上的传统文学式样主要指的是叙事文学、游记文学和评论文学。这些文体经过报纸副刊的“过虑”改造后，大多演化、发展为小说、连载小说、游记、文艺随笔、杂谈、札记、书信等文体。当然其中的演化、发展过程和原因又各不相同，但有一点是共同的，就是报纸副刊这一传媒通道的制约。

下面主要以连载小说的演化为例，来说明传统文体演化过程中，副刊所起的作用。

报纸副刊对传统叙事文学，特别是叙事文学中的章回小说的改造是比较突出的，章回小说经副刊改造后，主要向连载小说方向演化。我们知道，我国传统的叙事文学式样主要是小说，而小说原本又是不登大雅之堂的，唐宋及其以前主要是短篇小说和传奇，宋代出现了说书的“话本”和“拟话本”，明清以来则出现了章回小说。而现代报纸副刊上的连载小说与它们有着密切的血缘关系，亦即报纸副刊上的连载小说很大程度上是从它们中脱胎出来的。因为现代小说对于吸引读者读报、扩大报纸销路，起着十分重要的作用。因此，小说成为副刊常见的文体也就是一种必然。然而，由于报纸副刊的版面空间有限，在客观上它制约了长篇作品不可能一次性刊载，它只适宜于刊载短小精悍的作品，而那些较长的作品只好采用连载的方式。加上报纸副刊本身属于新闻纸，是大众传媒之一，大众化、通俗化和新闻性、文艺性是其固有的特性，而讲究故事性、注重叙事性、连续性、趣味性以及结构的相对独立性的章回小说，无疑暗合了副刊的某些属性和要求。鲁迅早在《中国小说史略》中就指出过，章回小说有自己的结构特点，“全是一段段的短篇连缀起来的；拆开来，每段自成一篇，抖拢来，可至无穷”。“头绪既繁，脚色复夥，其纪事遂率与一人俱起，亦即与其人俱讫，若断若续，与《儒林外史》略同”。

章回小说的这种特点，同样体现了“话本”说书人的功利目的，即招徕观众。说书人正是抓住听书人“欲解疑窦”的心理，不和盘托出地将故事一口气说给你听，而是把“头绪既繁，脚色复夥”的故事分解成一章一回，吊住你的口味，听他慢慢说来。这种“吊听众口味”的内容和结构的章回小说，给了办报人以很大的启示。为了吸引读者天天阅报，在报纸副刊上也刊载这种“每段自成一篇，抖拢来，可长至无穷”的小说。况且那时的大众传媒并不十分发达，可供人们消遣的媒体，主要的只有单一的报纸杂志。正因如此，章回小说的形式演化成为报纸副刊上的连载小说文体也就成为必然。

与此同时，由于报纸传播的广泛性和迅捷性，被副刊改造过的传统小说文体借此也得到了进一步的传播，从而扩大了自身的影响。值得注意的是，这种连载小说文体发展到后来，在副刊上出现了许多花样，如章回标目不一定是对联式，可以是单句，也可以标出节数，甚至用“第几峰”“第几夜”来替代回数。情节也渐趋紧凑，不再有松散“连缀”的缺点，但其叙述的白描、情节的跌宕曲折，以及语言的民族化、大众化，依然保留下来，构成不同于一般小说的结构特点。

章回小说演化为连载小说文体在报纸副刊上出现，除了出于吸引读者需要和报纸版面制约之外，还有其深刻的社会原因。正如阿英所说：“那时固然还没有所谓适应于新闻连续发表的‘新闻文学’，而事实上却已经开始了这种要求。为着适应时间断断续续的报纸杂志的读者，不得不采用或产生这一种形式。这是由于社会生活发展的必然。”① 这种“社会生活发展的必然”，是指连载小说的内容与现实比较接近，是趋于现实主义的，有着强烈的真实感和现实批判性。以清末吴沃尧的著名小说《二十年目睹之怪现状》为例，它最初发表就是在我国的第一份副刊《字林沪报》之《消闲报》上连载的。这部小说共 108 回，以自号为“九死一生”者为中心，以描写官场为线索，历记其所见所闻的“怪现状”，其中涉及官场和“洋场”，在一定程度上暴露了晚清政治社会的黑暗和丑恶，小说文笔较为生动，对读者极具吸引力，从而开了报纸副刊连载小说的先河。

值得注意的是，最初在报纸副刊上的连载小说，为了吸引读者，大多是从言情、侦探和武侠入手的。这也说明副刊借连载小说来扩大自身销量的功利目的。比如上海《申报》的《自由谈》和《新闻报》的《快活林》都是历史悠久的副刊，它们大多强调副刊的趣味性、实用性、知识性等。陈蝶仙的《柳暗花明》《玉田恨史》，程瞻庐的《众醉独醒》，毕倚虹的《人间地狱》，姚苏凤的《女人女人》，张恨水的《东北四连长》就曾在《自由谈》上刊载过，当时是颇有影响的。在《快活林》上连载的长篇则有李涵秋的《侠凤奇缘》，平江不肖生的《玉玦金环录》，顾明道的《荒江女侠》，张恨水的《啼笑因缘》《夜深沉》《水浒新传》等。

不过，在连载小说中，武侠小说还是唱主角的。因为武侠小说是纯粹的国货，它不是舶来品，这种体裁雅俗共赏，情节又曲折跌宕。所以在当时的报刊中十分叫座，上海不少有名的报刊，几乎都连载过武侠小说。比如《申

---

① 罗贤梁:《中国副刊史略》，长江文艺出版社 1993 年 6 月版，第 140 页。

报·春秋》副刊连载过顾明道的《血雨琼葩》,《新闻报·快活林》副刊连载过武侠小说《玉玦金环录》(平江不肖生)和顾明道的《荒江女侠》。再如《红杂志》《红玫瑰》《侦探世界》《小说月报》等竞相连载武侠小说,以此吸引一部分读者。报人从刊登连载小说的实践中发现,连载小说有吸引读者读报、扩大报纸销路的作用,因而更加重视连载小说,使连载小说成为报纸副刊最富有魅力的一种文体。

不过,小说及连载小说之所以与副刊联姻,并成为副刊上的重要文体,还与当年资产阶级改良派的倡导不无关系。19世纪末,当维新改良派的报纸纷纷在中国大地出现的时候,一部分革命派过分地强调小说的社会作用,认为"欲新一国之民,不可不先新一国之小说。故欲新道德,必新小说;欲新教育,必新小说;乃至欲新人心,新人格,必新小说"[①]。这种提倡的结果,导致了报纸上的小说创作繁荣一时的景象。不过当时革命派和改良派主办的报纸副刊上所刊载的小说,大多是所谓"政治小说",意在密切配合政治斗争,宣传新的思想,呼唤人的觉醒。例如上海《民国日报》当年就刊登过《南渡录演义》,这是一部反映历史上汉族反抗异族侵略和统治的小说,借以唤醒人民推翻清政府的统治。一些报纸副刊还刊载不少反映现实斗争题材的小说,如黄花岗起义失败后,《民立报》副刊"杂录部"便刊登了反映这次起义的长篇小说《血花泪》。而反映武昌起义的长篇《新开辟演义》,在武昌起义后仅仅半个月就开始在副刊上连载,其反映之速,配合政治斗争之密切,可见一斑。利用小说进行政治宣传,参与政治斗争,这是资产阶级改良派当初的一个"倡导",正是这种倡导导致了小说在报纸副刊上占有很重要的位置,成为后来报纸副刊的一种主要文体以及思想启蒙的重要手段。

当我们以报纸副刊上的连载小说作为考察现代文学的一个视角的话,我们会惊人地发现正是因为报纸副刊的参与,使得整个现代文学体态的建构得到了相应的调适和改变,也就是说,因为报纸副刊而形成的连载小说文体,既成为现代文学总的体态中的一种重要体裁,也使得连载小说这一报刊文体借助副刊这一特殊的传播媒介,得到了广泛的传播,这种传播不仅传播了连载小说的文体形式,更是在传播着现代新文学的成果和精神,由此而充实了

---

① 梁启超:《小说与群治之关系》,《新小说》1902年第1号。

现代文学体态的内容建构。人们既享受着新文学，也备受新文学的滋润。倘若没有副刊，至少现代文学的体态构成就缺少连载小说这一文体要素，倘若如此当然是不可以想象的。正是有了连载小说，进一步丰富了现代文学的文体式样，使得现代文学与报纸副刊呈现出了丰富多彩的绚丽图景。试想从鲁迅的《阿Q正传》到张恨水的系列连载作品，一直到巴金的《家》、郭沫若的《洪波曲》、茅盾的《腐蚀》以至于黄谷柳的《虾球传》，从中不难看到现代文学中连载小说系列在副刊上的演进历史。

鲁迅的《阿Q正传》，是报纸副刊连载小说的典范之作，倘若不是出现在副刊上，小说的样式肯定是另外的模样，从中我们不难发现传统小说经副刊改造而演化的痕迹。小说继承和革新了传统章回小说样式，用白话文写作，其作品内容深刻，人物性格鲜明，故事情节完整。小说以辛亥革命前后的社会为背景，通过雇农阿Q的受压迫要反抗，最后被反动势力杀害的悲剧的描写，作者意在要“写出一个现代的我们国人的魂灵来”[①]，“大约是想暴露国民的弱点的”[②]。小说对阿Q饱受摧残的遭遇寄予同情，表现了“哀其不幸，怒其不争”的精神；对赵大爷等反动势力则给予有力的鞭挞，并通过对阿Q的“精神胜利法”的痛切批判，表达了力图唤醒农民觉悟，促使他们起来革命的热切愿望。这篇小说全文共九章，最长的三千字，短的两千字。每章有各自的情节波澜，却又互相珠联，随着人物命运主线的发展，故事层层演进，人物性格渐臻完成。这种写法完全是为了照顾到报纸副刊的特点，随写随载，吸引读者阅读，以增加报纸销路。事实上，当时鲁迅先生是应《晨报副镌》编辑孙伏园之约而写作《阿Q正传》的，从1921年12月起，用“巴人”笔名陆续在《晨报副镌》发表，“一周一周地挨下去”，“大约做了两个月”。

在现代报刊连载小说创作方面，张恨水的成就可谓十分突出。他对传统的章回小说进行多方面的改良创作，之所以如此，除了与他主要从事报纸副刊编辑有关外，还缘于他对读者大众的欣赏能力与阅读习惯令人信服的分析和理解。“我觉得章回小说，不尽是要遗弃的东西，不然，《红楼梦》《水浒》，

---

① 鲁迅:《集外集·俄文译本〈阿Q正传〉序及著者自叙传略》，载《鲁迅全集》第7卷，人民文学出版社1958年10月第一版，第78页。

② 鲁迅:《再谈保留》，载《新版鲁迅杂文集》(伪自由书·准风月谈·花边文学卷)，浙江人民出版社2002年10月第一版，第130页。

何以成为世界名著呢？自然，章回小说，有其缺点存在，但这个缺点，不是无可挽救的。而新派小说，虽一切前进，而文法上的组织，非习惯读中国书，说中国话的普通民众所能接受。正如雅颂之诗，高则高矣，美则美矣，而匹夫匹妇对之莫名其妙。我们没有理由遗弃这一班人，也无法把西洋文法组织的文字，硬灌入这一批人的脑袋。窃不自量，我愿为这班人工作。有人说，中国旧章回小说，浩如烟海，尽够这班人享受的了，何劳你再去多事？但这里有个问题，那浩如烟海的东西，它不是现代的反映，那班人需要一点写现代事物的小说，他们从何觅取呢？大家若都鄙弃章回小说而不为，让这班人永远去看侠客口中吐白光，才子中状元，佳人后花园私订终身的故事，拿笔杆的人，似乎要负一定责任……而旧章回小说，可以改良的办法，也不妨试一试。”① 张恨水创作时心中始终有一个“隐形读者”存在，这就是读者大众。由于独特的副刊编辑身份，张恨水比谁都更注意对大众阅读状况的调查分析。例如当抗战爆发后，他对当时各阶层读者的阅读状况作了如下分析：“据我所知，汉口，广州，长沙，西安，重庆……这些都市里，每个卖杂志的店中，是终日里挤满了人，在那里搜寻战时读物。将这些人加以分析，学生为大多数。此外是公务员，军人，记者，少数商人。农工可以说是没有。”并分析说：“由此，可以证明以下三点：①学生如何需要战时知识，而目前缺这项教育。②文字宣传，还能到农工里面去。③知识分子，抗战情绪相当浓厚。”② 除了书摊调查，张恨水还亲自下乡赶场调查农民的阅读的情况。张恨水对读者状况的调查分析给我们留下了深刻的启示：一个作家，只有对读者有着真正的全面的了解，他的作品才能在读者中引起共鸣，他才能长期拥有众多的读者。正因如此，1924 年当成舍我创办《世界晚报》时，他聘请张恨水做副刊编辑。为了打开销路，成舍我抓住一般读者茶余饭后喜欢阅读引人入胜作品的心理，在副刊《夜光》版连载了张恨水的《春明外史》，每天五六百字。这是一部百万字的长篇小说，人物众多，情节错综复杂。书中以杨杏园、梨云、李冬青的爱情故事为轴心，展示了 20 世纪 20 年代初北洋军阀统治年代的北京生活，暴露了社会上光怪陆离的内幕新闻，鞭挞了政治舞台上

---

① 燕世超：《张恨水论》，安徽大学出版社 1998 年 3 月版，第 118 页。

② 张恨水：《在书摊上想起》，见 1938 年 3 月 30 日重庆《新民报》副刊《最后关头》。

新老权贵和趋炎附势的市侩政治的丑行，对于正直人士和下层市民的不幸寄予了深切的同情。张恨水用连载小说的形式，作为新闻的一种补充，谴责了那个可诅咒的时代。晚报每天刊登的“请看下回”“下回交代”的伏笔，不知牵动了多少读者的心。小说连载 57 个月，轰动北京，给报馆带来很大的经济效益。正是这种效益的刺激，后来当《世界日报》于 1925 年 2 月 10 日创办时，成舍我还是请张恨水做副刊编辑，采用以副刊养报的办法，连载张恨水的长篇小说《新斩鬼传》《荆棘山河》《金粉世家》等，深受广大读者的欢迎。

如果说张恨水在报纸副刊上连载小说，主要是出于通俗化、大众化考虑的话，那么一些严肃作家也纷纷在副刊发表自己的连载小说。巴金创作于 1931 年的《家》，最初就是在《时报》副刊上以《激流》篇名分章连载的，1933 年才由开明书店出版。巴金说：写《家》的目的，是充满勇气地“来宣告一个不合理制度的死刑。我要向一个垂死的制度叫出我的 accuse（我的控诉）。我不能忘记甚至在崩溃的途中它还会捕获更多的‘食物’：牺牲品……我要为过去那些无数的无名的牺牲者‘喊冤’！我要从恶魔的爪牙下救出那些失掉了青春的青年”。“我要写这种家庭怎样必然地走上崩溃的路，走到它自己亲手掘成的墓穴。我要写包含在那里面的倾轧、斗争和悲剧。我要写一些可爱的年轻的生命怎样在那里受苦、挣扎而终于不免灭亡。我最后还要写一个叛徒，一个幼稚而大胆的叛徒。我要把希望寄托在他的身上，要他给我们带来一点新鲜空气。”① 正因如此，小说在报纸上连载后引起了无数读者的感动。

此外，茅盾的著名小说《腐蚀》也是在报刊上连载的。那是皖南事变发生后，国民党政府加强新闻检查和“邮检”，一大批文化、新闻界人士撤退到香港，在廖承志的组织下，邹韬奋、金仲华、范长江、乔冠华、胡绳、夏衍等开始酝酿办一份统一战线性质的报纸，加上 1935 年邹韬奋、胡愈之等就曾在香港举办《生活》半月刊。此时又由邹韬奋与千家驹、茅盾、金仲华、乔冠华、胡绳、夏衍共同组成编委，复刊了《大众生活》。茅盾写于 1941 年夏天的《腐蚀》就连载在此刊上。这是一部日记体小说，作品反映的年代是 1940 年 9 月到 1941 年 2 月，这一时期正是国民党反动派发动第二次反共高

① 《巴金文集》第四卷，人民文学出版社 1982 年版，第 466 页、第 468 页。

潮，企图为其卖国投敌扫清道路之时。作品披露了国民党法西斯统治最残酷、最卑劣、最无耻的特务组织的丑恶面目，触目惊心。

中華民國二十年八月三十一日 時報第二張 星期一 （八）

國防聯盟會前瞻

英政府預料

激流 巴金作

水災區域

發生瘡毒

美銀價縮

金價一時難下落

江灣 葉園

本園花木清幽 比諸

紅樓夢

今天游藝一覽

公債

明園 明園

人人應來欣賞！

門票大洋二角

秋涼洩露好消息

明晚十時舉行第二次

游泳池大集會

好一派旖旎風光

來一個淋漓盡致

務請各界早早光臨以免擁擠

星期三晚九時舉行

日美游泳大比賽

图 4-3 《时报》(1931-08-31) 刊载巴金的《激流》

在报刊连载小说中，黄谷柳的《虾球传》具有不同凡响的意义。这部作品于 1947 年 11 月至 1948 年 12 月在香港《华商报》副刊连载的，这是黄谷柳的代表作品，包括《春风秋雨》《白云珠海》《山长水远》三部。小说以抗战胜利后的香港、广州与粤南各地为背景，生动真实地描写了主人公虾球从流浪少年成长为人民战士的艰苦的坎坷的人生经历，深刻地剖析了半殖民地半封建的旧中国的腐朽没落，再现了国统区现实黑暗中豺狼当道、穷人遭殃的恐怖世界。在五四以来反映都市生活的新小说中，取材都市上流社会和下层人民的作品屡见不鲜，而城市流浪少年的苦难生活、城市流氓势力的为非作歹，则是较少涉及的题材。因此当《虾球传》的连载问世后，格外引人注目。

报纸副刊不仅连载本土作家创作的长篇小说，而且连载外国文学的长篇译作。这里以20世纪30年代革新后的《自由谈》为例加以佐证。《自由谈》在30年代不仅是杂文的园地，而且在译介“域外文学（文化）”方面做出了突出贡献。《自由谈》译介外国文学，编辑有自己鲜明的特色：即分节连载，持之以恒，集腋成裘。读者能通过几乎每天都有一千至两千字短文的阅读，两年下来，可了解一批数量可观的外国文学作品了。从1932年12月1日至1934年5月，《自由谈》刊载过的外国文学作品统计如下（括号里的日期是连载的时间）：

《托勒得的珍珠》（1932.12.1—12.5），〔法〕Rr.Mcrinscc著，冰之译。

《方形堡的攻克》（1932.12.8—12.11），〔法〕梅里美著，蕖影译。

《他们的路》（1932.12.15—12.18），〔法〕Henri.Barbuss著，蕖影译。

《海燕之歌》（1933.2.1），〔苏联〕高尔基著，侍桁译。

《怪车夫》（1933.2.4—2.5），〔英〕柴斯特屯著，胡宜闲译。

《黑女求神记》（1933.2.12—3.17），〔英〕萧伯纳著，胡宜闲译。

《小学教师》（1933.4.2—4.5），〔法〕H.Barbusst著，李青崖译。

《一个大师的出处》（1933.5.3—7.3），〔法〕A.Maoois著，维克译。

《红萝卜须》（1933.5.3—7.3），〔法〕赖纳著，林取译。

《我的母亲》（1933.6.24），〔俄〕列夫·托尔斯泰著，叶常青译。

《浅湖》（1933.9.11—9.20），〔英〕约瑟康拉德著，侍桁译。

《文盲扫灭所》（1933.9.24—9.26），〔苏联〕康斯坦丁·斐尔著，林冀之译。

《热情的小孩》（1933.9.26—10.1），〔法〕哥茫、兴赛合著，铸英译。

《关着的门》（1933.10.5—10.7），〔美〕Heri.derghicr著，李万居译。

《恋之一页》(1933.10.8—10.12),〔法〕菲立普著，侍桁译。

《两兄弟》(1933.10.18—1934.1.14),〔法〕莫泊桑著，李维克译。

《玛丽·马奇纳夫日记》(1934.2.26—2.30),〔苏联〕Steper.leaeak 著，晔子译。

《乌鸦》(诗)(1933.10.28),〔朝鲜〕朴哲石著，穆木天译。

《一篇中世纪小说》(1934.4.27—5.3),〔美〕马克·吐温著，尊寒译。

从每篇作品的刊载日期和天数可以看出，作为报纸副刊的连载，编辑是经慎重考虑，选择篇幅上多是可在三五天内登完。这适应读者对报纸副刊短时间阅读的习惯。较长的三篇亦各有特色。《黑女求神记》是配合当时上海文化界重要活动：欢迎英国戏剧家萧伯纳访问上海，特意在此间连载他的小说，让国内读者了解萧伯纳多方面的文学造诣，兼顾了大众与新文学运动;《红萝卜须》和《两兄弟》两篇，则因原著本身的章节分段短，适宜于连载。比如《红萝卜须》每小节 800—1000 字，都有一个小标题，每节自成小故事。

在介绍内容上，《自由谈》既尽量选择不同国别作家作品，力求不与同时代文坛上的近二百家文化期刊的译介作品重复，又有所侧重。以法国文学的介绍为主。这一是因黎烈文曾留学法国，于巴黎大学专攻文学，有浓厚的法语和文学功底，能从较高层次选择译介佳作以飨读者；二是因 20 世纪 30 年代初文坛译介苏俄、挪威、英、意、美作家作品较多，而法国文学情况一般读者知之甚少，编辑从丰富拓宽读者视野考虑。①

在报纸副刊上，传统的游记文学占有一定的地位。我国游记文学的传统比较古老，从北魏郦道元的《水经注》、明代《徐霞客游记》，到五四以后的新游记作品，都普遍受到读者的欢迎。游记带有浓烈的散文色彩，能揭示自然与社会生活的静态动态美，并与文艺通讯发生天然的联系，带有一定的新闻性。由于游记富有文学性又有思想性、新闻性、知识性，因而它在报纸副刊上的出现是必然的。在早期《申报》上，就可以见到长篇游记文字，它以流利的笔致，描写南洋诸岛的风土人情。五四新文学运动发生后，游记文学沿着两个方向发展，一个方向沿着传统的游记发展，描绘山光水色，寄托思想感情，陶冶性情情操；另一个方向是大胆革新，从山水描绘中摆脱出来，

① 参见易容《报纸副刊的新文学运动角色——〈申报·自由谈〉的文学译介活动述评》,《广西大学学报》(哲学社会科学版)1993 年第 4 期。

涉猎社会生活变异，如瞿秋白的《饿乡纪程》、冰心的《寄小读者》、范长江的《中国的西北角》等，在这些作品中，可以明显地看出在报纸影响下，游记文学有着新的开拓。而这跟当时的政治气候和我国知识分子的特殊道路有着密切关系。五四运动以后，随着思想解放的潮流，中国一批先进的知识分子极力探索中国解放的道路。他们的眼光不再局限于一地一事上。为了了解中国的现状，他们广泛地在国内作旅游考察。还有许多人到国外去寻求解放的道路。特别是十月革命的火炬照遍了全球，吸引了不少知识分子。比如，当年瞿秋白就是作为《晨报》的特约记者去苏联实地考察的，他写了五十多篇纪实通讯，在《晨报》上刊登了35篇，后来结集为《饿乡纪程》和《赤都心史》，前者记述了作者从哈尔滨到莫斯科的亲身经历，后者写他所亲身接触的苏联社会各阶层对十月革命的态度以及苏联社会的种种变化，“试摹社会的画稿”。二者表达了作者追寻真理、探索光明的历程。

20世纪30年代后，日寇加紧侵华，许多知识分子在民族危机中看到国民党反动派的政治腐败，因为找不到出路而忧愤。他们从苦闷到探索、追求。在考察探索过程中，他们把自己的所见所虑结合在一起，写出大批的旅游考察通讯。《中国的西北角》是范长江的成名作，1935年7月他以《大公报》特约通讯员的名义，自费到中国西北地区徒步考察，途经川北、陕西、甘肃、青海、内蒙古等广大地区，历时十个月，写了74篇通讯（游记），后来连续在《大公报》上发表，后来收录到《中国的西北角》之中。范长江去西北的目的很明确，一是研究红军北上以后中国的动向，二是力图比较深入地了解即将成为抗战大后方的中国西北地区的历史和现状。这两个问题为时人所关注。而范长江的作品（真实、全面、客观、公正的报道）正好迎合了时人的心理。

此外，传统的文学评论在报纸副刊上也经历了不同程度的演化。传统文学评论的式样主要有文论诗话、序跋铭诔。其中文论是指古代的文学理论或文学评论的著作，主要针对文学现象或重要作家、作品发表的议论。诗话是指批评诗歌、诗人、诗派以及记录诗人言行的议论。序即序言，主要介绍评述一部著作或一篇文章。跋是写在书或文章的后面，用来评介内容或说明写作经过的文章。诔原是古代用以表彰死者德行并致哀意的文辞，后来成为哀祭文体的一种。铭原是古代刻铭于碑板或器物，或称颂功德或引以为鉴戒的文字，后来成为一种文体。所有这些传统文体，在报纸副刊上也都找到了发展的天地，它们或仍以传统的形式出现，或演化出文艺随笔、杂谈、札记、书信、文学回忆录和其他纪念性文字，从而大大丰富了现代文学的文体品种。

第三节　副刊与新文体的创制

纵观现代文学史，最先是以“形式大换班”拉开帷幕的，当古典诗、词、曲一下子失去其正宗地位，文言小说也很快销声匿迹之时，新诗、白话小说、话剧、杂文、散文、报告文学、文学评论等一些面目全新的文学式样，如雨后春笋般在各种报刊上竞相出现。其中与报纸副刊关系较密切的新型文体主要有杂文、报告文学和文学评论这三类。

先说说副刊与杂文。什么是杂文？关于杂文的界说众说纷纭。比如，当年鲁迅先生就曾给杂文下了个最宽泛的定义，认为杂文“不是现在的新货色，是‘古已有之’的，凡有文章，倘若分类，都有类可归，如果编年，那就只按作成的年月，不管文体，各种都夹在一处，于是成了杂文”[①]。然而，报纸副刊上所刊载的杂文是一种具体的文体，其概念的外延应要窄得多。为此，瞿秋白对杂文文体做了比较精辟的论述。他说：“鲁迅的杂感其实是一种‘社会论文’——战斗的‘阜利通’（feuilleton）。谁要想一想这近二十年的情形，他就可以懂得这种文体发生的原因。急遽的剧烈的社会斗争，使作家不能不从容地把他的思想和情感熔铸创作里去，表现在具体的形象和典型里；同时，残酷的强暴的压力，又不容许作家的言论采取通常的形式。作家的幽默才能，就帮助他用艺术的形式来表现他的政治立场，他的深刻的对于社会的观察，他的热烈的对于民众斗争的同情。不但这样，这里反映着五四以来中国的思想斗争的历史。杂感这种文体，将要因为鲁迅而变成文艺性论文（阜利通——feuilleton）的代名词。自然，这不能够代替创作，然而它的特点是更直接更迅速地反映社会上的日常事变。”[②] 秋白的这段话，虽然是论述鲁迅杂

---

① 鲁迅：《且介亭杂文·序言》，载《新版鲁迅杂文集》（且介亭杂文·且介亭杂文二集卷），浙江人民出版社 2002 年 10 月第 1 版，第 3 页。

② 何凝（瞿秋白）：《〈鲁迅杂感集〉序言》，青光书店 1933 年 7 月版。

文的，但他对杂文下了一个极确切的定义，并阐明了它产生的历史根源和思想根源。“社会论文”“文艺性的论文”，既是指狭义的杂文概念，也是对报纸副刊上的杂文文体的最好诠释。

报纸副刊与杂文的渊源说来很复杂的。有人认为其直接源头是清末报纸上的“时评”和“谐文”。① 所谓“时评”是由《时报》（1904年6月13日发刊于上海）主笔陈冷首创的一种文体。它针对有关时事问题，即当天报纸上的一则新闻，或一枝一节，或一事一议，展开议论，由于文字简短，故称作“时事短评”，简称“时评”。所谓“谐文”是指清末上海的文艺小报和广东报纸的“谐部”上的一种文体，其特点是不拘一格，“嬉笑怒骂，皆成文章”，以逗笑取乐达到吸引读者的目的。尽管如此，一个不争的事实是杂文的起步与其他新型文体相比是晚些，既没有像白话新诗那样有过理论的酝酿过程，（直到1921年6月8日，周作人才在《晨报副刊》发表了一篇内容涉及杂文的理论文章《美文》），也不像白话小说有一条隐隐的发展链带，但也没有像它们那样步履艰难。杂文在报刊的出现和成功几乎是突如其来的：自1918年4月《新青年》第四卷第4期开辟“随感录”以后，各种刊物竞相效仿，《每周评论》《民国日报·觉悟》《时事新报·学灯》《晨报副刊》《新生活》等都以很大的篇幅设立了专栏。据统计，五四时期刊登杂文的报刊，少说也有上百家。这些报刊发表了大量的杂文，其中《新青年》130余则（1918年4月—1921年1月），《每周评论》250余则（1918年12月—1919年8月仅存8个月），《晨报副刊》900余则（1918—1924年），《民国日报·觉悟》1500余则（1919—1925年）。这些作品大多都是以“随感录”为总题刊出的，如果把各个刊物的《杂文》《杂感》《杂评》《乱谈》《浪漫谈》《随想》《小言》等栏目内的作品统统加起来，其数目是相当惊人的。② 可见，杂文对一代五四作家有着多么大的吸引力和亲和力！所以鲁迅说“到五四运动的时候，才又来了一个展开，散文小品的成功，几乎在小说戏曲和诗歌之上”③。孙伏园也说“副刊上的文字，就其入人最深一点而论，宜莫过于杂感了。即再推广些而

---

① 罗贤梁：《报纸副刊学》，百花洲文艺出版社1991年2月版，第146页。

② 姜振昌：《中国现代杂文史论》，人民文学出版社1995年10月版，第29页。

③ 鲁迅：《小品文的危机》，载《新版鲁迅杂文集》（《三闲集·二心集·南腔北调集》卷），浙江人民出版社2002年10月第1版，第480页。

论，近几年中国青年思想界稍呈一点活力的现象，也无非是杂感一类文字的功劳”[①]。在这里，有一个值得注意的现象是：杂文何以能在没有酝酿过程，没有理论准备的情况下悄悄便在五四报刊上勃兴起来呢？究其原因，首先是社会客观需求催生的结果。诚如茅盾所说，“特殊的时代常常会产生特殊的文体”[②]。杂文是中国现代新民主主义运动对文学选择的结果，而且这种选择发生在文化更新、思想更新和动荡不已的历史发展关头，显得异常迅速、生动而又顺乎自然。面对救亡图存的民族矛盾和残酷无情的阶级斗争、政治革命，时代的精英们深感个性主义思想和“人的文学”的苍白和无力。正如鲁迅所说“一首诗吓不走孙传芳，一炮就把孙传芳轰走了”[③]。因此，“感应的神经”和“攻守的手足”的杂文，服务于革命，去和读者“一同杀出一条生存的血路”，也就顺理成章了。时代的发展使杂文和推翻旧制度、推动革命的进程以及民族解放斗争结合了起来，杂文一定程度上变成了“政治鼓动的工具”。而五四开始的政治、文化生活的变化所带来的新闻事业的极度繁荣，又为杂文的发展提供了具体的条件：一方面不少报刊的新闻一反过去铺叙男女风流韵事和社会逸闻以取悦读者的倾向，自觉不自觉地以反映各种生活、信息，特别是各种社会问题为己任，这就使作者迅速地从中捕捉素材，触发灵感，完成杂文创作；另一方面报刊也以显著的篇幅刊登杂文，反过来刺激着杂文的产生。

其次，与杂文本身的文体特点不无关系。作为“社会论文”“文艺性的论文”的杂文，明显具有议论性和形象性的特质，因而其创作是逻辑思维和形象思维同时并行的复杂性劳动。这使杂文不仅能够赤裸裸地抒发作者的内心情感，以情动人；而且最易于直陈事理，在沟通作者与读者、生活与艺术的联系中，可以省却若干形象感知的中介环节，迅速对社会现象作出反映，“使世界成为人可以用观念和思考来掌握的东西”[④]。这是个平衡“想象力和逻辑的力量，直觉因素和理性因素”的最理想的世界。相对而言小说、戏剧等叙

① 孙伏园：《杂感第一集》，《晨报副刊》1923年4月5日。

② 《茅盾散文集·自序》，天马书店1933年版。

③ 鲁迅：《而已集·革命时代的文学》，载《新版鲁迅杂文集》（《华盖集·而已集》卷），浙江人民出版社2002年10月第一版，第357页。

④ 黑格尔：《美学》第1卷，人民文学出版社1959年版，第122页。

事性文学作品很难做到这一点。杂文在五四时期之所以能一触即发，迅速崛起，并且随着时间的推移而步步深化，正是它自身的文体特点从根本上适应了时代要求的结果。此外，清王朝的解体，科学和民主的张扬，政治禁锢被冲破，一定程度上出现开明和宽容的气氛，这对于杂文的生长无疑具有直接的重要性。周作人强调小品文的兴盛“必须在王纲解纽的时代”①，正是切中真谛的见识。

从时代与文学的关系以及文体特质上理解现代杂文在报刊勃兴的原因，无疑是重要的，但还只是问题的一个方面。任何一种文体的生息消长，都离不开作者（传者）个人和受众的因素。历史地来看，20世纪初的中国，对知识分子影响最大的莫过于两件事：一是中日甲午战争失败后帝国主义掀起了侵略、瓜分中国的狂潮，不少敏感的知识分子率先从中感受到了民族生死存亡的问题。二是1905年科举制度的废除，使大批文人一时无所适从。这就使他们深深地陷入了孤寂、忧虑、苦闷之中。但清王朝的覆灭，帝制的推翻，中华民国的成立，这无疑又给广大知识分子以很大震动，加之“欧风美雨”的冲击，使他们不再只是对个人生活境遇作被动反应，更多的是比较关注现实，并且开始将个人的命运与整个民族的命运联系在一起，心里产生了强烈的时代责任感和使命感。于是，觉醒了的“莘莘学子”开始寻找各种救国救民的武器：有人选择政治，有人选择军事，有人选择科学，而更多的人则最终选择了文艺，意在用文艺唤醒民族觉醒、促进社会改革。因此，他们除了倡导那些同现实保持距离的雅美艺术或鸿篇巨制外，似乎更热衷于能直接参与变革现实斗争的短兵利刃的文体。正如鲁迅所说：“现在是多么迫切的时候，作者的任务，是对于有害的事物，立即给予反响或抗争”②；而“猛烈的攻击，只宜用散文，如‘杂文’之类”③。不少作家最终选定了杂文，原因也就在此。比如，徐懋庸一开始写杂文就准备在文化界受人“蔑视”，“我之所以不管人们轻蔑，自顾我的‘杂文’，就是因为相信在现在这个时代中，‘杂文’

---

① 赵家璧主编：《中国新文学大系·散文一集》，上海文艺出版社1981年影印本。

② 鲁迅：《且介亭杂文·序言》，《新版鲁迅杂文集》（且介亭杂文·且介亭杂文二集卷），浙江人民出版社2002年10月第一版，第3页。

③ 鲁迅：《两地书·三二》，《新版鲁迅杂文集》（坟·热风·两地书卷），浙江人民出版社2002年10月第一版，第433页。

对于社会实在很有点用处”[①]。

同时，杂文这一文体可以最大限度地适应作家“抒愤懑”的需求。杂文创作实质上是作者主体情绪对象化的结果，其作品是用感情的泪水催化和谱成的心灵之歌。“愤怒出诗人”（马克思语）、“文艺是苦闷的象征”（厨川白村语），对于杂文创作来说是千真万确的真理。当然，“抒愤懑”与参与变革现实的斗争实际上是相辅相成、不可分割的：主观情感的浓度与流向能够直接影响或决定着作家对现实生活的关注，现实生活又促使作家内心情绪变化骚动，积累着情感与思想并要求得到抒发，创作冲动便由此不断产生和加强，这就是中国现代杂文一直多产的又一个直接原因。

此外，中国源远流长的议论散文传统的熏陶也是一个非常重要的因素。而五四一代作家差不多都有扎实的国文基础，都是文化上的传统人。因而都曾像鲁迅这样长时间地受到古文的“耳濡目染”。鲁迅在《写在〈坟〉的后面》中说：“别人我不论，若是我，则曾经看过许多旧书，是的确的，为了教书，至今也还在看。因此耳濡目染，影响到所做的白话上，常不免流露出它的字句体格来。”可以说，五四杂文的勃兴，在文体上是有着先天胚胎基因的。

倘若从读者方面看，这种古老的传统与他们也构成一种彼此间的适应关系。因为中国现代的读者群基本上是文化上的传统人，对本民族的文化遗产是熟悉的。尽管可接受外来的新思想，但对完全陌生的文学式样却一时难以适应。所以，大多数读者之所以对五四时期出现的新诗、话剧等舶来品许久没有表现出很大的热情，而对杂文却从开始就备受青睐，原因之一就是读者熟悉它，可以让审美经验结构得到一种适应的满足。这种适应也许是一种历史的巧合，也许带有消极的一面，然而杂文的成功却可以说是与此有关。

此外，就受众来说，读者的审美趣味及其变化也通过副刊深刻地影响着杂文。由于五四时期及其后社会变革的急剧和生活节奏的加快，对物质文明的追求和生存竞争意识日益显现出来，人们变得心神飞跃或骚动不安，已难以有闲情逸致去仔细品尝那些精美的东西，耽于“象牙之塔”作艺术悠游。这样在文学上必然出现对创作时空的“近距离”要求，必然要求展示那些正

---

① 徐懋庸：《打杂集·作者自记》，上海生活书店1935年版。

在展开的、旋转的、流动的甚至是稍纵即逝的生活、观念、思想等，这无疑使不少“形象文学”陷入在近距离赛跑中保持平衡的两难局面。杂文的短小精悍、随意而谈、纵横捭阖等特点，正有摆脱这种困境的得天独厚的条件，让读者心理得到直接的满足。受众的因素从特定层面影响和促进着杂文的生长。

倘若以五四杂文为起点，报纸副刊与杂文的互动发展，大体分为几个阶段。第一阶段是所谓“语丝文体”时期。这与鲁迅、周作人、钱玄同、孙伏园、川岛、冯文炳、许钦文、林语堂有相当的关系。虽然“语丝文体”与语丝社及《语丝》周刊直接相关，但从报纸副刊角度来讲，则还与《晨报副刊》及其主编孙伏园有关。因《晨报》为研究系文人把持，孙伏园去职，另办《语丝》周刊，为此人们将这种随感录式的杂文称为“语丝体”。从这个意义上说，《语丝》周刊的杂感、小品也是《晨报副刊》杂感风格的继承和发展。语丝体杂文特别注重社会文化批评，形成了“任意而谈，无所顾忌，要催促新的产生，对于有害于新的旧物，则竭力加以排击”的特色。[①] 其批评所向是北洋军阀及其所把持的舆论，风格泼辣幽默，像匕首投枪式。当然也有周作人的“闲适小品”类，在舒徐中出诸反语。这些都深刻地影响了报纸副刊的面貌。

20 世纪 30 年代，即“左联”时期，是杂文在副刊上发展的第二次高潮。在这一时期，除了鲁迅潜心杂文创作外，茅盾、巴金、郁达夫、瞿秋白也加盟其中，使这一时期的报纸副刊产生了较大冲击力。尤其这时的瞿秋白，也曾用鲁迅的笔名写杂文刊登在《申报·自由谈》和《申报月刊》上，他的杂文表现了较高的思想艺术成就。当时的《自由谈》成为杂文的主要阵地，并产生了徐懋庸、唐弢、聂绀弩、柯灵、巴人、周木斋、徐诗荃等一大批新的杂文作家。这确实是一个“杂”家辈出的时代。如果说鲁迅是 30 年代大杂文创作的泰斗，那么在他的周围就是光辉闪烁的灿烂星群，他们坚持杂文的战斗方向，共同构成了“鲁迅风”的时代大潮。可以说现代文学史上很难找出第二个时期，能像 30 年代这样，人们进行了如此广泛而持久的杂文活动，出现了如此众多的流派，如此多样的风格，如此众说纷纭的“新、奇、怪”的

---

① 鲁迅:《我和〈语丝〉的始终》，载《鲁迅全集》第 4 卷，人民文学出版社 1981 年版，第 167 页。

作品，如此如火如荼的百家争鸣的局面。这里既有左翼作家群，也有以郑振铎、王统照、巴金、沈从文为代表的民主主义作家，还有以周作人、林语堂为代表的提倡“性灵”小品的作家。这些风格迥异的杂文作家彼此与副刊发生这样或那样的联系，他们的杂文创作，影响着不同副刊的面貌和风格。如早在 1924 年五六月间，《语丝》尚未创刊时，林语堂就在《晨报副刊》发表《征译散文并提倡幽默》《幽默杂话》等文，稍后在《语丝》和其他刊物上陆续又发表了一系列幽默杂文和提倡幽默的文章。从 1932 年 9 月创办并主编《论语》半月刊起，他终于鲜明地打出了“幽默文学”的旗帜。林语堂认为，人生一舞台，天地大戏场，而“中国社会、政治、教育、时俗，尤其是一场把戏”，其本身就含着“幽默”，因此提出《论语》“以提倡幽默文字为主要目标”①。这里值得一说的是《申报 · 自由谈》，它“在礼拜六派的周某主编时，陈腐到太不像样，但现在也在左联手中了。鲁迅与沈雁冰，现在已成了《自由谈》的两大台柱子了”②。自从《自由谈》革新之后，它被誉为 30 年代杂文创作的大本营，对推动杂文的发展起了十分重要的作用。陈子展曾说：“如果要写现代文学史，从《新青年》开始提倡的杂感不能不写；如果论述《新青年》以后杂感的发展，黎烈文主编的《申报》副刊《自由谈》又不能不写，这样才能说得清历史变化的面貌。”③

我们知道，20 世纪 30 年代是文网极严的时代，国民党反动政府连续下达了一系列禁止进步文艺活动的密令④，甚至还动用侦探，雇用流氓搞造谣、恐吓，甚至打、砸、抢、暗杀。这一套完整的文艺上的专制政策，像一张无形的大网笼罩着整个文坛。其中受害最深的当推杂文：许多报刊被查封，许多书店被捣毁，鲁迅、邹韬奋、郁达夫等人的杂文集纷纷被禁。那么，副刊上的杂文为什么能在反动政治的压迫下迎来一种比较繁荣的局面呢？这有特定历史条件下的特殊原因。

第一，杂文作家队伍自身形成了“排角成城以御强敌”（鲁迅语）的力量。30 年代杂文作者阵容之浩大，确实前所未有，大批文坛精英会集在这里，

① 林语堂:《我们的态度》,《论语》第 3 期。

② 水手:《左翼文艺运动的抬头》,《社会新闻》1933 年 3 月 3 日第 2 卷第 21 期。

③ 见唐弢为 1981 年影印本《自由谈》所作的序。

④ 参见倪墨炎《三十年代反动派压迫新文学的史料辑录》,《新文学史料》1985 年第 3 期。

形成了一个坚强的具有凝聚力的群体。其基本成员有两类作家：一类是五四以来的文豪大家。这些人德高望重，久负盛名，影响深广。他们在五四经历了苦闷彷徨之后，或重操旧业（鲁迅、陈望道、茅盾、郑振铎、章太炎等），或作新的选择（巴金、郭沫若、郁达夫、叶圣陶、柳亚子、彭家煌、欧阳山等），纷纷会集于战斗的旗帜下进行杂文创作。另一类是青年作家。如徐懋庸、唐弢、廖沫沙、周而复、陈子展、陈荒煤、王任叔等，都是在30年代以写杂文开始在文坛崭露头角的。他们虽然稚嫩，但却颇有一股初生牛犊不怕虎的精神。人手多了，就可以充分发挥团体作战的力量。这支杂文队伍尽管没有结成统一的组织，但由于有清醒的理性和共同的志向为基础，因而面对国内外的政治危机，便时时出现杂文作家们共同关心的热门话题和敏感问题，他们不约而同，协同作战，经常表现出惊人的一致性。

第二，杂文在斗争中进一步趋向艺术成熟，形成了与犀利质直的五四“随感录”文体不同的表现特点。作家们常常借助多种多样的写作技巧，委婉含蓄地进行感情和思想的表达，实现自己的战斗意图。这不仅使它取得了进入文学殿堂的地位，因而引发了越来越多的作家和读者对杂文的钟爱。而且又因艺术表现方式的深化使它在尖锐的政治斗争中获得了“保护色”，使得当局的书报检察官难于直接抓到把柄，从而逃避政治上的迫害。这正应了“特殊的时代产生特殊的文体”（茅盾语）。如果说，没有思想启蒙运动与文化革命的激荡就不会有五四“随感录”的产生；那么没有新民主主义革命的深入与国民党残酷的文化统制，也就没有30年代杂文艺术的演变和发展。30年代杂文艺术的深化主要是特定的时代环境影响的结果。当然，作家的主观原因也不能忽视。由于大部分杂文家都是卓有成就的文学家，这种本能的因素也常促使他们在纷纭复杂的政治斗争中仍然自觉不自觉地对杂文的文艺性进行着探索。两者相辅相成，相得益彰，最终为冲决压制找到了最巧妙、最恰当的形式。

第三，广大读者的力量和作用。喜爱“短、平、快”式的议论，在30年代已成为读者的一种普遍要求。就是在当局压制最厉害的时候，它的传播仍然十分深广。许广平在回忆起当时的情形时曾有过生动的描述:《申报·自由谈》因刊登鲁迅的杂文而“销路突加”，读者往往“《申报》到手，先看副刊，副刊打开，先找‘花边’。这时先生的笔名更多，而读者也无须细查了，他们会尝文章的味道，好似易牙调味，而较宽容，所以宁滥毋缺，稍微像先生笔调的，就剪下来，慢慢揣摩……所以当时买旧东西货担上的《申报》，几乎十有八九是剪过的”[①]。

第四，尽管反动当局对杂文和进步文化采取严酷的压迫政策，但始终未能达到全面控制的程度。共产党领导的人民革命正在日益发展壮大，在政治、军事、文化等各条战线上展开了顽强的斗争。党领导下的左联和其他文化团体，组织、带动着进步文艺工作者在直接进行着反文化统制的斗争，形成了毛泽东所说的与革命战争相配合的“文化军队”，而杂文正是这支“文化军队”的重要武器。

报刊杂文发展的第三段落，是“孤岛”时期。抗日救亡一开始，报告文学比较繁盛，救亡戏剧也成为文艺运动的热点。但到了“孤岛”时期，杂文又成了报刊必登的风行一时的对敌斗争的武器。当时由《文汇报》出版的六作家杂文合集《边鼓》和由世界书局出版的七人集《横眉集》，都产生了很大影响。这些杂文最初都是发表在报刊特别是在副刊上。在这时期，最有影响的杂文阵地是《杂文丛刊》和《文汇报·世纪风》，其中在《世纪风》还开展了一场关于“鲁迅风”的论争，论争主要发生在巴人和阿英之间，但最后趋向统一。另外，《译报》副刊和重庆版《新华副刊》以及《新蜀报·蜀道》等都刊载大量的杂文，比较有代表性的作家有冯雪峰、聂绀弩、宋云彬、孟超、秦似、林默涵等，代表作品有《乡风与市风》《有进无退》《跨的日子》《历史的奥秘》《蛇与塔》《早醒记》《破草记》等，这些俗称“花边文学”的杂文集，多半是作者从各报刊发表的文章中收辑起来的。

报刊杂文发展的第四段落，是抗战后期和解放战争时期。在抗日根据地和解放区，特别是延安，副刊上的杂文创作是不如报告文学来得迅猛，原因与当时的环境有关。一方面，是斗争条件艰苦，人们更需要文学更多地鼓动前线服务前线；另一方面，则是文艺宗派情绪带入解放区，使一些作家一时分不清延安和西安，产生过诸如王实味《野百合花》一类的杂感，要求暴露边区的黑暗。在延安整风之后，发生了新的变化。这时的报刊杂文与五四时期相比，洗却了一些铅华，减少了一些热情稚气和片面，多了些质朴、凝重

---

① 许广平:《欣慰的纪念·略谈鲁迅先生的笔名》，人民文学出版社 1959 年版。

和坚韧。与30年代相比，少了那份委婉和谨慎、曲折和周延，多了几分冷峭辛辣的锋芒。这自然与时代环境有关，延安作家对国民党反动派的批判已经不用像当年的鲁迅和同时期身处国统区的作家那样要“戴着枷锁跳舞”，他们可以“任意而谈，无所顾忌”，这种自由开阔的心境使他们笔酣墨饱气韵流畅，真正达到了嬉笑怒骂皆成文章的程度。在延安，率先明确倡导写杂文的是丁玲，她一面改革自己主编的《解放日报》副刊，“把小说所占成分减少很多”（丁玲语），尽量为杂文增加版面；一面于1941年为鲁迅逝世五周年，在《解放日报》公开发表了《我们需要杂文》一文。接着，罗烽的《还是杂文的时代》，萧军《杂文还废不得说》也纷纷在副刊问世。一时间，杂文成为延安文艺界关注的热点。丁玲说："即使在进步的地方，有了初步的民主，然而这里更需要督促，监视。中国所有的几千年的根深蒂固的恶习，是不容易铲除的，而所谓进步的地方，又非从天而降，它与中国的旧社会是相联结的。而我们却只说在这里不宜写杂文的，这里只应反映民主的生活，伟大的建设。陶醉于小的成功，讳疾忌医，虽也可以说是人之常情，但却只是懒惰和怯弱……我们这时代还需要杂文，我们不要放弃这一武器。举起它，杂文是不会死的。"① 丁玲强调杂文写作的紧迫感和现实意义。然而，把杂文当作革命队伍内部批评的武器，五四以来从未有人明确地提出过，是一条没有航标的河流。延安作家所作出的选择是十分艰难的选择，注定了这将是一个繁复的任务，要经历曲折的过程。延安作家杂文创作最多的是广泛的思想文化批评的作品，主要作家有谢觉哉、艾思奇、胡乔木、林默涵、何其芳、茅盾、成仿吾、欧阳山、田家英、陈企霞、冯雪峰等。而另一类作家却创作了一些较为严厉地揭露批评解放区阴暗面或直接干预政治的作品。这是杂文家对政治家敞开心扉的一次苦心孤诣的直谏，是对其行为失范与意识误区里的诤言警示。例如丁玲的《三八节有感》、艾青的《了解作家，尊重作家》、萧军的《论同志之“爱”与“耐”》，王实味的《政治家·艺术家》和《野百合花》。这些作品均刊发在报纸副刊上，涉及的问题虽然不尽相同，但流露出一种共同的情调：忧郁、深思，甚至愤激、不平。并且，语多坦率犀利，决不掩饰自己和忖度政治家、领导者而婉转地表达意见，读来确实有些“逆耳”。

---

① 丁玲:《我们需要杂文》,《解放日报》1941年11月23日。

然而，这时的国统区，报纸副刊上的论争已更多的不是进步文学界内部的争论了。这里包括“民族文学”的论争，与“战国策派”“与抗战无关论”的论争，以及要求言论自由等，这使得杂文创作有了更为丰富的土壤。在这里，《新华副刊》及其影响的民营报纸副刊，一直为广大读者播种着精神食粮。《新华副刊》一般不刊登剧本和较长的小说，杂文却几乎天天刊登，或长或短，或讥或讽，嬉笑怒骂，皆成文章。其中最为脍炙人口的是司马牛（最早是夏衍的笔名，1945 年夏衍离开重庆后，成为胡绳、郑之东、徐光霄的集体笔名）开设的“杂感”“偶感”“漫笔”等专栏里的文章，这些文章短小精悍，用最简单的语言说出最紧要的道理，短者十来个字，长者也只有几百字，字字虚设，在三言两语中包含着重于千钧的道理。例如，“聋哑补习班教授聋子哑巴说话——就是科学。让不聋不哑者都可以说话——这就是民主”①。又如，“街头问答，A：什么是民主？ B：这就是‘你是民，我是主’的意思”②。这里虽然只有三言两语，却锐利无比。那时国统区报纸上的杂文，主要以揭露国民党当权者的反动政策和黑暗统治为主要内容。而国民党的新闻检查官明知文中有刺，但往往无法删去，无可奈何地把杂文称为“挖墙脚的文章”。抗战后期乃至抗战胜利前期，杂文的主阵地转向海外，《华商报》及其副刊与内地副刊遥相呼应，吹响了民主自由的战斗文艺号角，使新中国成立前的杂文创作进入新的高潮。

杂文与副刊的互动随着时代发展而变化，在这里，时代不仅制约着副刊对杂文思想内容的选择，而且直接影响着杂文艺术风格的演迁。比如，五四时期的杂文，大多文字简短，词锋犀利，作家们完全可以放笔直书，自由驰骋，决不用左顾右盼，吞吞吐吐，这恰与那种勇猛破坏，积极创造，大呼激进的时代精神相合拍。随着政治形势的变幻，发展到 20 世纪 30 年代初期的杂文，是在“戴着枷锁跳舞”，作者的倾向和见解常常不能明白而又直接地传达出来，读者必须在字里行间仔细推敲才能把握真谛。若用艺术标尺来衡量，这自然是更高意义上的杂文。抗战爆发后，国民党反动派暂时收起了“文网”，轰轰烈烈的抗战形势，使生活的节奏和人们的情绪变得急促和高昂，杂

① 《新华日报·新华副刊》1944 年 10 月 14 日。

② 《新华日报·新华副刊》1945 年 8 月 5 日。

文又复趋于明白晓畅，犀利质直，然而这绝不是简单的重复，而是表明杂文在经过了近20年之久的创作积累之后步入了新的历史阶段，尽管尚不能与30年代前期杂文相比，但较之五四时期是有了新的发展和新的变化，这从“孤岛”杂文中完全可以看清楚。从总体上说，这些作品写得明白而不单调，质朴而又雄浑，简短而又深厚，在“血与火”的淬炼与考验中，呈现出一种一往无前的战斗风采。

以上所论是副刊对现代新型文体杂文的影响。在新文体的创制中，报告文学的形成和发展与副刊更是息息相关。作为文艺性记事体裁的报告文学，它是用文艺的手法描述新近发生的真人真事，翔实而不加入作者主观想象成分地反映社会生活和时代风貌。有些文艺评论者称之为“文学与实践切实地统一了起来”的“实践的文学”①。新闻性和文艺性是报告文学的内在素质，一方面它对重大的新闻事件、新闻人物作迅速的、真实的报道，另一方面它又调动各种艺术手段，从具体的生活图画和艺术形象中获得对现实的深刻了解。正因如此，副刊与报告文学结下了不解之缘。

我国报纸上的报告文学，一般认为是从俄国十月革命后输入中国，在中国革命的风暴中诞生和发展的。尖锐复杂的社会斗争与民族矛盾，迫切要求报告文学。报告文学在报刊的最初出现，大致在五四时期前后。当五四运动发生后的一星期，《每周评论》上就刊有亿万的《一周中北京公民的大活动》，作品以直白式的语言，如实报道了北京人民，特别是青年学生反帝游行、火烧赵家楼的情景，作品所带有的现场感与具体描写，使读者仿佛置身于五四的怒潮中，这可称得上是我国报告文学的始祖。五四后工人阶级逐步觉醒，开始为争取自己的自由而奋斗，于是反映工人生活与斗争，成为现代报告文学最初时期的重要内容。20世纪20年代初的工人报刊，陆续发表了一批反映工人生活的作品。如《唐山煤矿葬送工人大惨剧》（载《劳动者》第1期，1920年11月7日出版）、《汉口人力车夫罢工始末》（载《劳动周刊》第18号，1921年12月17日出版）等，这些作品是现代文学史最早的无产阶级生活实录，同时初步显示出时效性、时代性、真实性和文学性等报告文学的独特品性，而与一般新闻报道和小说区别开来。此外，20年代初期，周恩来写

---

① 光未然：《论战时文艺总动员》，《光明》1937年8月第3卷第5期。

作的《旅欧通信》（大部分在1921—1922年的天津《益世报》刊载），以及瞿秋白曾以《晨报》记者身份访苏，写作的《饿乡纪程》和《赤都心史》，既是重要的游记，同时为报告文学的发展奠定了坚实的基础。

1925年五卅惨案发生后，现代文学的先驱茅盾、叶绍钧、郑振铎等都有纪实性作品迅速反映，从而组成了五卅事件的惨烈全景图。其中茅盾的《五月三十的下午》以随笔体形式，真切地表现了作者强烈的激愤情感；叶绍钧的《五月卅一日急雨中》融抒情与描述于一体，于抒情的幻象中描摹世态；郑振铎的《街血洗去后》和《六月一日》在平实中见风华，于坦陈中见刚劲，于抒情中状写事貌。正是文学对新闻的介入，使报告文学的文学品位得以提升，从而对这一文体的最终形成起了积极的推动作用。另外，五卅惨案前夕，北京发生了"女师大事件"，对此石评梅的《报告停办后的女师大——寄翠湖畔的晶清》（《京报副刊·妇女周刊》第36号，1925年8月19日）和《女师大惨剧的经过——寄告晶清》（《京报副刊·妇女周刊》第37号，1925年8月26日）做了详细报告，并刊载在《京报副刊》上，留下了珍贵的记录。作品以书信体形式，以特定受信人陆晶清为对象，在叙事中包孕着强烈的主体情感，使作品独具特色。1926年7月9日，国民革命军誓师北伐，正在长沙读书的女学生谢冰莹投笔从戎，在战斗间隙写下《从军日记》，于1926年5月14日至6月22日连续在孙伏园主编的《中央日报》副刊上刊发，为我国第一次国内革命战争的一个侧面留下了形象的历史记录。以至于林语堂还将之译成英文在《中央日报》英文版副刊刊出，从而引起了国际影响。

"报告文学"（从英文 Reportage 译出）这一名称的正式传入，并有意识地提倡这一文体，是与20世纪30年代的"左联"密不可分的。左联报刊《光明》《中流》《文学界》等是当时刊载报告文学的重要阵地，由于受到左联的重视和提倡，发动了群众性的写作活动，报告文学得到了迅速的普及和发展。其中1936年夏衍的《包身工》和宋之的的《1936年春在太原》以其高度的政治性和完美的艺术性，对我国现代报告文学的兴起，起了推动的作用，标志着报告文学进入了新境界。而《文艺新闻》上刊载的《报告文学论》等理论文章，则成为催生报告文学的大本营。"七七"卢沟桥事变后，抗日战争全面爆发，更多的作家走出书斋，走向前线，走向内地，走向乡村，从事文艺救亡运动。随着街头诗、街头剧和通俗文学的风起云涌，战地通讯和报告文学成为报纸特别是副刊的主要内容。这些来自战地的报告文学，带着浓烈的硝烟味，鼓舞人们坚持斗争，去夺取最后的胜利。为此光未然（张光年）曾在发表于 1937 年 8 月 10 日的《论战时文艺总动员》中认为，报告文学是中国作家以文艺投身抗战，宣传抗战的“最好的斗争武器”，并预言这一文体“将要在战争中显示它的可惊的重要性”，将取得进一步的发展。事实也如此。抗战初期上海的主要报刊，几乎无不刊载各式各样的报告文学作品，有些刊物如《救亡日报》的文艺副刊，还以格外注重发表报告文学作品为一大特色。据初步统计，这时上海作家公开发表并注明为“报告文学”“报告”的作品，少说有四五十篇；如果加上一部分标以“特写”“通讯”等名目的作品，数量就更多了。

为什么许多作家在抗战初期会不约而同地投入报告文学写作？当时上海的一位报告文学作者这样说：“每当我要写一些关于救亡的文字时，执笔凝思，总觉得与其发抒个人的感想，不如做个忠实的报道。那些直接参与战斗的人员为了把我们从猪狗的命运中拯救出来，而搏斗，而受伤，而呻吟于枕席，……如果我能把他们从血与火中培育出来的经验记载下来，是不是比这苍白的理论要有生命得多？我们没有用血去写历史，我们只有一支笔，如果这支笔也可以在大时代中做个帮衬的工作的话，那么，就让它来翻印一下这悲壮的画图吧。”① 这段话集中反映了当时许多作家的共同心声。大批作家为抗战中层出不穷的活生生的人物、事件所激动，他们希望用自己的笔为历史留下翔实真切的记录，用这些真切的现实事例教育、激励群众，宣传鼓动抗战，是导致抗战初期上海报告文学格外风行的基本原因。

在新型文体中，书评的形成与报纸副刊的关系尤为密切，究其原因也是由报纸副刊和书评的特性所决定的。书评，简言之即对图书的评论。从文化双向互动规律来看，编辑出版的实质是传播，而文化传播的实现，是以双向互动为标志的，没有互相交流的传播是不完全的传播，或者说是未完成的传播。而书评是进行文化交流、显示文化双向互动规律的重要枢纽。因为一方面，书评是作者（传播者）在读者（受传者）传递图书本身承载的信息，另一方面，书评又是读者在向作者传递社会效益的信息。书评成为沟通作者与

① 慧珠：《在伤兵医院中》，《烽火》第 9 期。

读者、书刊出版物与社会文化消费市场信息的渠道，成为促进文化传播的重要手段。由于报纸副刊在传播的广泛性和迅捷性方面的优势，使得书评极容易与之结缘。

书评是随着图书的产生和应用而开始的，它的基本功能，离不开对图书生产和消费的影响。在这里，编辑者又一次充当了“两面神”的角色[①]，进行多视角的观察和多方位的导向，以此控制精神文化产品的生产和传播。一方面，他可以通过表达读者具有社会文化内涵的情绪和意愿影响作者，从而引导作者该写什么，不该写什么，使得作者的价值判断（集中体现在其作品中）与读者的价值观念（表现为情绪和意愿）趋于一致，以此影响图书的生产；另一方面，他又可以通过阐释和说明外化在图书中的作者的价值判断（亦即图书的潜在价值）去影响读者，从而引导读者该读什么和不该读什么，同样使得两者在同一文化价值标准上互相接近。书评正是作者和读者互相接近、趋于一致的中介，编辑者通过书评，对作者和读者的文化互动关系进行协调，为保持两者的动态平衡而施加直接的、重要的影响。

书评是社会文化活动的前沿阵地，是提供社会文化信息的一个活水源头。书评所涉及的，往往是最新的科学文化信息和学术文化成果，通过书评，人们可以及时地交流并准确地获得科学文化信息，开展学术研究和其他文化创造活动；同时，由于书评所提供文化信息是一个在动态中的最新的文化背景，对校正已有的出版规划、制定新的出版规划，促进文化再生产，都有很重要的指导作用。书评对限制低劣平庸乃至有害图书的流通，消除其消极影响，以弥补选题、组稿、审稿诸环节可能带来的失误，都是十分必要的。正因如此，列宁把图书评介称为“党的正规工作”[②]，予以高度重视。

以 20 世纪 30 年代为例，由于文学批评十分活跃，书评这一形式尤其受到一些报纸副刊的重视。因为副刊出版迅速，比杂志的时效性强，加上报纸传播的广泛性，所以最宜于刊登书评。同时，副刊拥有广泛的读者，通过书评可以向更多的读者推荐新人新作，指导大众的文学阅读。《大公报 · 文艺》和《武汉日报 · 现代文艺》等副刊，曾积极倡导书评活动。倡导者不仅把书

---

① 西方出版理论家曾把出版社形象地比喻为“两面神”，一面对着作者，一面对着读者，并竭力使二者协调平衡。“两面神”的比喻，也是对编辑的信息传播中介性的生动说明。

② 《列宁全集》第 34 卷，人民出版社 1958 年版，第 389 页。

评当作与杂志竞争的一项内容，而且把它视为提高广大读者的鉴赏水平，推动文学创作健康发展的一项重要工作。它们倡导的书评不是广告式的宣传，也不是研究性的作品论，而是“一种比广告要客观公允，比作品论浅显实用的文字”[①]，意在帮助一般读者选择作品，引导他们正确理解作品的价值，培养其文学欣赏水平和趣味。在副刊的提倡下和组织下，书评活动在30年代日趋活跃起来，受到了读书界和创作界的欢迎。李健吾、常风、杨刚、宗珏、李心影等都曾致力于书评写作，巴金、朱自清、朱光潜、叶圣陶等也为副刊写了不少出色的书评。然而随着抗日战争的爆发，造成了作品出版和信息沟通的困难，副刊上的书评未能得到进一步发展。

对书评的重视，一方面缘于现实的需要，另一方面缘于副刊编辑的认识水平。在报纸副刊编辑中，萧乾对书评可谓情有独钟，早在燕京大学新闻系毕业时的毕业论文《书评研究》就是论书评。[②] 他说：“编杂志有如在大圆桌上摆宴席，编副刊则好比在小托盘上拼凑快餐。……副刊必须既要有分量，又得多样化。这就要经常搭配些短诗。另外，我决定在刊物上，辟些专栏。首先开辟的自然是书评专栏。……我认为书评最适宜刊登在报纸副刊上，因为又快又及时。既涉及文学，又具有一定的新闻价值。”[③] “当千万册书每天由印刷机搬到书籍市场去的时候，读者们是多么需要在购买和阅读上的指导啊。……日前，买书者附听凭广告上的吹嘘和一点直觉的判断外，中国读书人几乎成为全然无助的了。”[④] 为此，萧乾在主编《大公报》副刊《小公园》的一个重要突破就是设置《书报简评》专栏，萧乾从文艺界友人以及投稿人中寻找肯于并擅长写书评的人，逐渐地在朋友和投稿人中建立起一支书评队伍，最早参加书评队伍的有黄照、李影心、宗珏、杨刚、刘荣恩、常风几位。因此《书报简评》办得一直很活跃。例如老舍的《离婚》出版后，没多久就进行评介了。特别是外国作家写中国题材的书，更是评论及时。如赛珍珠的《流犯》出版后，立即刊发了李影心的评论文章。斯诺的《活的中国》出来后，杨刚作了详尽的评论。此外，还为曹禺的《日出》和孙毓棠的《宝

① 萧乾：《一个副刊编者的自由》，《大公报·文艺》1939年9月1日。

② 1935年由商务印书馆出版单行本。

③ 萧乾：《我当过文学保姆——七年报纸文艺副刊编辑的甘与苦》，《新文学史料》1991年第3期。

④ 冯并：《中国文艺副刊史》，华文出版社2001年5月版，第336页。

马》举办过“集体评论”，其中对《日出》的评论用了几个整版。沪版的《大公报》《文艺》副刊曾连出了几个整版特辑:《作家论书评》《读者论书评》《出版家论书评》《书评家论书评》。可见萧乾编辑对书评的重视。《书报简评》主要评的是新出版的书，而《名著介绍》栏目谈的是中外经典文学名著，意在引导青年阅读过去有定评的名作，以提高自己的文学素养。萧乾呼吁“学者及作家们把他们读妥思陀耶夫斯基、巴尔扎克、狄更斯、哈代、高尔基之后的心得写出来供广大青年分享”。要求扼要介绍作者生平、原作背景、故事梗概及其文学史上的地位，每篇两千字以内。

除了萧乾主编的《大公报》副刊特别注重书评外，20 世纪 40 年代的《新华副刊》也对书评十分重视。1943 年 9 月 21 日特辟设了“书评之页”，创刊号刊登的《编者的话》说:“我们现在正处于一个灿烂的新文化时代的前夕，正在为新中国的新文化而努力。任何一个新文化的产生，是必须一方面向过去文化中的积极因素学习，一方面向其中的消极因素坚决斗争。所以特别在这时候，学习与批评精神对我们有着特别重要的意义。在这书评专页上将介绍一些值得学习的书，也将认真地从事批评与自我批评。我们希望这工作得到广大读者的支持。倘若没有特殊原因，以后这书评专页每隔一星期在星期一刊出。”在这以前，《新华副刊》还出刊了专门评介杂志的专栏“杂志摊上”（8 月 16 日创刊），共刊出 49 期，对 88 种杂志进行了评论。

值得注意的是，20 世纪 30 年代随着左翼电影戏剧运动的发展，在报纸副刊上形成了一种新的副刊形式——电影戏剧评论专刊，而影剧评论则是其重要的文体式样。影评是 30 年代左翼文化人的重要文化武器。第一部故事片在我国上映是 1931 年的事，制片商为了扩大影响，需要借助报纸，而观众又是读者，所以影评从一开始就同报纸副刊结下了不解之缘。“左联”电影小组加强电影评论阵地的开拓，支持进步电影，抨击黄色电影，批驳了电影界某些人的所谓让眼睛吃冰激凌，让心灵坐沙发椅的软性电影论。当时的影评人小组主要有夏衍、洪深、唐纳，在 1933 年，上海的主要电影副刊全部掌握在他们手中。其中影响最大的是《晨报 · 每日电影》，该刊虽然隶属于立场反动的《晨报》，但受到左翼电影小组的直接影响。1933 年 6 月 18 日，《每日电影》发表了由洪深、郑伯奇、夏衍、阿英、柯灵等 15 人署名的《我们的控诉》，宣布要为探索真理而建设性地开展电影批判工作。这标志着电影战线思想斗争的全面开展。以《每日电影》为代表的左翼周刊促进了进步电影创作的发展。例如田汉的《三个摩登女性》曾遭到国民党检查机关的“剪祸”，《每日电影》的影评则及时揭露反对派对进步电影的摧残，明确赞扬这部电影“昭示着1932年后半期的中国电影事业有了一个新的转变”，“是艺苑里一枝新生的嫩芽”。

在我国现代戏剧运动的发展中，“左联”时期出现了一个飞跃。从1929年起，话剧团体普遍成立，比较著名的有田汉领导的南国社、洪深领导的复旦剧社、应云卫领导的上海戏剧协社，以及由南国社青年话剧工作者组成的摩登社。由于戏剧运动的需要，左翼戏剧也开始同报纸副刊发生联系，开辟了戏剧专刊，刊载了大量的戏剧评介文章，有力地推动了现代戏剧文学的发展。早在1928年春，田汉就受《中央日报》王礼锡之约，在该报编辑“摩登”（modern，即现代）副刊。“摩登”的出现，使一部分青年戏剧工作者集结起来，终于在1929年成立有陈白尘、左明、郑君里参加的摩登社。虽然摩登社与“摩登”副刊最初不是一回事，但在思想和组织上有着必然的承继关系。此外，上海出版戏剧专刊的还有《民报 · 戏剧运动》《时报号外 · 剧刊》，以及《中华日报》的戏剧电影综合刊《戏剧与电影》等。北京地区则有《全民报 · 戏剧艺术》、《益世报 · 戏剧旬刊》、《新报 · 新球剧刊》、《京报》的《诗 · 剧 · 文》周刊、《进报》的《剧》周刊等。

第五章　副刊与现代文学的生态平衡

报纸副刊对现代文学的整合、影响是全程的、全方位的，从文化平台的搭建，到文学语言和文体的细微整合，从参与五四文学革命，到迎接新时代的文学曙光。报纸副刊一直对现代文学的发展起着重要的影响，是现代文学发展“合力”中的重要影响力之一。正是因为有了副刊这种影响力，最终使得整个现代文学的生态分布出现了某些必然性的改变，从而形成一种新的文学生态平衡。

这里提出“文学生态”的概念，旨在借鉴生态环保的相关原理，来阐释文学发展中的问题。那么，什么是“文学生态”呢？所谓“文学生态”，是指文学在一定社会环境下生存和发展的状态，这种状态既包括不同文学式样、种类（“文学物种”）间所形成的平衡结构，又包括整个文学群落在社会大系统中的位置。为方便起见，我们姑且把不同文学式样、种类（“文学物种”）间的竞争和制衡所形成的结构体系称为文学的内部生态，而把整个文学群落在社会大系统中的运动状态，称为文学的外部生态。文学生态研究有利于充分、合理、有序地开发、配置和利用文学资源，趋利避害，实现文学生态系统的良性循环和生态平衡。

如果以“文学生态”的视角来观察中国现代文学史，我们会发现许多耐人寻味的生态问题。比如，为什么某种文体在某一特定时期，相对于其他文体而言特别的繁荣发达；为什么某些题材较其他题材会得到特别的重视。这里实际上就是一种文学的内生态问题。就现代文学的三十年来说，小说、诗歌、散文、戏剧等文学式样（“物种”）都得到了前所未有的发展，然而，它们彼此的发展以及在不同阶段上的状态，绝不是呈等量和均衡的，其中有先有后，有强有弱，也就是说其中存在着文学内生态的不平衡现象。正是因为这种不平衡态，使得不同文体间经过竞争、互动，最后形成了总的平衡结构体系。如五四时期“散文小品的成功，几乎在小说戏曲和诗歌之上”①。20世纪30年代长篇小说得到全面繁荣，然而，在30年代初以副刊《自由谈》为中心又出现了杂文的繁荣。抗战初期，一些“短、平、快”的文学体裁得到迅猛发展，街头诗、朗诵诗、街头剧、报告剧、报告文学、短篇小说等盛极一时。而历史剧的兴盛则出现在“皖南事变”之时，郭沫若和艾青的诗歌则分别站了在现代文学诗歌发展史上的两个高峰。这是不同文体的生态分布情况之一。

就是同一种文学式样（“物种”），也都不是一成不变的。如五四时期的诗歌，由初期白话诗到小诗运动再到新格律诗的发展，从中我们不难看出文学生态的某些演化。就文学外生态来看，现代文学在整个社会体系中，一直承担着“启蒙”和“救亡”的角色,它以“改造民族的灵魂”作为其总主题。②这种角色的定位也绝不是随心所欲的，其中无不是由文学所处的外部生态环境所使然。另外，现代文学史上，不同时期、不同区域的文学生存状态都不一样，如当年的国统区、解放区、上海孤岛、沦陷区，因彼此背景不同，而呈现出不一样的文学生态图。

中国现代文学作为历史中的现实存在，其文学生态的分布状况早已形成。尽管它是一个“过去式”，但反观其文学生态的特点，分析其成因，对于未来文学的发展不无裨益。那么，是什么因素影响着现代文学的生态呢？这种分布是否就是合理的呢？我们知道，任何文学现象，包括文学生态的形成和分布，都不是由某种单一的因素决定的，也就是说它是由多种因素制约着的，这些因素大而言之，有政治的、经济的、社会的、传媒的以及文化传承的；有主观的、客观的；有主动的、被动的；等等。正是因为有了这些因素

① 鲁迅:《南腔北调集·小品文的危机》，载《新版鲁迅杂文集》(三闲集·二心集·南腔北调集卷)，浙江人民出版社2002年10月版，第487页。

② 王晓明主编:《二十世纪中国文学史论》第1卷，东方出版中心1997年10月版，第8页。

的影响，才形成了特定历史条件下的文学生态平衡。不过在这些众多因素中，与现代文学发展有着密切关系的现代传媒之报纸副刊，对现代文学生态的分布和走向起了重要的推动和制衡作用，这种作用和影响或多或少，或先或后，或直接或间接。具体说来主要表现在以下几个方面：

首先，副刊在一定程度上影响着现代文学生态分布的走向。如果历史地来看，当陈独秀、胡适等人倡导新文化运动和文学革命之时，报纸副刊几乎被鸳鸯蝴蝶派所占领，这种情状成为开展五四新文学运动的无形障碍，形势的发展迫使报纸副刊进行大刀阔斧的改革。结果北京的《晨报副刊》《京报副刊》，上海的《时事新报·学灯》《民国日报·觉悟》首开副刊革新先锋。改革后的副刊积极宣传新思想、新文化，大量刊载新文学作品，倡导白话文学，从而成为推动新文化运动进一步发展的助推器。在这里，副刊不仅改变了鸳鸯蝴蝶派长期盘踞副刊的局面，推动文学朝着新文学方向发展，而且一定程度上把握着现代文学生态的发展方向。历史进入到20世纪30年代，由于国内政治形势的变化，《申报·自由谈》于1932年12月1日宣布重大改革，年轻的副刊编辑黎烈文在《幕前致辞》中充满自信地说："幕已开了，自由的'台'在出现了"，只需台上的人自由地"表演"就是了。他大胆地起用进步作家，大量刊载抨击时弊的杂文作品。这时与其说是黎烈文在进行副刊改革，不如说是进行文学生态的某种引导。事实上，因为《自由谈》的革新，很快形成了杂文的繁荣之势。而当黎烈文改革遇到挫折，受到政府当局的压力时，他连忙又发表《从兹多谈风月》的"编辑室启事"。启事一出，"杂文"繁盛的态势立刻受到影响，这种影响能不打破已形成的文学生态平衡吗？依此类推，在《大公报》文艺副刊周围形成文学"京派"的气候，《新华副刊》成为抗战时期国统区文艺斗争的重要阵地和中流砥柱。《解放日报》文艺副刊开启了解放区文艺界"明朗的天"。这些无不是报纸副刊在特定的历史条件和区域，在一定程度上引导或制衡现代文学生态分布的走向。

其次，副刊适时调控着现代文学生态发展的进程和速度。报纸副刊的内容具有思想性、知识性和趣味性，能够雅俗共赏，表现手法又是灵活多样，更易于为各层次的读者接受，具有较强的接近性，因而副刊往往吸引着众多的读者。因此，一个好的副刊往往成为报纸联系读者的重要纽带。这是其一。其二，马克思早就把文学艺术活动当作一种特殊的生产活动，认为生产活动的一般规律同样适用于文艺活动。因此有什么样的生产，就会有什么样的消费，相反消费者的要求也同样影响着生产的发展趋向。在这里消费者的信息反馈尤其显得重要。副刊由于其天然的信息反馈渠道，很容易捕捉到消费者（读者）的反馈信息，以便及时调控文学生产的方向和状态。事实上，读者的欣赏趣味在时常影响着副刊编辑的方向和定位。而副刊编辑方针的定位又反过来要求传者（作者）修正其创作，又因为不同的副刊有其自身的要求和倾向，无形中围绕它形成了一定的作家群体和受众群体，以至于社团或流派等，因此，副刊在其中比较容易地调控文学气候和生态的形成。况且，由于那时的大众传媒不像今天那么发达，又由于那个特定的传播时代具有不可重复性，因此副刊对文学受众的影响和现代文学传播的影响是“前无古人，后无来者”式的，副刊如同曹聚仁所说的成了“新文学运动一个灯塔”。另外，就读者来说，由于普遍受教育程度不高，且不普及，人们对作家有一种特别的仰慕崇拜意识，加上传统的“敬惜字纸”的心态，使副刊、作家、读者三者间构筑一种特殊的审美供求关系。然而，由于中国传统文化对读者接受心理、接受美学的浸润和影响，加上传播者本身也是有着深厚的民族传统文化的积淀，所以彼此之间有着深沉的无形的约定和共鸣，这种共鸣和约定并没有因为五四新文化运动对传统文化采取了决绝的态度而消弭，相反在大众传媒的副刊中坚韧地得以彰显魅力，这也是为何类似张恨水小说在副刊连载长久不衰的重要原因之一，这其中一直涌动副刊与读者接受需求的互动波。因为，要知道，在那个时代，没有读者，没有市场能行吗?

再次，副刊一定程度上调和了文学生态的“俗”与“雅”的平衡。我们知道，现代文学史上的一些纯文学杂志大多追求文学的“雅化”，或主张文学“为人生”，声称“将文艺当作高兴时的游戏或失意时的消遣的时候，现在已经过去了。我们相信文学是一种工作，而且又是于人生很切要的一种工作。……文学应当反映社会现象，表现并且讨论人生一般的问题”①。或是主张“为艺术而艺术”，“艺术的目的是在表出人类最高或最深的情绪”②，为此要“除去一切功利的打算，专求文学的全 Perfection 与美 Beauty”③。这种具

① 《文学研究会宣言》,《小说月报》1921 年 1 月第 12 卷第 1 号。

② 成仿吾:《补白》,《创造》季刊 1922 年 7 月第 3 号。

③ 成仿吾:《新文学之使命》,《创造周报》1923 年 5 月 20 日第 2 号。

有“启蒙”色彩的文学主张，在一定程度上是反驳文学以娱乐性、消遣性和趣味性为标志的鸳鸯蝴蝶派的结果。相对纯文学杂志不同，报纸副刊更多的是一种倾向于大众的读物，通俗化、市民化、商品化，更多的是它的目标追求，为适应这种需要，刊发在副刊上的文学作品比较追求大众化、通俗化、趣味性、平民味，以吸引读者，扩大发行量，增强经济效益。这也正是张恨水小说在副刊连载不衰的原因之一。当然，这种“俗化”文学常常也是在反驳“雅化”文学中找到了自己的位置的，正是因为有了这种文学的“俗”，才使得现代文学史一定程度上体现着“雅”与“俗”的生态平衡，否则就会出现失衡态，影响着文学生态的分布。

最后，副刊强化了现代文学内生态的结构。由于副刊内容极其的杂，由此带来了文体形式的杂化。而副刊对此可谓海纳百川，一方面积极参与改造了传统的文体，另一方面创造了适应时代需求许多新文体。所有这些文体发挥着各自优势和特点，共同形成了现代文学内部生态的一定程度的平衡。至于副刊对现代文学语言生态的影响也是非常地大，一方面副刊积极参与以现代白话文为中心的现代文学语言体系的建构，另一方面它以自身的园地实践着。

以上所述，是副刊对现代文学生态形成和分布的一些影响，试想历史上既成的这种文学生态分布是否就是合理的呢？有没有失衡之说？我们知道，凡事都有一个“度”，保持这个“度”就是保持一种平衡状态。文学生态也应有个“度”，无论是文学的内容还是形式，都有一个平衡的问题，平衡一旦打破了，便出现失衡态，失衡之后会寻找一种新的平衡态，新的平衡态形成后，又将面临新的被打破，文学生态似乎就是在不断地“打破—失衡—平衡—打破”中发展的。

在文学的整个生态系统中，理应是多元化、多色彩的，切忌单一色调。因为就像自然界的生态平衡一样，它是由各生物物种遵循生物链规律共同营造起来的。倘若从维护文学生态的平衡，主张文学生态系统的多元化角度来看，当年的“提倡新文学，反对旧文学；提倡白话文，反对文言文”，是否有失策，抑或过激或操之过急的一面呢？因为一旦固有的文学生态被打破，另一种新的文学生态平衡尚未建立起来之时，常常会出现文学“生物”链的一时断裂。况且文学的某一“物种”一旦消失，将很难得到恢复。比如，新文学对文言文的反对，建立以现代白话文为其语言体系，固然有其必要性和合理的因素，但将文言文彻底驱除文学的伊甸园，是否有不妥之处？中国几千年的文学传统大都是用文言文为承载体，现代文化的载体一下子全被白话文所取代是否有必要？试想毛泽东的古典诗词，鲁迅的古典诗歌不都是现代文学中文言体的精品力作吗？但毕竟文言文所代表的文学辉煌时代已一去不复返了。这些不能不引起我们现代人的深思。从文学生态的多元化和丰富性来说，单一的白话文学的语言模式，是否成为一种历史的遗憾呢？在这里，当初的副刊也起了一个推波助澜的作用。

此外，我们如何看待旧文学的问题？反对旧文学，在特定的历史条件下是必要的，然而如果一旦偏激，对之一棍子打死，从文学生态平衡的角度来看，未必是最佳方式。比如五四时代的新文学倡导者，曾经对清末民初的鸳鸯蝴蝶派进行了无情的否定和批评，一棍子将之打死，以至于在十里洋场的上海，一时造成了文学生态的极其混乱。其实，以言情、消闲为主要特征的“鸳鸯蝴蝶——礼拜六派”文学是市民文化与报刊相结合的产物，虽是以游戏、寄情为主，但也未曾忘却“警世觉民”的历史责任。另外，当年大量域外文学的引进，也冲击着固有的文学生态系统，这里有积极意义，但是否有其不利的方面呢？这也不能不引起我们深沉的历史思考。历史的经验告诉我们，每当文学变革的时代，文学工作者应该要有文学的生态意识，否则会带来一些历史的遗憾。

过去我们在分析文学史现象时，似乎都在就事论事地谈论一些文学现象，或社会的或政治的或历史的审美的，既很少从文学生产和传播方式上去考察，又很少从文学生态中去思考各种文学现象。因此，倘若拓开思路，有可能为现代文学史的研究提供一个新的视角。说到这里，我们不免想起了20世纪80年代末开始的那场“重写文学史”的大讨论。讨论最初由杨洪承发表的《文学史观念的革新势在必行》[①] 和《主体·变动·多样·世界眼光》[②] 两篇文章引起，作者呼吁摒弃传统的封闭性、单一性、模式化的文学史观念，主张以“叙述文学变迁，解释变迁原因”作为文学史最主要的任务。随后李泽厚发表

① 《学术与探索》1987年第1期。

② 《现代文学研究丛刊》1987年第3期。

长文《20 世纪中国文艺之一瞥》[①]，企图从思想史的角度来“一瞥”20 世纪中国文学史，作者第一次在实践中使用了“20 世纪中国文学”这一概念。接着李劼提出了文学史研究的“主体性”问题[②]，于是 1988 年《上海文论》第 4 期，以陈思和、王晓明为主持，开设了“重写文学史”专栏，以期开展广泛的讨论。讨论中，黄子平提出文学史研究的“出路似乎在综合”，作家、作品、读者作为文学史的三维因素都必须考虑进去，把文学的历史综合地看成“文学活动的历史”。这样编写出来的历史才会富有一种立体感。[③] 汪晖认为文学史不是纯客观的知识，它必须而且必然是多元的、各具个性的、互相补充的。陈思和则认为，文学史作为一门独立的学科，对它作出纯属于个人的价值判断和审美判断，也就是要有个人写的文学史，这样文学史研究才有可能出现真正的多元化局面。[④] 李劼提出从“世界文学”的高度理解把握中国现代文学。[⑤] “重写文学史”的讨论虽然最后没有得出一致的结论，但这次讨论，拓展了人们研究现代文学史的视野和思路。试想如果我们在研究现代文学史时，考虑一下现代传媒特别是报纸副刊对现代文学生成发展的影响，那么我们的文学史研究又将多一道思路。从这个意义上说，本研究报告谈副刊与现代文学的互动整合关系，不啻为对现代文学史重写的一种尝试。

① 《李泽厚十年集》第 3 卷，安徽文艺出版社 1994 年版。

② 李劼:《中国现代文学文学史（1917—1984）论略》,《黄河》1988 年第 1 期。

③ 任天石主编:《中国现代文学史学发展史》，江苏文艺出版社 2002 年 12 月版，第 290 页。

④ 参见张西宁《“重写文学史”讨论综述》,《社会科学述评》1988 年第 5 期。

⑤ 李劼、黄子平:《文学史框架及其他》,《北京文学》1988 年第 7 期。

参考文献

（1）方汉奇:《中国新闻事业通史》（第二卷），中国人民大学出版社 1996 年 5 月版。

（2）吴廷俊:《中国新闻传播史稿》，华中理工大学出版社 1999 年 1 月第 1 版。

（3）黄瑚:《中国新闻事业发展史》，复旦大学出版社 2001 年 3 月版。

（4）王文彬编著:《中国现代报史资料汇编》，重庆出版社 1996 年 9 月版。

（5）戈公振:《中国报学史》，生活 · 读书 · 新知三联书店 1955 年 3 月版。

（6）秦绍德:《上海近代报刊史论》，复旦大学出版社 1993 年 7 月版。

（7）张之华主编:《中国新闻事业史文选》，中国人民大学出版社 1999 年 1 月第 1 版。

（8）欧阳康:《大众媒介通论》，中山大学出版社 1991 年 10 月版。

（9）张隆栋:《大众传播学总论》，中国人民大学出版社 1993 年 7 月版。

（10）孙宜君:《文艺传播学》，济南出版社 1993 年版。

（11）朱增朴:《文化传播论》，中国广播电视出版社 1993 年 6 月版。

（12）司马云杰:《文化社会学》，山东人民出版社 1990 年 3 月版。

（13）〔加〕麦克卢汉:《理解媒介——人体的延伸》，何道宽译，商务印书馆 2000 年 10 月版。

（14）〔美〕施拉姆:《传播学概论》，陈亮、周立方、李君译，新华出版社 1984 年版。

（15）戴元光、金冠军主编:《传播学通论》，上海交通大学出版社 2000

年 8 月版。

（16）冯并:《中国文艺副刊史》，华文出版社 2001 年 5 月版。

（17）罗贤梁:《中国副刊史略》，长江文艺出版社 1993 年 6 月版。

（18）罗贤梁:《报纸副刊学》，百花洲文艺出版社 1991 年 2 月版。

（19）王文彬:《中国报纸的副刊》，中国文史出版社 1988 年 6 月版。

（20）朱锦翔、吕凌柯:《中国报业史话》，大象出版社 2000 年 8 月版。

（21）徐松荣:《维新派与近代报刊》，山西古籍出版社 1998 年 2 月版。

（22）秦绍德:《上海近代报刊》，复旦大学出版社 1993 年 7 月版。

（23）宋军:《申报的兴衰》，上海社会科学院出版社 1996 年 2 月版。

（24）张云初:《中国大实话——申报自由谈》，陕西师范大学出版社 2001 年 1 月版。

（25）刘纳:《嬗变——辛亥革命时期至五四时期的中国文学》，中国社会科学出版社 1998 年 9 月版。

（26）《新华之光》（论文集），重庆出版社 1993 年 1 月版。

（27）方汉奇:《报史与报人》，新华出版社 1991 年 12 月版。

（28）方汉奇:《新闻史的奇情壮彩》，华文出版社 2000 年 3 月版。

（29）曹正义、张国瀛:《旧上海报刊史话》，1991 年 8 月版。

（30）郑逸梅:《我与文史掌故》，文汇出版社 1991 年版。

（31）鲁迅:《鲁迅全集》，人民文学出版社 1981 年版。

（32）鲁迅:《新版鲁迅杂文集》，浙江人民出版社 2002 年 10 月第一版。

（33）马光仁主编:《上海新闻史（1850—1949）》，复旦大学出版社 1996 年 11 月版。

（34）吴廷俊:《新记大公报史稿》，武汉出版社 1994 年版。

（35）周雨编:《大公报人忆旧》，中国文史出版社 1991 年版。

（36）方蒙主编:《〈大公报〉与现代中国》，重庆出版社 1993 年版。

（37）《大公报一百周年报庆丛书》编委会编:《我与大公报》，复旦大学出版社 2002 年 5 月版。

（38）贾晓慧:《〈大公报〉新论》，天津人民出版社 2002 年 4 月第一版。

（39）王芝琛、刘自立编:《1949 年以前的大公报》，山东书报出版社 2002 年 2 月版。

（40）王敬主编:《延安〈解放日报〉史》，新华出版社 1998 年版。

（41）林语堂:《林语堂自传》，河北人民出版社 1991 年版。

（42）张恨水:《写作生涯回忆》，人民文学出版社 1982 年版。

（43）茅盾:《我走过的道路》，人民出版社 1981 年版。

（44）李良荣:《中国报纸文体发展概要》，福建人民出版社 2002 年 5 月第二版。

（45）郭汾阳、丁东:《报馆旧踪》，江西教育出版社 1999 年 1 月版。

（46）穆欣:《抗日烽火中的中国报业》，重庆出版社 1992 年 8 月版。

（47）《杨刚文集》，人民文学出版社 1984 年版。

（48）中国人民大学港澳台新闻研究所编:《报海生涯——成舍我百年诞辰纪念文集》，新华出版社 1988 年版。

（49）钱理群、温儒敏、吴福辉:《中国现代文学三十年》，北京大学出版社 1998 年 7 月版。

（50）孔范今:《二十世纪中国文学史》上、下册，山东文艺出版社 1997 年 6 月第一版。

（51）陈平原:《二十世纪中国小说史》（第一卷），北京大学出版社 1989 年 12 月第 1 版。

（52）王晓明主编:《二十世纪中国文学史论》，东方出版中心 1997 年 10 月版。

（53）许志英、邹恬:《中国现代文学主潮》，福建教育出版社 2001 年 4 月版。

（54）朱寿桐:《新月派的绅士风情》，江苏文艺出版社 1995 年 9 月版。

（55）朱寿桐:《中国新文学的现代化》，南京大学出版社 1992 年 10 月版。

（56）王瑶主编:《中国文学的现代化进程》，北京大学出版社 1996 年 12 月版。

（57）汤哲声:《中国文学现代化的转型》，南京大学出版社 1995 年 11 月版。

（58）张中良、中井政喜:《中国新文学图志》上、下册，杨义主笔，人民文学出版社 1996 年 8 月北京版

（59）曹聚仁:《文坛五十年》，东方出版中心 1997 年 6 月版。

（60）栾梅健:《通俗文学之王——包天笑》，上海书店出版社 1999 年 2 月版。

（61）薛君度、刘志琴主编:《近代中国社会文化变迁录》，中国社会科学出版社 2001 年版。

（62）许道明:《京派文学的世界》，复旦大学出版社 1994 年 12 月版。

（63）高恒文:《京派文人：学院派的风采》，上海教育出版社 2000 年 12 月版。

（64）沈卫威:《回眸“学衡派”》，人民文学出版社 1999 年 4 月版。

（65）栾梅健:《前工业文明与中国文学》，广西教育出版社 2000 年 7 月版。

（66）陈平原:《中国小说叙事模式的转变》，上海人民出版社 1988 年版。

（67）陈平原:《20 世纪中国小说史》（第一卷），北京大学出版社 1989 年版。

（68）陈平原、山口守编:《大众传媒与现代文学》，新世界出版社 2003 年 1 月版。

（69）刘炎生:《中国现代文学论争史》，广东人民出版社 1999 年 12 月版。

（70）陈安湖:《现代文学社团流派史》，华中师范大学出版社 1997 年 12 月版。

（71）马以鑫:《中国现代文学接受史》，华东师范大学出版社 1998 年 9 月版。

（72）吴兴人:《中国杂文史》，上海人民出版社 2002 年 1 月版。

（73）姜振昌:《中国现代杂文史论》，人民文学出版社 1995 年 10 月版。

（74）任天石主编:《中国现代文学史学发展史》，江苏文艺出版社 2002 年 12 月版。

（75）陈青生:《抗战时期的上海文学》，上海人民出版社 1995 年 2 月版。

（76）张宝明:《启蒙与革命》，学林出版社 1998 年 1 月版。

（77）《陈独秀文章选编》上、下卷，生活 · 读书 · 新知三联书店 1984 年 6 月版。

（78）《梁启超选集》，上海人民出版社 1984 年版。

（79）胡适:《胡适文存》四卷本，亚东图书馆 1926 年 8 月版。

（80）胡适:《胡适学术文集 · 新文学运动》，中华书局 1993 年 9 月第一版。

（81）夏晓红编:《梁启超文选》，中国广播电视出版社 1992 年 8 月版。

（82）范伯群:《礼拜六的蝴蝶梦》，人民文学出版社 1989 年 6 月版。

（83）范伯群、孔庆东主编:《通俗文学十五讲》，北京大学出版社 2003

年 1 月版。

（84）王荣纲编:《报告文学研究资料选编》，山东人民出版社 1983 年版。

（85）魏绍昌编:《鸳鸯蝴蝶派研究资料》，上海文艺出版社 1984 年 7 月版。

（86）张占国、魏守忠编:《张恨水研究资料》，天津人民出版社 1986 年版。

（87）芮和师等编:《鸳鸯蝴蝶派文学资料》上、下册，福建人民出版社 1984 年版。

（88）周葱秀、涂明:《中国近现代文化期刊史》，山西教育出版社 1999 年版。

（89）雷世文:《文艺副刊与文学生产》，中国文史出版社 2004 年版。

（90）田建平:《当代报纸副刊研究》，河北大学出版社 2006 年版。

此外，还参阅了所能接触到的大量文学报刊及史料，如:《新青年》、《新潮》、《礼拜六》、《晨报副镌》、《申报 · 自由谈》、《大公报》、《解放日报》副刊、《新华日报》副刊、《新文学史料》等。

附 录

丁玲人格与文本关系的嬗变

内容提要 在丁玲的人格意识中，既有敏感、细腻的女性特质，同时也有雄强的男性特质，这一人格双重性的存在和发展，对其文本创作产生了巨大而深刻的影响。丁玲人格与文本关系的壇变是一种动态的辩证的过程，也正因如此，才使得丁玲的作品具有一种别样的内在美。

关键词 丁玲 人格 文本 嬗变

丁玲的人格意识具有双重性，一方面她是女人，当然具有女性人格特质，以及女性所固有的阴柔性特征；另一方面在她身上又确有强烈的男性阳刚性特征，拥有男性人格特质。这二者有机地交融在丁玲的人格个性中，并贯穿了丁玲的一生，对于她来说，缺了哪一方面，都不能构成一个完整的真正的现实的丁玲。不过，丁玲的人格特征又并非一成不变，也不是平分秋色的，其表现形态因生活和时代的变化而发展变化，时而女性人格特质占主流，时而男性人格特质占主流，但更多的是互相交融。这种独特的动态化的人格特征，无不深刻地影响着丁玲的人生道路，并通过作家的审美体验而影响其文本创作。与此同时，丁玲的生活历程又在不断地强化、发展着她的独特人格，她的作品也在不断地印证着她的人格特征，并打上其深刻烙印。如果以丁玲的创作道路为纵坐标，以其人格与文本关系为横坐标，那么我们将会看到丁玲创作中人格与文本浸润共生的生动景观。

当翻开丁玲创作的履历表时，我们会发现1927—1929年是非常醒目的一栏，短短两年，在文坛上可谓掀起了一股丁玲旋风："好似在这寂寞的文坛上抛下了一颗炸弹一样，大家都不免为她的天才所震惊。"① 丁玲从一开始创作起，无论是题材的选择，还是人物形象的塑造，都以女性为中心，表现出对女性，尤其是对中国现代知识女性的极大关注，由此出发，揭示出五四个性解放的时代主题。丁玲的这种女性关怀意识，无疑是与其女性人格密切关联的。丁玲说过："我自己是女人，我会比别人更懂得女人的缺点，但我更懂得女人的痛苦。……她们每个人都有一部血泪史，都有过崇高的感情。"② 正是丁玲的这种女性角色和女性人格意识，使得她很自然对女性生活和情感特别敏感和关注，于是在其作品中，全力塑造出以莎菲为代表的女性系列，这里包括梦珂、莎菲、承淑、阿毛、小菡、志清、节大姐等。这些女性虽然情态各异，但她们在思想情感、个性气质、人格等方面，有明显的相像之处，可以组成一个"莎菲家族"。她们有着共同的心理人格特征，这就是苦闷、孤独之中，时常表现出愤世嫉俗的叛逆与抗争。

那么，丁玲为何要在她早期创作的女性系列身上，涂上一层苦闷、孤独的色调，它意味着什么呢？也许茅盾的话很能说明问题，他说莎菲们是"心灵上负着时代苦闷的创伤的青年女性的叛逆的绝叫者"③。不过，仅用"时代的苦闷"来诠释莎菲们是不够的，莎菲们的苦闷，在很大程度上还缘于创作主体丁玲自我内心的苦闷，是其人格中女性特质释放的结果。丁玲曾说过："当时由于我自己有小资产阶级幻想，……因此我感到寂寞、苦闷，我要倾诉，我要呐喊，我没有别的办法，我拿起了笔。"④ 丁玲是个女人，她的女性人格使她拥有着女作家所特有的敏感，以及观察、表现人生和社会的独特方式。丁玲正是凭借自己特殊的本领，在其早期小说中，把融有时代苦闷和自我苦闷的色彩，大胆地涂抹在莎菲女性系列身上，并大肆渲染了这种苦闷的心态和痛苦历程，从而成为时代和自我的一面镜子。

人们常说"文如其人"。丁玲的早期创作，不仅透现出她本身固有的女性

① 赵家璧主编:《中国新文学大系·诗集》，上海文艺出版社1981年影印本。

② 《丁玲文集》第四卷，湖南人民出版社1984年7月版，第390页。

③ 茅盾:《女作家丁玲》，载《茅盾全集》第19卷，人民文学出版社1991年版，第434页。

④ 丁玲:《我的生平与创作》，四川人民出版社1982年12月版，第3页。

人格特质，同时也透现她人格的另一面，即强烈的男性人格特质。表现在人物塑造上，就是莎菲们都具有强烈的叛逆性、抗争性。以莎菲为例，她在追求“真爱”的过程中，虽然曾一再苦闷，但正是在这苦闷的心旅中，莎菲表现出了一系列超出凡人的抗争和叛逆，显示出独特的人格力量。比如，在爱情上，她从来就不是那种专等男人来挑、花轿来抬的女子，而是蔑视男尊女卑积极主动出击，追求灵与肉的统一。她在与男性的交往中，处处表现出一种征服欲，一种深刻的智力较量。不仅如此，莎菲对性爱的追求，尤其表现了一种惊世骇俗的叛逆。这对封建思想、伦理、道德显然是一种巨大的反叛，从中正透露出女主人公那强悍的人格力量。

作品中的主人公，最终是由创作主体作家创造的，因此无疑要打上作家人格的烙印。丁玲的人格中拥有极强的男性特质，这一特质的形成与发展使得丁玲从小具有一种倔强的反叛意识。当把这种意识带到创作中时，作家会自然地把自己的“反叛性”渗透到小说中的女性形象身上，于是她们都是“叛女型”，而非“淑女型”。对此，最了解丁玲的冯雪峰在评价《莎菲女士的日记》时说得好，丁玲是“和莎菲十分同感而且非常浓重地把自己的影子投入其中去的作者”。因此，很多人把莎菲看作早期丁玲真正的“自我”是不无道理的。

丁玲的早期创作，一方面塑造了莎菲系列女性，以展示现代女性的独特性，另一方面对男性形象塑造显得十分灰色。诸如懦弱的苇弟，徒有其虚美外表，而内心卑劣、肮脏的凌吉士等，都是一些灰色人物，对这类男性，作家也多持否定态度。为何出现如此景况呢？笔者认为，这里一方面表现出丁玲强烈的女性人格意识是一种女性心理补偿的结果；另一方面更重要的是缘于作家的男性人格特质。在丁玲看来，男性完全能被女性所征服。正因如此，丁玲笔下的女性，再也不只是具有母性给予性和妻性服从性，而且是有了男性气质的女性，是和男人处于同一地平线的现代女性。这是拥有双重人格的丁玲创作的一种独特文本现象。

丁玲早期创作的文本，确实为我们展示了一个女作家所特有的韵味。试想如果丁玲沿着这条道路继续前行的话，那么她有可能成为第二个冰心式的作家了。然而，丁玲终究不是冰心，她“是一个女性而非女子气的女人”①。

① 〔美〕尼姆·韦尔斯:《丁玲——她的武器是艺术》，载《续西行漫记》，上海复社1939年4月版。

丁玲独特的人格，使她对生活和创作极富探求性和开拓性。因此，当她在文坛走过了辉煌的第一个里程时，便开始审慎地“徘徊”，以作出新的选择。丁玲选择的结果，并没有像人们假想的那样沿“莎菲”的路子走下去，而是“意外”地转向“左倾”，投入革命的怀抱，抒写工农大众，以至于一度失却自己原来的“创作个性”。

丁玲是位个性倔强的女人。她既不甘心只做一个专写女性的作家，也不甘心去做一个女性化女人，她希望自己能成为一个有影响力和召唤力的、具有男性气质的女人和作家，成为花木兰式的英雄。正因如此，她向往革命，自觉地接近和追求政治，崇拜英雄和雄强的男性，甚至把自己内化为男性。思想意识的变动，必然影响人格意识、审美意识、审美情趣的变化和发展，再加上时代社会诸种外因，丁玲便很自然地改变其原来的创作特色。从题材来看，早期多集中于婚姻、恋爱、知识女性的描写，而这时她的艺术视野要开阔得多。由描写“革命加恋爱”到直接描写广大工农生活，描写现实社会尖锐的阶级对立，以及工农大众的痛苦、挣扎以至于觉醒反抗的艰难历程，从而表现出鲜明的政治革命倾向。亦即“从‘离’社会，向‘向’社会，从个人主义的虚无，向工农大众的革命”①。《水》《夜会》《某夜》《奔》等就从不同侧面和角度，为我们展示了20世纪30年代的风云和社会侧影。从作品的主题来看，丁玲早期更多的是高扬个性解放的旗帜，表现莎菲们由对自我的发现到自我失落的迷惘，以及对人生价值的怀疑和醒后无路可走的痛苦。而这时取而代之的是阶级解放、革命、斗争的主题。而人物形象，这时也发生了主人公角色的大换位，由过去的知识女性或灰色男性，取而代之为“用大众作主人”。同时较早期塑造富有个性的单个人物相比，这时丁玲更注重群像的描绘。其中《水》就很有代表性。可以说，丁玲左联前后的思想人格发展水平与其文本创作基本上是一种平行的同步发展的态势，二者是吻合的，同时它们又都与当时中国政治和革命斗争的伟大历程保持着“同步”。

当丁玲以政治家的眼光和人格审视30年代轰轰烈烈的阶级斗争，表现波澜壮阔的生活场景时，作为艺术家的丁玲似乎感到了某些困惑。一方面她的政治和理性追求（男性人格特质），要求她去写工农生活，替“工农大众代

---

① 冯雪峰：《关于新的小说的诞生——评丁玲的〈水〉》。

言”；另一方面她的自我感性体验和艺术追求（女性人格特质），则要求她在作品中尽情地表现自我个性和情感。丁玲对工农生活毕竟缺乏必要的自我体验和感受，她不太熟悉它们，因此丁玲的普罗作品，大多流露出一种“席勒化”倾向。正是这种“政治进步，艺术退步”的矛盾和困惑，使丁玲在新的历史条件下，又一次开始了徘徊、探索与选择。选择的结果，丁玲重新回归到自己十分熟悉的题材上来了，即对女性开始新的关怀，旨在寻找曾经一度丧失了的艺术灵感和自我个性，从而构思她的第一部长篇小说《母亲》。

如果说《母亲》的创作，是丁玲对其左联初期追求文学的政治性和功利性而创作的普罗作品的有意调整、探索和重新审视的话，那么也可以说，这是她在对自己的人格追求进行一番重新审视。正当这种审视进行的时候，现实的恶劣的政治环境——被捕和囚禁迫使作为艺术家的丁玲彻底卷入政治斗争的急流旋涡之中，从此她无暇再来审视自己的人格追求和文本变化了，丁玲沉默了。三年之久的幽禁，使她完全与外部世界隔绝，离开了群体和火热的斗争，这对于个性倔强而叛逆的丁玲来说，该需要在人格心理和思想上作怎样的调适啊！所有这些都反映在她的《意外集》中。由于强大的政治压力的反弹，丁玲有意淡化了文本的政治背景和色彩，在一定程度上呈现出“创作个性”的部分回归。当然这次回归，并非重新关照女性世界，相反仍把镜头对准30年代严酷的社会现实。这与《水》保持了一定的连续性，不过《意外集》更多地以沉闷、灰暗的笔调来描绘下层人民的苦难。这正是丁玲在特定政治环境下特有人格心态的反映和外化。

1936年冬，丁玲结束了南京的幽禁生活，投奔到了陕北这片亲切而陌生的黄土地。解放区“母亲”般的胸怀，温暖了丁玲那颗屡遭创伤的心灵，她开始恢复了青春的活力。此时的丁玲已不仅是一个艺术家，更是一个政治家、领导者和战士。解放区的生活和以毛泽东为代表的领袖英雄的影响，使丁玲确立了新的人格心理定势，这种新的定势，进一步坚定了她对革命和政治的追求与热衷。于是，丁玲人格中的男性特质得到了充分的释放，而其本身所固有的女性特质却本能地深藏于内心世界的冰山之下。正是在这样的背景下，丁玲开始了延安时期的文本创作。

在延安初期，丁玲一直随军活跃在前线，为了迅速捕捉、记录急剧变化而又目不暇接的火热战斗生活，她几乎放弃了使惯了的小说文体，却操起了“文学轻骑兵”——散文这一“武器”，写了大量的散文，集之为《到前线去》。这些作品洋溢着浓厚的战斗气息，真切地记录了抗战初期解放区生活的各个侧面，具有强烈的政治、社会意识，给人一种昂扬的战斗斗志和奋发有为的精神鼓励。从这里，也不难看出丁玲作为女艺术家兼战士所特有的风采。与散文比，丁玲的小说创作数量较少。《一颗未出膛的枪弹》是她到解放区后写的第一篇小说，这篇极富传奇浪漫色彩的作品，王雪瑛曾认为是缘于丁玲“那种孤雁般的情绪”。虽然这未免有些偏激，但当我们阅读丁玲到延安后的某些文本时，又确实存在这样的现象：作者在真实反映严峻战斗生活，释放自己男性人格精神的表象里面，不免流露出隐匿于作者内心深处的女性自我人格的一面。由于它的进一步发展，在一旦有了比较宽松稳定的政治环境和自我价值定位之后，它会像冰山一样渐渐浮出海平面，从而主宰作家的艺术世界。这也正是丁玲随后创作《我在霞村的时候》《在医院中》《“三八节”有感》等作品的内在原因之一。

面对那场威武雄壮的人民抗日战争，极具双重人格的丁玲，在直接表现战争生活的同时，她的女性人格和情感，使她在民族处于深重灾难的时刻，更为关注被损害的妇女命运。丁玲的这种女性关怀意识，明显承袭了她的早期创作，不过，她是把对女性的关怀与对社会、民族、政治的关怀紧紧地交织在一起，是更高层次上的女性关怀意识，显示了女作家丁玲追随社会前进步伐的努力。

丁玲是位情感丰富的女性，又是位政治敏感度极高的政治家和艺术家，在《我在霞村的时候》中，丁玲以饱含深情的泪水，打破常规，以自己的才识和胆识，描写了贞贞那段不幸的命运，以及与命运抗争的人格精神，从而提出在解放区必须铲除封建遗毒的深刻主题。《在医院中》通过陆萍的遭遇，描写了解放区光明天空中，笼罩着的一块小生产者情性、封建主义、官僚作风的阴影。贞贞与陆萍的塑造，充分显示了丁玲的艺术个性，她那种富于特色的敏锐的感觉方式，那份大胆而率直的抒情写真，以及强烈的艺术情感，并没有因战争的严峻，而被她人格中一度高扬的男性人格特质所压倒，相反她的女性人格特质的一面，以其独特的方式，顽强地在其艺术世界里高高地浮出水面，显示出极强的生命力。可以说贞贞、陆萍们是“莎菲”在20世纪40年代新的时代环境中的变异，是一定程度上真实丁玲人格的写照。然而，在战争就是一切，一切都必须服从战争，战争是最高利益原则的年代，任何稍有个性而偏离于此的作家，无疑会受到最为严厉的冲击。正因如此，丁玲的这两篇小说以及稍后的杂文《我们需要杂文》《“三八节”有感》被指责为“暴露黑暗”，是反党，从而引起了长时期的争议和批判。为此，丁玲曾付出了沉重的代价。

面对来自解放区“明朗天空”里不公正的批评，丁玲无疑感到了新的困惑，并影响着她的人格心理和创作心态。于是她又一次开始反省、改造自己，而整风运动和《讲话》像一盏明灯，廓清了丁玲久积于心的“迷雾”。同时，也使她在创作中刚刚显露出的独特的艺术个性被自觉地搁置，从而她的文本创作重新回位到抗战初期的《到前线去》的轨迹上来。

在向“为工农兵服务”的方向迈进的过程中，丁玲竟有五年之久没有写过一篇小说，全是散文、通讯和报告文学，汇集为《陕北风光》。这是深入工农兵生活的产物，具有极强的政治色彩和功利性从中再一次凸显了丁玲作为政治家的、艺术家的人格特征。《田保霖》曾是一篇被毛泽东赞誉过的通讯，毛泽东的赞誉无疑强化了丁玲创作的政治意识。然而她对此文并不满意，因为她懂得作品不能仅仅满足于政治意义层面，还应有艺术个性层面的追求。可是，在特定的时代背景下，丁玲一时难以找到二者兼而得之的方式，为此她困惑过、探索过。五年后的丁玲终于找到了契机：创作《太阳照在桑干河上》。这部作品既反映了政治、革命、时代的需求，表现了作家强烈的男性人格特质，同时也体现了作家独特的自我艺术个性，充分表现了她的女性人格特质。《太阳照在桑干河上》的创作，是丁玲人格发展并最终选择的结果，代表了她创作的最高追求和成就。

丁玲有着双重人格，她人格中的男性人格特质使她对政治斗争特别敏感，并有着强烈的政治追求意识。这种政治意识使她在文本创作时，主动地把笔触伸向解放区的敏感区，即中国历史上从未有过的土地改革运动，甚至边写作，边体验土改斗争生活。然而，丁玲的女性人格特质，使得她在反映土改这场政治运动时，特别注重艺术化、个性化、情感化的把握。正因如此，丁玲与写同一题材的周立波，表现出了迥然不同的艺术个性，她不以全景观照的方式写土改全过程，而是截取土改斗争的横断面，尽写斗争的复杂性和尖锐性，既写出农民的“翻身史”，更写出他们的“翻心史”。就人物塑造而言，一方面和《水》一样，以“群像”为主，塑造“一群活动的人”；另一方面在群像人物的具体构制中，又特别注重人物的个性化。她塑造了两类极具特色的人物，即以张裕民、程仁为代表的英雄人物和黑妮。

丁玲尤其以极大的政治勇气和浓烈的女性情感，描写了黑妮这位善良质朴的女性所受的精神折磨内心痛苦。这是丁玲在新的历史条件下，一如既往地对女性精神生活和被压迫女性命运的高度关注的人格意识的充分体现。所有这些，使《太阳照在桑干河上》成为丁玲艺术之路上的里程碑。

至此，我们似乎可以对1949年以前丁玲人格与文本关系的嬗变轨迹做如下描述：丁玲是一个女性而非女子气的女人，在她的人格意识中，既有敏感、细腻的女性特质，同时也有雄强的男性特质，这双重人格并非均衡存在，并行发展，它们时而交融，时而矛盾，时而统一，时而以一方压倒另一方。正因如此，它对丁玲的文本创作产生了巨大而深刻的影响。丁玲的文本嬗变，由早期的关怀女性和自我，高扬个性解放的大旗，发展到后来的抒写工农大众，为工农兵服务，以高唱阶级解放民族解放的战歌。然而，在这一必然的总的嬗变进程中，部分文本中时而不断地表现出一定程度的对过去文本的回归现象。当然这种回归，并非重复和因袭，而是更高层次和更深层面的追求和创造；是呈波浪式前进，螺旋式上升的。正是这种动态的辩证的嬗变，才使得丁玲的文本创作始终保持了一种旺盛的创作冲动感，从而使其作品具有一种别样的内在美，这种美的意蕴就是在含蓄、蕴藉、阴柔之中，透出一种男性的力度和强度，呈现出雄深、豪放的风格，具有一种阳刚之气，正是这种阴柔美和阳刚美的统一，从而构架了丁玲这座绚丽的文学艺术殿堂。遗憾的是，过去我们很少从人格与文本的角度去研究丁玲，去探究丁玲作品的内在美。正因如此，不能不说现在正是我们从中总结经验和教训以探求丁玲作品全部奥妙的时候了。

（本文原发表于《中国文学研究》1998年第4期。中国人民大学书报资料中心《中国现代当代文学》1999年第1期全文复印转载，并收入多种论文集中。）

在阿波罗与缪斯之间徘徊

——丁玲双重人格的建构与交融

摘要：本文论述丁玲双重人格的特质，即阿波罗特质和缪斯特质，以及丁玲双重人格建构的原因。丁玲的人格无不影响着她的审美意识、审美体验和审美情感等，从而在其文本中打下了深刻的烙印。

阿波罗（Apollo）是希腊神话中的太阳神，主管着光明和青春，并代表主神宙斯宣告神旨，正因为这样，阿波罗常常象征着权力、意志、力量、光明青春、美男子，代表着冷静、清醒、人类的理性、文明和道德上的正直等，它表现出一种外向型形态。缪斯（Muses）则是希腊神话中的女神，是主神宙斯和记忆女神的女儿，主管着文艺和科学，因之人们以缪斯来象征艺术，并代表着人类的自我、个性、情感、感性等，它更多地表现出一种内向型形态。本文欲以阿波罗和缪斯作为借代和比喻的符号，以代表女作家丁玲的两种不同人格特质。

丁玲是中国现代文学史上一位非常重要的作家，正如国外评论界所称，她的作品“是中国思想、中国现实的艺术再现，给了我们一张进入中国世界的门票”，丁玲“作为一名20世纪最有力量、最为活跃的作家，在中国文学史上，占据着一个显著的位置”。新时期以来，丁玲研究进入了一个全新阶段，然而许多研究者似乎忽视了对丁玲个性、气质和人格以及它们与文本关系的研究，以至于对丁玲及其作品产生不同程度的误读，甚至误解，从而未能真正发现隐匿于丁玲作品中的内在美。有鉴于此，笔者想做一番尝试性的窥探和描述。

丁玲的人格在中国新文学史上是很独特的。美国女评论家尼姆·韦尔斯曾对其人格作了非常精粹的概括：丁玲“是一个使你想起乔治桑依列亚特那些特别的伟大作家的女子——一个女性而非女子气的女人……她给你这样一个印象：完全适合做任何她着手的事，从投炸弹到演电影，她是一个抑制不住精力和专制不分的热诚的发动力”的人。① 诚然，丁玲首先是一个“女人”，她有着丰富的、细腻的、敏感的女性情感，并极具缪斯特质，拥有女性特点和具有强烈的女性意识的女作家，她更是中国现代文学史少有的女权主义的代表。沈从文曾说过，“凡属于一个女子的某种品德她毫无所缺，她爽直并不粗暴”，“沉静”“细致”。然而，丁玲又的确失去了做女人的许多东西。沈从文说她连女人的穿衣扑粉的本行都不会，“年轻女子的媚人处也没有”，“没有年轻女人的做作，缺少年轻女人的风情”，尤其重要的是，“她在做人方面，却不像个女人”。可以说，丁玲的个性、气质和人格特质中，常常表现出一种男性的粗犷、豪放、雄强、刚烈的特征，或者说她是一个具有阿波罗特质的女性。丁玲到达陕北后，她的这一人格特质，得到了进一步的发展和强化。正如她自己所说：“感情因为工作的关系，变得很粗，与初来时完全两样。”② 她又说，那时每天要打赤脚穿草鞋走七八里，不要幻想有火车或汽车，或者骑上小毛驴，全得靠双脚走路。她还习惯于几天几夜不洗脸，不漱口……生活的磨炼，使丁玲这位上海亭子间的“文小姐”成长为“武将军”。由此可见，丁玲的个性、气质和人格明显具有双重性，一方面她是一个女人，具有女性固有的一切阴柔性特征（缪斯特质），另一方面在她身上又确有强烈的男性的阳刚性特征（阿波罗特质），这二者有机地交融在丁玲的人格个性中，并贯穿于丁玲的一生，对于她来说，缺了哪一方面，都不能构成一个完整的真正的现实的丁玲。

人格是一个人的个性、气质、能力、性格等特征的总和，它代表着一个人的整体形象，它具有整体性、丰富性、稳定性、可变性。人格既受人的自

① 〔美〕尼姆·韦尔斯：《续西行漫记·丁玲——她的武器是艺术》，上海复社 1939 年版。

② 《丁玲文集》第五卷，湖南人民出版社 1984 年版，第 311 页。

然属性的影响，但主要是受人的社会属性的影响，一个人的人格待征是在长期的生活历程中逐渐形成的。不过，心理学研究表明，在个体发展的早期，人格特征的形成更有赖于家庭环境以及同伴集体对个体所施加的种种影响，个体的态度甚至可以由一次的创伤形成。而作为作家，他的人格一旦形成和发展，会深刻地影响着他的审美意识、审美情感、审美追求，从而影响其文本创作。

丁玲初登文坛时，还是一位年仅 23 岁的姑娘，而在她短短的人生历程中，却经历了许多生与死、苦与痛的考验。她四岁时，父亲就因病而逝，留在她童年记忆中的是满屋装裱惨白、一片凄凉可怖的景象，此外就是母亲的眼泪和上门逼债的人们那副难看的脸色。人世间的世态炎凉和势力群像，在丁玲幼小的心灵上刻下了一道永不磨灭的伤痕，随后那寄人篱下的生活，更使她自小就尝尽了酸甜苦辣的滋味。正因如此，丁玲自小就养成了一个多愁、善思、敏感、脆弱的情感习惯，同时在其幼小的内心深处，悄悄地种下了不屈不挠与命运和环境抗争的种子，于是她渴望强大的力与火，来改变自已周围的环境以及整个黑暗的社会。父亲的过早离世，不但使丁玲失去了宝贵的父爱，更主要的是使她永远丧失了一位家庭环境中的男性阿波罗偶像崇拜对象，而这一神圣的使命终于由其母亲来承担。丁玲的母亲余曼贞是一位非常优秀的女性，她从小就受过民主主义思想的熏陶，她冲破封建的束缚，主动放足，走向学堂，表现出非凡的叛逆勇气。夫死之后，她又带着丁玲和丁玲的弟弟，既扮演一位慈爱母亲的角色，又担当起一位严父的职责。母亲是孩子的第一位老师，丁母含辛茹苦，宁折不弯，自强自立的生活态度，以及将父亲职责兼于一身的“代父”人格力量，直接给丁玲以深切的影响，丁母的双重人格角色，使丁玲从母亲身上一方面看到了中国女性贤良、慈祥的阴柔美德，另一方面看到了其坚韧不拔、顶天立地的男性阳刚之气，这无疑会影响丁玲的人格个性。丁玲说过：“我虽然从小没有父亲，家境贫寒，但我却有一个极为坚毅而又洒脱的母亲。”① 很显然，丁玲是以母亲的人格力量为自豪的。总之，严重的心灵创伤和榜样力量，塑造了丁玲敏感、倔强的性格和正直、率直的人生态度，而态度一旦形成，便成为她人格的组成部分，从而影

---

① 《丁玲文集》第五卷，湖南人民出版社 1984 年版，第 94 页。

响其认识社会的整个方式。

当五四浪潮冲击到湖南桃源这个小县城时，正在省立二女师读预科的丁玲，经受了五四风潮的洗礼。当时杨代诚、王剑虹等正在学校里讨论妇女命运和社会问题，这一群热情的同学把少年丁玲引入了一个崭新的天地，并成了她人生的指路明灯。如果说和充满新思想的王剑虹十多年的形影不离，使她成了丁玲“自我中的他者”，那么丁玲与早期的妇女运动领袖向警予以及新派女性陶斯咏等人的结识，则使丁玲终于看清了女性的真正追求和如何实现女性自我价值的途径，这样，便客观上强化了丁玲人格中敢闯、敢干，极易叛逆的阿波罗特质。再说，丁母自小就喜欢给丁玲讲述罗曼·罗兰夫人以及极具“侠气”的秋瑾的故事，无意中在向她输入一种强悍女性的信息。另外，丁玲自其弟弟去世后，她母亲便一直把她当男儿看待，并给她取了一个蒋伟的名字，希望丁玲长大以后显示出男性一样的伟力和雄健，要像男性一样干出一番轰轰烈烈的伟大事业，而非成为一位弱女子。丁母的这种男性人格强化意识，无不影响着丁玲的人格气质。

丁玲倔强、自强和叛逆人格个性的形成，使她迅速地赶上了五四个性解放的潮头。她曾公开在报纸上登文与其舅决裂，以解除旧式婚姻。她毅然离开闭塞的家乡到长沙、上海求学，同时闯南京、奔北京，追寻真理和自由。在长沙，丁玲接触了具有先进思想的陈启民，以及新时代女性吴绍芳、杨开慧、杨没累等，到上海后，她更是有幸接触了当时具有激进思想的早期共产党员李达、沈雁冰、瞿秋白等。与他们的频繁接触，使丁玲深入一个更为广阔的天地里生活、体察、思考。尤其是瞿秋白，曾给了丁玲很大的鼓舞，以至于她复出后写的《我所认识的瞿秋白同志》还深情地写道：“有一天，我问他我将来究竟学什么好，干什么好，现在应该怎么搞。瞿秋白毫不思索地昂首答道：你嘛，按你喜欢的去学，去干，去飞吧，飞得越高越好，越远越好，你是一个需要展翅高飞的鸟儿，嘿，就是这样……’他的话当时给了我无穷的信心，给了我很大的力量。”

的确，丁玲如同一只展翅高飞的雄鹰，她怀着对社会和人生极大的理想追求，飞到北京，成为北大的旁听生。然而就在这时候，感情丰富的年轻诗人胡也频闯进了她的生活，她禁不住那炙热的情感诱惑，他们同居了。可是，倔强、豪放，极具阿波罗气质的丁玲，在爱情的玫瑰之梦一度惊醒之后，便开始不满于胡也频那缠绵的诗与情来，因为他身上似乎缺少了丁玲一直渴望见到的男子汉的雄健、刚劲和力的美的阿波罗人格力量，这也正是丁玲人格本身所固有的一种美。正因如此，当一位棱角分明，前额隆起，嘴唇宽厚，着中式衣裤，蓬乱的头发上蒙着层灰，既无诗人的浪漫风度，也不见处于地下共产党的神秘，但朴实、诚恳、炯炯双目中闪着充满信心的固执的光芒的具有一种独特的男性雄强美的冯雪峰出现在丁玲面前时，她终于惊讶地发现了她心中的阿波罗王子偶像，于是她向他写起了《不算情书》的情书："……然而对你真正是追求，真有过宁可失去一切而只要听到你一句话，就是说'我爱你！'"丁玲这种感情的剧烈变动，以及由此引起的内心痛苦和人格分裂，无不因其本身人格矛盾而发生（荣格认为人格本身就是一个矛盾的系统），并对其未来人格的追求和发展起着重要的影响。在丁玲的一生中，冯雪峰对她早期的影响，可谓是任何其他人都取代不了的。正因如此，丁玲说"我最纪念的是也频，而最怀念的是雪峰"，"雪峰是最了解我的朋友之一，是我文章最好的读者和老师，他永远是支持我创作的"[①]。如果说冯雪峰本人的个性气质对丁玲人格的影响，主要是激化她强悍的男性阿波罗气质的话，那么冯雪峰对她早期作品的批评则其实就是希望她去其柔弱，使其充满社会性的力量和政治性的批判与挑战，这样反过来又影响着丁玲人格的发展的态势。

丁玲自步入文坛开始，冯雪峰便对她寄予了极大的关注。当《莎菲女士日记》一问世，他便写信给她，一方面为作品中的莎菲这一时代苦闷的女性而流泪，充分肯定这个艺术形象的时代性和社会性；另一方面又率直地指出，"莎菲太消沉了，太虚无了，作为文学的倾向是不好的"。当《韦护》和《一九三〇年春上海》发表后，冯雪峰又严肃地指出她仍徘徊在"革命加恋爱"公式化的盘陀道上。直到《水》发表后，他才非常高兴地以《一个新小说的诞生》为题，加以评论推荐，对她的创作实绩给予高度的评价，对她的创作方向给予充分的肯定。可以这样说，丁玲能从表现小资产阶级布尔乔亚知识女性的苦闷，初步加入表现工农革命的普罗文学大军的行列里，并成为先锋，冯雪峰是她的第一位导师。我们仅仅从丁玲"我对他的言行从来就是深信不疑的"一句话中，可见她对他何等的崇拜和钦佩。这种对领袖的仰视崇拜心

① 《冯雪峰论文集》第一卷，人民文学出版社1983年版，第105—106页。

态无疑会影响丁玲的人格心理定势，使丁玲对英雄领袖人物的人格力量由认同逐渐发展为自我内化，这种内化的结果又通过她的审美思考而深深地在其作品中烙下痕迹。

大革命失败以后，中国社会进入了急剧变动的时代，这对丁玲的人格和其文本创作不无重大影响，尤其是当她的丈夫胡也频参加革命并被国民党反动派杀害之后，这对丁玲的人格心理触动是非常激烈的。一方面彻底改变了过去对也频的偏见，另一方面激化了她预备以一个强悍女性的姿态投身革命和斗争的决心和勇气，从而强化了她人格中的阿波罗特质。她的思想迅速左倾，她要报仇雪恨，她要去战斗。于是她倾向革命，投身于现实的阶级斗争。她参加了左联，加入了中国共产党。最后因投身政治斗争，而被国民党反动派囚禁南京达三年之久。南京三年的囹圄生活，可以说是对丁玲人格的一种最严峻的考验。虽然不屈的丁玲在政治上，既没有向敌人自首，也没有为敌人写过一篇文字，而是保持绝对的沉默和自身的清白。然而在生活上，她竟与冯达同居，并生下了孩子。这种复杂而险恶的生活环境，使得丁玲的人格和灵魂受到了最严厉的拷打，她始终没有放弃自己的政治追求。她以惊人的毅力和刚强，等待在沉默中爆发的时机。

丁玲终于设法到达了陕北。她像一颗璀璨的明星一般，照亮了解放区和整个中国的文坛。这时的丁玲不仅仅是女艺术家的丁玲，还是一位政治家兼战士的丁玲，她像一位统率千军万马的统领一般，领导着西战团的工作和解放区的文艺工作。可以说，这时丁玲双重人格中的阿波罗特质，在解放区得到了淋漓尽致的发挥和表现。她俨然成为一位剽悍的花木兰式的英雄。这一机遇的到来，固然缘于丁玲本身的人格力量，但与解放区这块火热的土壤和以毛泽东为代表的领袖人物的影响也有着非常重要的关系。

丁玲自己说过，在解放区这块明朗的天空里，“我有幸接触到当代一些伟大的人物，同时，我也可以接触到不识字的普通老百姓，我可以和外国人围坐在桌前高谈阔论，也可以坐在炕头上和一个农村老太婆聊天、谈心。这是时代给我的福”[①]。具有阿波罗人格特质的丁玲，其骨子里自始至终是很敬仰伟大的领袖人物，崇拜阿波罗式的英雄的，因为他们具有一种男性雄强的美，

---

① 丁玲:《我的生平与创作》，四川人民出版社1982年版，第22页。

伟力的美。然而丁玲毕竟是女人，所以她只能以极其崇拜的心理，希望能投入他们的怀抱，得到他们的指点，使自己成为一种社会化的女性，丁玲是不甘心只做一个纯粹的女人的。正因如此，当她谈到北大荒见到王震时，就直言不讳地说："我自己也是容易崇拜革命家的。"在丁玲的生中，秋瑾、向警予、罗兰夫人、母亲余曼贞等一些强悍的社会化的女性英雄，固然对她的人格形成产生了很大的影响。而瞿秋白、鲁迅、茅盾、冯雪峰、毛泽东、刘少奇、王震、彭德怀等男性领袖和英雄们，似乎更激发了她人格中的阿波罗雄强意识，以及对女性社会化的强烈追求。在这些领袖人物中，如果说冯雪峰是丁玲的第一个导师，那么毛泽东是她的第二个导师，他对丁玲人格发展和最后定位，对她延安时期以及后半生的命运和创作有着巨大的影响，这也是任何人所取代不了的。丁玲刚"奔"到延安，毛泽东便亲自欢迎她，这简直就像一位阿波罗太阳神，照亮了丁玲心中所有的迷雾。毛泽东给了她"纤笔一枝谁与似，三千毛瑟精兵"，"昨日文小姐，今日武将军"的高度赞誉，使本来十分兴奋的丁玲更加高度兴奋。后来毛泽东对西战团的指示，对丁玲文章的多次评品指点，使丁玲感到"是从一位最高明的人，一个知己那里来的悦耳之音，常常铭记在心中"[①]。领袖的指示，频繁战斗的艰苦环境，迫使丁玲主动放下用惯了的小说文体这一文学"武器"，而去写散文、剧本和报告文学，以便更好地为现实的政治斗争和革命战争服务。个体在新的环境里所得到的成功与尊重，使丁玲进一步激发了创作热情。毛泽东的《讲话》和延安的整风运动，为丁玲铸定了文艺的革命功利观，《田保霖》得到毛泽东的高度赞扬，又为她灌注了一支兴奋剂。从此，丁玲便以更加自觉的意识，指导自己去参加革命斗争，并体察生活。于是作为"这位共产党女作家对共产党领袖毛泽东许多号召的答复"，作为"解放了的中国的文艺进入新的发展阶段的基石"[②]的巨著——《太阳照在桑干河上》问世了。由此可见，延安解放区的生活和毛泽东的影响，最终确立了丁玲新的人格心理定势，这种心理定势，使得她在创作上不仅追求文本的艺术性，更追求文本的政治性和功利性。丁玲的人格是丰富而复杂的，但总起来看不外乎两大特质，即阿波

① 《丁玲文集》第五卷，湖南人民出版社 1984 年版，第 283 页。

② 〔苏联〕波兹德聂娃：《〈太阳照在桑干河上〉序言》，载《丁玲研究在国外》，湖南人民出版社 1985 年版，第 32—33 页。

罗和缪斯特质。

丁玲的人格不是一成不变的，也不是平分秋色，它的表现形态因生活和时代的变化而变化，时而阿波罗特质占主流，时而缪斯特质占主流，但更多的是互相交融。这种独特的动态化的人格特征，无不深刻地影响着丁玲的人生道路的选择与走向，并通过作家的审美体验而影响其文本创作。与此同时，丁玲的生活历程又在不断地强化、发展着她的独特人格，她的作品也在不断地印证着她的人格特征，亦即深深地打上了她的人格的烙印。这表现在无论是题材的选择，人物形象的塑造，还是结构模式的营构等方面，无不与其人格特征联系着。如果以丁玲的创作道路为纵坐标，以其人格与文本的关系为横坐标，那么我们将会看到丁玲创作中人格与文本浸润共生的生动景观。

（本文原发表于《中国文学研究》2001年第4期）

20世纪90年代散文怀旧倾向的文化批判

内容提要　20世纪90年代散文创作呈现出一派繁荣的景象，当我们回眸这十年的散文创作时，不难发现其中凸显出的一种浓烈的怀旧倾向。怀旧散文是20世纪90年代社会转型的产物，它的存在具有现实的合理性，但毕竟是新时期里对昨日之梦的挽歌。怀旧散文对当前文化建设的作用应从理性上去评析。

关键词　20世纪90年代　散文　怀旧　文化批判

当先锋派小说遁入历史，以缭乱的诗意描绘某种意蕴的时候，当"左"派创作者浅薄地勾画转型期社会现实的时候，我们却一次又一次地听到来自大地的深沉呼喊：转型期波澜壮阔风云变幻的社会现实，在审美领域虽有几朵零星的花草，但缺乏参天引人的大树。蔚为壮观的历史性审美，面对焦灼的"进行时"时空欲求，显得苍白如纸。

然而，庆幸的是"人的文学"这一规律仍无法遏抑地发挥着其内在的作用。在文学百花园中，20世纪90年代的散文创作如春风荡过原野，呼啦啦苍茫一片。翻一翻各种报纸期刊，散文性质的栏目触目即是，各种各样的散文俯首即拾。可以说，最及时最广泛地反映社会转型期的审美文体当数散文。它是转型期现实的嫡系子孙，是社会由传统向现代迈进，文化由封闭自足转向多元并聚，时间在世纪之交的迅捷而热烈的反映者。我们不得不为之惊喜。同时，我们应清醒地认识到一种文体的价值是从量到质的进行动态中全面地衡定的。数量无法托起美学上壮丽的太阳，甚至当滚滚而来的“数量”一同涌向某一歧途时，文学有可能走向它生命跃进的反面。

20世纪90年代，散文创作确实呈现出一派繁荣火爆的景象，当我们回眸20世纪最后十年的散文创作时，不难发现这样的现象：散文创作呈现出一种怀旧倾向。然而当我们把目光投注在大小报刊纷至沓来的“怀旧”式散文上时，即便有一些审美上的愉悦，也无法消减文化上的隐忧。

这种散文的怀旧倾向主要表现在：首先追忆田园牧歌式的生活，恬淡自足式的人生。这类散文的文本世界，多依托于乡村农人，生活随四季流转，人群循日月生息，“晨兴理荒秽，荷锄戴月归”，恍然一曲远古的牧歌。其次，维系文本中人物的情感，多建基于传统道德（仁爱、谦让宽容）或者淳朴古拙的传统、习俗和经验。其中缺乏人性的探索，转型期现实文化裂变所造成的心灵焦灼、惊喜和迷惘，也少有冷色调的理性分析。

怀旧散文的优秀之作，大多有淡远超脱的情调，精致玲珑的格局，温婉暖人的美味，其审美价值不可抹杀。但是审美价值并非文学价值功能的全部。文学从来不是自在的存在，其生命力更源于现实审美，它所寄寓的个人乃至人类的情怀，更主要的是在心灵激情或精神理性上满足活着的人们的期待视野。

怀旧散文是20世纪90年代社会转型的产物。在传统农业文明向现代工业文明的迈进中，千年传统所形成的心理定势会在每一次向前的启动中，逆发出向后移动的惯性，使人对逝去的一切怀恋和追忆。同时，步入现代工业文明并非完美的终极和天堂，尤其是在一切尚不明朗的转型期，人的异化，意义的丧失，价值的滑坡，情感的零度化时有凸现。工业时代与后工业时代的生活形式美丑杂陈。这样，异化感、不适应感、无家园感充塞了一些人的心灵。怀旧式散文也就应运而生。

怀旧式散文的意旨维度是向后指的，是指向我们正欲突破的社会形态或文化形态。这样，作为文化样式的文学就与自己形成悖反。（文学至少应把握时代与文化的脉流，唯其如此，文学才纯粹，才有自己独立的品格与品位。）社会转型的本质是文化转型，而文化转型的核心是人自身生存模式的现代化。

散文——人的情感、心灵的表现形式——怎能以怀旧式的“后退”来完成自己的前进呢?

但是，怀旧式散文恰恰去进行这场滑稽的运动。从文化人类学来分析怀旧式散文，我们似乎看到其零散的描摹，能完好地拼成一幅传统的生存模式：人们生活在相对凝固和封闭的天然共同体内（家庭、家族、村落），以重复性思维与重复性实践为活动方式，“随波逐流”“周而复始”是对此的最好解释。同时，又以传统、习俗、经验与常识为基本活动图式，以生存本能、血缘关系、天然情感等自然主义因素为立根基础。这种生存模式与转型期现实相去甚远，与百年来我们极力争取的现代人生存模式几乎相反。概而论之，现代人生存模式为：人们生活在流动、开放的大社会中，以创造性思维与创造性实践为活动方式，以科学主义、人本主义、理性主义为活动图式，以竞争、契约、法制为立根基础。文学作品重要的不是描摹了什么样的生存模式，而是它所承载与蒸腾其上的审美品格，以及审美品格与其社会价值的关系。如果我们回眸百年文学，我们不难发现“现代化”是文学一以贯之的追求。几乎可以说，“现代化”是估价文学的标准之一，也是百年文学的高尚品格。而“现代化”的获取仅凭量性上的科技累聚不可能完成，关键在于人的转变，人的精神、思想的跃升，而人的生存模式的转变是人转变的最终的、具体性的根源。因为它融合了经济基础与思想精神的双重视角，合而归一又无印无痕，如一场细雨渗入了人们最基本的生活这片大地。简而言之，“现代化”必然是生存模式的现代化。

我们无法否认亚里士多德所言历史与诗（文学）并不相同的正确性，正如我们不能强求散文千篇一律地传达出转型期现实正对我们进行演变的实质。但是，怀旧式散文审美价值上的虚弱正在说明它根底上的悖逆及生命力丧失。在数量众多的怀旧式的散文之上正大浪淘沙般遗留出另外几种品格的散文，如文化散文、旅居散文、生活散文、生命意志派散文等。

怀旧式散文的失败为其哲学基础早已决定，它的哲学基础是保守、消极性的自然主义。自然主义当为卢梭提出，其时是以“天赋人权、主权在民”为口号，意在追求人的平等、自由与权力，法国资产阶级大革命可以说是其结果。怀旧式散文的共同之处在于都是对“进行时”现实的背叛，其致命的错误在于面对的并不是卢梭那个时代的现实，而是20世纪末中国向现代化激进的时空。在现代化进程中，千年传统所形成的心理定势，会在每次向前的启动中迸发向后移动的惯性，使人怀恋追忆逝去的一切。同时转型期现时所造成的情感疏离，价值滑坡，深度平面化也再一次刺激了心态的失衡，从而向后逆动。这些都可理解。怀旧式散文的存在具有现实的合理性。但是，它毕竟是一曲新时期里对昨日之梦的挽歌，醉心吟唱的时间已然寥寥，掩耳盗铃式的姿态只是一场胆怯而懦弱的自欺。

怀旧式散文作为当前散文的一极无可厚非。只是它喊喊喳喳婆姨般壮阔浩大的声势却令人厌腻和警醒。才情的误用和生命的虚耗一样都是场悲剧。时光无情，它无时不对纷纭的世相嘲弄和攻击，到最后只有少数才会留下一抹光彩。文化散文、旅居散文、生活散文与生命意志派散文正是在审美的时空中恰当定位而孤标傲世、陡然屹立。

这里说的文化散文，以余秋雨的《文化苦旅》和李辉的散文为代表。《文化苦旅》多是就走过漫漫历史的“遗留物”表现出一种诗意的、深沉的感悟，其着眼点与其在民族千年时空中某些现象的、性格的、精神的缺失，不如说在流贯古今的文化。《文化苦旅》不仅胜在诗意、雄浑、深沉，更胜在它寄存于作家心中的无形的眼睛，这只眼睛从现时看到过去，又驾临空中，以“一”的神态若有若无地洞察了一切。李辉的散文多写“文革”时期的政治家、文人，但绝非传记，而是在描述他们相互间的关系以及人与时代、现实间关系中推想、刻画一颗颗烧灼的灵魂，最终却落入对文化的反省，在文化中不同的时空只是个递变性的突起点，它们对文化起不到决定作用。所以文化散文所着意的“文化”，不仅源于转型期给作家带来的思考，而且直接以转型期现实为结果。其“历史”性的内容并非怀旧式散文可以相比。

旅居散文完全是新时期的新生儿，它多写国外生活。异域情调弥漫其中，但绝非存心展览，而是灵魂在开放期文化碰撞中的阵痛反应，它是转型期生活的艺术折射。

生活散文主要指报纸副刊上发表的反映市民生活情调的散文，如《海南特区报·人生百味》等。这类散文微笑着写生活的闲适和自得，而且都有一种温润惬意的味道。它们十足地反映了都市人的心态。一方面他们已达到了经济富足，在舒适的生活基础上细细玩味着人生，所以那些琐碎的生活枝节，都有一种亲切的色彩。另一方面也反映出一些市民的浅薄和短见，现代化所带来的阵痛已为他们忘却，新生活的曙光使他们适应、满足，或者说现实中的裂变已为他们忽视、忘却，自身达到一种幸福的麻木状态。生活散文恰如硬币的两面，既反映了都市人的进步和成功，也反映了“知足常乐”的千年传统在他们心理上的积淀。

生命意志派散文，以张承志、周涛、张炜为代表。富于哲合忍耶精神的张承志与描摹骏马骑手与莽苍草原粗犷原欲的周涛一样，高扬着飞动生命力的战旗，而张炜一篇《感动的能力》同样令人久难释怀。他们探索的是本真，抒发的是冲动的原始生命力，高擎的是理想。生命意志派散文是对转型期现实的拨乱反正，是在失去价值、精神、意义、终极的时代狂烈地鼓动价值、精神、意义和终极。他们给晕头转向、心理失调的人群重新树立起信仰、虔诚和追求。

但令人遗憾的是这几类散文在20世纪90年代散文群落中数量并不众多，大量的报刊依然津津有味地为怀旧式散文大开绿灯。我们并不想对怀旧式散文硬下禁令，因为文学自有其内在规律、裁定并完成其“生态系统”的平衡。只是怀旧派散文对当前文化建设的作用令人不得不在理性上去评析。由此，笔者不禁想起美国社会人类学家奥本格的名言，他说文明是以总体性的方式演进的。在其演进过程中，文明的各部分应协调一致。这样，其合力才巨大。然而，各部分若相互逆反，就会形成“文化滞差”，其合力的消减后果将无法预测。无怪乎杨子敏早在1994年散文研讨会上就提议，当前散文应注意其阳刚性质的维度了。

（本文原以《90年代散文怀旧倾向的文化批判》为题发表于《中国文学研究》2000年第1期）

浅谈报纸副刊与现代文学的整合

摘　要　报纸副刊与现代文学有着密不可分的天然联系，然而长期以来，人们忽视了这方面的研究。全面系统地探讨二者的嬗变轨迹和整合状态，厘清副刊对现代文学生态格局分布的影响和作用，将有助于现代文学研究的深入，并开启新的研究空间。本文认为副刊与现代文学的整合是多方面、多层次的，这既关涉到副刊本身的特性，也关涉到作者和读者以及时代社会等多方面的因素。本文从副刊与文艺运动、文艺批评、文学语言、文学体裁以及作者—副刊—读者的审美供求关系等方面，提供了副刊与现代文学整合的思考角度和方法。

关键词　副刊　现代文学　整合

报纸副刊是中国现代报纸的重要组成部分，也是中国现代报纸的一个独有现象和特色。副刊作为现代传媒之一，它与现代文学有着天然的联系。副刊为中国现代文学的传播提供了一种新型的传播载体，它是现代文学生成发展的重要园地和方式之一。许多作家甚至包括一些大家都是通过副刊走向文学之路的，他们不仅积极为副刊撰写文稿，而且有的亲自参与副刊编辑出版工作。副刊也因为有了文学的积极参与而得到进一步的壮大，从而有力地促进了报业的发展和繁荣。副刊相对于文学杂志等文学传播载体来说，有其独特的传播方式和传播时空，它对现代文学的生成发展和生态格局的形成起到了深刻的影响，发挥了十分重要的作用，同时也做出了特殊的贡献，在有些方面是文学杂志等所不可替代的。副刊对现代文学的发展既给出了充分的发展条件和舞台，同时直接或间接地引导、支配、规范、制约着现代文学的发展方向。因为很多现代日常的文学生活常常是以副刊为中心组建起来的，甚至事实上某些副刊的聚合也可构成所谓文坛。随着副刊的消长，作家间的联系或加强或疏远，文学越来越社会化。副刊推动和加速了文学内容题材风格、流派的节奏和周期。副刊通过"无形"的编辑与调动，使"时代""潮流""时代精神"和副刊一道流行起来。正因如此，有人主张"写中国现代文学史，应该有一章谈谈报纸副刊"①。现代文学与副刊的互动关系很有探究之必要。我们很难想象，如果没有副刊这一现代传媒，现代文学将会是怎样呢？

然而，文学史研究者们似乎忽视了这一"文学—报刊"现象。据笔者所知，到目前为止，有关这方面的研究论文很少，且大多是零散的个案研究，专著几乎没有。有鉴于此，早在 1987 年，著名作家兼副刊编辑家萧乾先生在为《中国报纸的副刊》一书作序时就深有感慨地说："遍翻几部现代中国文学史，看不到哪位文学史家正视过文学副刊对'五四以来的新文学起过的作用、做出的贡献。然而多少作家是 20 世纪二三十年代，在北平的《晨报》《京报》，天津的《大公报》《益世报》，上海的《申报》和《新闻报》开始写作的呀！"萧老的感叹不无道理，然而 10 多年过去了，这方面的研究仍无起色，与现代文学其他方面硕果累累的研究来说，形成强烈反差。因此更增加了对这方面研究的紧迫感。

事实上，以出版、期刊、副刊为主体的文学生产方式和传播系统，既是现代文学极其重要的组成部分，又是考察现代文学传统，不可忽视的基本途径。为此，从副刊与现代文学关系的角度切入，全面系统地探讨两者的嬗变轨迹和整合状态，厘清副刊是如何影响、作用于现代文学生态格局分布的，而现代文学生态格局的最终形成又是怎样通过副刊这一传播载体得到适度调适的，由此进一步总结中国现代文学在走向现代化的路途中所表现出的一些规律性东西来，是一项很有意义和开拓价值的研究工作。

---

① 萧乾：《一本褪色的相册》，生活·读书·新知三联书店（香港分店）1981 年版。

副刊与现代文学的整合是多方面、多层次的。这既关涉到副刊本身的特性，也关涉到作者和读者以及时代、社会等多方面的因素。从副刊本身的特性以及其传播方式和时空的特性来看，由于副刊是报纸具有相对独立编辑形态，并赋予整体文化和文艺特色的、有固定版面、栏目和随报发行的附刊，新闻性、思想性、文艺性、知识性、趣味性、娱乐性和服务性等是其固有的特性。作为文学传播的一种载体，副刊与文学杂志不同的是周期短、便捷、传播广泛，且呈现密集状态，能及时得到受众的信息反馈。因此它对现代文学的影响在一定程度上比其他文学传播载体的影响来得更深刻久远。从传者—媒介—受众的传播角度来看，那时的大众传媒不像今天那么发达，副刊作为媒介，不仅充当着中介作用，而且起着引导、制约传者和受众的作用。由于那个特定的传播时代具有不可重复性，以至于副刊对现代文学的影响是“前无古人，后无来者”式的，如同曹聚仁所说的成了“新文学运动的一个灯塔”。就传者来说，当年的副刊作者、编辑很多是高水平的作家，他们亲自撰稿和编辑，作家的使命感、责任感和道德感，使得他们对待副刊与文学倍加珍惜和呵护。就受众（读者）来看，由于普遍受教育程度不高，且不普及，人们对作家有一种特别的仰慕崇拜意识，加上传统的“敬惜字纸”的心态，使副刊、作家、读者三者间构筑起一种特殊的审美供求关系。在现代，副刊是以一种通俗的形态接近读者大众的，即通过它把高深的思想和知识以通俗的形式传播出去。副刊为受众提供了前所未有的文化接触机会。相对于文学杂志追求纯学术性、纯文学性不同，副刊更多地倾向通俗化、大众化风格。总之，有了副刊，现代文学更加纷繁和精彩，没有它至少要黯淡许多。倘若如此，是不可想象的。

一、就副刊与现代文学嬗变、整合的关系来看，我们从不同的角度去考察，就会发现其中的一些轨迹和特点

第一，副刊自始至终与现代文学的发展历程相关联。从各种副刊中，我们既可以看到各种文艺力量、思潮和流派的消长，也可以摸住文艺发展的脉搏。它可以使我们从更广阔的背景下窥见现代文学史的一个侧面。

早期的副刊多属于消闲性质，用趣味性文字吸引读者，旨在增加报纸的销路。至民初，由于政局的糜烂和社会理想价值的迷失，副刊的消遣、游戏的色彩更见浓厚，煽情、媚俗之作风行报端。副刊几乎被鸳鸯蝴蝶派一统天下。五四新文化运动的发生，使副刊发生了转折性的变革，由白话文运动引起的“文白之争”，席卷了整个报坛，从而导致了“文学革命”。“文学革命”的大旗虽然是由《新青年》杂志举起的，但其实绩却主要地表现在新兴的综合副刊和文学专刊中。《晨报》第七版在李大钊的主持下，率先改革，《阿Q正传》《寄小读者》都是在《晨报副镌》和《晨报副刊》上发表的。创造社早期成员的作品多见于《学灯》，文学研究会成员则不仅编辑投稿于《学灯》，也常在《觉悟》上发表文章。后起的《京报副刊》主要是莽原社以及文研会在京成员的写作阵地。鲁迅在这个时期的文学活动与副刊有着更为密切的关系，他先后在十多种副刊发表小说、诗作、杂感和文艺论著。可以说，当时各新文学社团纷纷把副刊当作“文学革命”的阵地，报纸附出的文学专刊“不下百余种”。尽管这些社团以及社团内部成员的倾向并不一致，但从主流看，“这几年的杂乱而且也好像有点浪费的团体活动和小型刊物的出版，就好像是尼罗河的大泛滥，跟着来的是大群的有希望的青年作家，他们在那狂猛的文学大活动的洪水中已经练就出一副好身手，他们的出现使新文学史上的第一个十年的后半期顿然有声有色”①。

在新文学的第二个“十年”中，进步副刊的发展带有鲜明的反“围剿”的特点。左翼作家或根据民族报业资本家在特定时期里政治态度的变化，给他们的报纸副刊以稿件上的支持，如《自由谈》的革新；或进入副刊甚至创立新的副刊，促使其暂时局部地改变方针，如夏衍、钱杏邨、郑伯奇等组成电影小组，先后开辟了《申报·电影专刊》等推动创作，介绍苏联的进步电影理论。“七七事变”后，副刊发展进入另一个浪头。党的民族文化统一战线的提出促使进步作家的副刊活动更加频繁。主要有三个方面。一是以《救亡日报》代表的救亡报纸及其文艺版的发展，发表大量战地通讯和报告文学，并和救亡剧发生直接联系；二是表现在副刊上的“孤岛”文学；三是以《新华日报》为中心的“大后方”抗战文艺副刊。

---

① 赵家璧主编：《中国新文学大系》，上海文艺出版社1981年影印本。

副刊对革命根据地的文艺运动也有着举足轻重的意义。早在瑞金时期，瞿秋白倡导大众文艺运动，主要是依靠报纸进行的。无论是《红色中华报》，还是长征途中的《红星报》，都可以从中见到以歌谣为特色的副刊和文艺栏。1941年创刊的《解放日报》，设有《文艺》等8种专刊。在各敌后抗日根据地，副刊同样是主要文艺园地。这些副刊大多着眼于普及，但其意义超过了普及。它孕育出一批优秀作家和作品，如《王贵与李香香》《小二黑结婚》《漳河水》《吕梁英雄传》。这也证明了，由于副刊的泛群众基础，它对文艺的促进，既是一点一滴的，又是卓有成效的。它在丰富群众文艺生活的同时，构成文艺发展史的一个不可或缺的侧面。其次，副刊通过广泛经常的文艺批评，影响文学艺术的发展。作为文艺批评的阵地，副刊有很大的优势，它的广泛性、连续性、时效性，使文艺批评具有持续的影响；它的通俗普及性，使专业文艺批评家和群众的文艺欣赏、文艺评论活动紧密结合起来；它的灵活性和丰富的手段，也有利于“百花齐放，百家争鸣”，有利于文学艺术的发展。对于重大的文艺问题，或系统讨论、或商榷、或质疑，往往易形成较广泛深远的影响。从我国的现代文艺批评产生起，许多重要的文艺论争都不同程度地反映在副刊上。如文研会对鸳鸯蝴蝶派的批判，主要在郑振铎主编的《时事新报·文学旬刊》上展开。鲁迅对学衡派、甲寅派、现代评论派的回击，则在《晨报》副刊、《京报》副刊以及《京报》所属的其他周刊上展开。1932年前后，《申报·自由谈》和《中华日报·动向》集中讨论了“大众化”问题。抗日战争中，《新华日报》和《新蜀报》的副刊讨论了有关“民族形式”和“抗战文艺”的问题。延安文艺整风后，根据地的报纸副刊，不断地出现关于街头诗运动、农村戏剧问题的探讨，这一切都对文艺发生直接作用。但副刊文艺批评的影响，更多地见之于日常的文艺评介工作中，如书评、影评、剧评、文艺杂记、随笔、读后感、观后感等，积薄为厚，持久渐进地影响着文艺和文艺思潮的发展。这种影响往往会超过文章本身的文学价值。

第二，副刊与文学语言关系密切。在五四文学革命过程中，随着文学观念和内容的更新，传统文学的话语形式已无法“旧瓶装新酒”了。文学传播的符号——语言文字的变革变得十分紧迫，提倡白话文，反对文言文；“文学的国语，国语的文学”，成为五四文学革命响亮的口号之一。于是在传媒（包括副刊）的直接引导、参与下，掀起了两次白话运动。《晨报副刊》《时事新报·学灯》和《民国日报·觉悟》是最先赞助新文学运动的，这三个副刊从1919年开始就发表白话文作品，成为新文学的园地。正如胡适所说，它们是1919年至1921年间“三个最重要的白话文机关”。文学革命之初，《新青年》孤军奋战，响应者寥寥，发难者曾深感寂寞和焦虑。假如没有新的刊物起来助战，没有更多的人执笔写白话文，不仅新文学的高潮不会到来，而且有中途夭折的危险。《每周评论》和《新潮》刊行后，文学革命的声势才开始壮大，而上述三大副刊的加盟，可以说进一步扩大了文学革命的影响，加快了文学革命的步伐。因为这些副刊都是日报的副刊，天天发行，范围广泛，是开展文学运动的最佳工具。借助于报纸在传播时空上的这种优势，副刊把文学革命的主张和先驱作家的示范作品介绍给社会上的广大读者，从而唤醒更多的人加入新文学的创作队伍中来。从此以白话文为话语形式的新文学终于诞生了。

第三，就文体的演化来看，副刊有力地促进了文学体裁特别是我国传统散文文学体裁的演化与发展。副刊上的文字大多具有短小或连载的性质，除去专刊中的理论文章外，多数属于文学范畴。可分两类：一类是五四以来的新文学体裁，这里有一个民族化的问题；一类是传统的文学体裁，这里又有一个随着时代发生演化的问题。如连载小说，在很大程度上是从宋明的话本、拟话本及明清以来的章回小说脱胎而来。连载发展到后来，出现了许多花样，如章目不一定对联式，情节渐趋紧凑，但其叙述的白描、情节的跌宕曲折依然保持下来，构成异于一般小说的结构特点。如果考察《阿Q正传》，未必没有这种痕迹。倘不是注意副刊的特点，随写随载，恐怕作品是另一番样子。游记文学在副刊上占有一定的地位。新文学运动后的游记，沿两支发展，一支是仍旧具有传统色彩，山光水色。风物旅游，怡人性情，陶冶思想。另一支涉猎社会生活的变异，如瞿秋白之《饿乡纪程》、冰心之《寄小读者》、范长江之《中国的西北角》。它们既是游记，又是文艺通讯，可见游记在报纸影响下的新发展。另外，文论诗话、序跋铭诔，都在副刊上找到了天地。它们或以传统形式出现，或衍化出文艺随笔、杂谈、书信、札记、文学回忆录和多种怀念文字。这些传统文学式样的发展，都有赖于副刊。

二、就审美供求关系来说，副刊、作者与读者之间有一种彼此消长的过程

作为文学传媒的副刊是把各个作者的作品编辑在一个版面上，传播到受众中去的，而受众可从中挑选自己喜爱的作品和文体。无疑每一种副刊都有一定的统一性和倾向性，一方面在迎合读者方面，另一方面也在“制造”读者的胃口。因为事实上，当一个副刊出现以后，自然有一部分的读者（作者）在模仿他所喜爱的作品，试行习作。也许他们这样做旨在揣摩编辑的好恶，易于被选录。这也说明，在作者、副刊、读者之间，构成了一种无形的“公共领域”。即作者与读者通过副刊形成共同的交往空间，由交往行动构成了一个共同体。因此，一些有影响的副刊，总在潜移默化地培养一种共同的、普遍的文学趣味。如五四“四大副刊”、20世纪30年代的《自由谈》《大公报·文艺》等在当时的文坛，无疑在形成或主宰着一种无形的规范和共识。可以说，正是一些副刊把当代标准的、流行的文学认识生产出来。

另外，从生产与消费的关系来说，首先生产决定消费。有什么产品，就有特定的消费群体，任何一种生产都是为了满足消费的需求，没有生产就没有消费。同时，消费又影响生产，消费者的需求会引导生产的方向，没有消费的生产是无效生产。读者的欣赏趣味也在时常影响着副刊编辑的方向和定位，比如20世纪30年代商业化诉求，与五四启蒙的要求不一样，体现在副刊的品位是有所不同的。而副刊编辑的定位又反过来要求传者（作者）改变其创作倾向和风格，又因为不同的副刊有其自身的要求，无形中围绕它形成了一定的作家群体，以至于社团或流派等。

总之，副刊作为现代文学的生产传播方式之一，没有受到以往研究者的真正关注，人们更多地强调文学的内在发展规律，而将文学史视为可以脱离具体的文学生产传播方式与过程的抽象的“文学性”。其实文学的生产传播方式在很大程度上决定着文学的本质，现代的文学生产传播已经深刻地改变着

文学的性质。[①] 认真研究一下副刊与现代文学的关系，将会把现代文学研究进一步引向深入，并将开启新的研究空间。

（本文原发表于《湖南第一师范学报》2002 年第 2 期）

① 旷新年:《1928 年的文学生产》,《读书》1997 年第 9 期。

国民性的独特探讨

——试论鲁迅小说人物的变态心理

摘　要　鲁迅小说对人物心理尤其是变态心理，作了令人惊叹的剖析。本文从独特的视角分析了鲁迅小说人物变态心理的类型和特点，试图阐释其形成原因、独特意义和审美价值。文章指出，社会文化关系的失调、作家个性心理和审美追求是小说人物变态心理形成的主要因素，它的意义在于对国民劣根性作了深层次探讨，从而具有一种悲壮的崇高美和和谐的变态美。

关键词　鲁迅小说　人物变态心理　国民性　崇高美和变态美

《狂人日记》的发表，以其全新的文学样式和主题引起了现代文坛的震惊，小说对人物心理尤其是变态心理，作了令人惊叹的剖析。可以说鲁迅以后的小说都是沿着这一起点，把目光倾注在小说人物的心灵世界，着力于现代国民的心态描摹，写出活人的“死灵魂”。从这里也揭示了鲁迅观照社会的独特方式：他是企图从人物心理入手，探讨国民性，寻找理想的人性与精神家园的。

鲁迅曾经说过，他的小说“多采自病态社会的不幸的人们中”[①]。小说所描写的背景、人物事件、基调都是病态与不幸的，他把小说艺术的光圈收束在这些不幸的人和事上，从人物灵魂的深处，通过各种变态心理的表现，来

---

① 鲁迅:《我怎么做起小说来》，载《鲁迅全集》（第4卷），人民文学出版社1981年版，第512页。

透视愚弱国民的病态意识，挖掘其意识深层的创伤与劣根性。他还说过，他做小说“大约所仰仗的全在先前看过的百来篇外国作品和一点医学上的知识”。从鲁迅对人物心理的描述中，确实可以找到医学上的依据。基于以上两点，我们说对鲁迅小说人物的变态心理进行研究是有其现实根据的，同时也有助于我们更深刻地理解鲁迅小说。

但对变态心理的界定却是一个麻烦的问题。在变态与常态之间，任何试图寻找一条标准的分界线都是徒劳的。因此，在这一问题上较难有单一的为大家公认的标准。不过，心理学家还是找到了科学的标准。根据心理学的研究，我们大致可以将判别常态与变态的具体标准归纳为四种：①以经验为标准；②社会常模和社会适应的标准；③病因与症状存在与否的标准；④统计学标准。从鲁迅文本出发，笔者试以第二种标准来分析鲁迅小说人物的变态心理。生活在特定环境中的人，总是依照社会生活的需要来适应和改变环境，使自己的言行符合社会的准则与道德规范。本文所指的常态或变态都是与“社会常模”相比较而言的，它是根据个人行为的社会意义及其完善之顺应为出发点，根据他们在团体中的表现，对人对己的态度，对社会事件和社会关系的看法及反应，是否适合社会的要求，等等，来判断其常态或变态。据此，我们把鲁迅小说人物的变态心理大致划分为四类：①偏执型；②痴呆型；③伪俗型；④综合型。

①偏执型。它又可分为两种，一是“狂人”式的偏执。《狂人日记》也可说是一篇心理小说，关于人的心理描写，在常人看来不可思议。有人认为狂人是“迫害狂”，并用医学与心理学知识加以验证，狂人身上确实存在一种典型的变态心理，也即“偏执型”。它的特点是敏感、多疑，患者总觉得自己遭受种种迫害，其幻想大多具有系统性和逻辑性，常常以一个错误判断为核心，不断地进行不现实的错误推理，然后将这许多“莫须有”的新内容依附于这一核心，达到牢不可破的固执程度。同时，又作逆转性的扩散，把病前的生活也用这种妄想来解释。狂人看见狗，看见别人的眼色，甚至小孩，都疑心别人要吃他。鲁迅在小说中充分运用他扎实的医学知识展示了一个严重精神病患者的紊乱、幻觉、妄想和错觉等复杂心理活动，以及由于不恰当的情绪应答而产生的思维混乱与不合情理的逻辑判断、情感表述、行为方式等神经精神病特征，成功地刻画了一个“迫害狂”的狂人形象。

如果说狂人的变态心理于偏执中又有一种积极的抗争意识，那么孔乙己、陈士成之类的偏执，则更多地表现为迂腐、执迷不悟，最终或穷困潦倒或癫狂而死，他们属于偏执型变态心理的另一类。孔乙己对于统治者宣扬的所谓“唯有读书高”的理论表现出一种宗教式的虔诚，即使在他内心十分寂寞无奈的时候，依然情不自禁地流露出读书人的优越感，扬扬自得，神气活现。殊不知周围的人早已把这个常败将军当作异物看待，作为一种笑料而已。更有甚者，孔乙己至死不肯脱下那件又脏又破的长衫，可见他的偏执到了何等程度！倘若孔乙己的悲剧只是一个善良的读书人被自己所虔诚信奉的封建思想所愚弄以至于毁灭的悲剧，那么，《白光》中的陈士成则是一心幻想托庇祖宗阴德，利禄熏心地走向发狂的道路而自取灭亡之人。小说一开始便以“落榜”的客观事实给陈士成当头一棒，这强烈的刺激使他产生了幻听与幻觉。在他“掘藏”中下巴骨的出现，可说是接踵而来的第二个刺激。由于“下巴骨”在幻觉中笑吟吟地宣告：“这回又完了。”他栗然大怖，由恐怖发展到癫狂，完全失去了自我控制，陈士成的变态心理在此表现得一览无余。

②痴呆型。小说主要通过人物在环境的前后对比的变化中，表现其心理变态。《故乡》中，当“我”见到阔别20多年的闰土，他的那一声“老爷!”表明闰土不再是儿时那个项戴银圈、手提钢叉的英勇少年了。他颓唐凄凉的神情，木然生硬的言语，在“我”看来无不显得异常却又无可奈何。“他只是摇头，脸上虽然刻着许多皱纹，却全然不动，仿佛石像一般。”这不正是闰土那痛苦、麻木心理的表现？在种种挫折之后，他变得冷漠而近乎痴呆了。比起闰土来，最能表现痴呆型心理特征的，则是祥林嫂。她的两次失夫，儿子被狼刁走，这一连串的致命打击，在她心里投下浓重的阴影，足以引起一个普通妇女难以承受的心理压力，而变得木然伤神，她情不自禁地讲起关于孩子的故事，无疑是希求以人们的同情来消除心理紧张的唯一方式，它一旦失去本来的效力，在别人看来就成了一种异常的行为，被当作某种变态心理而加以嘲弄。后来，当祥林嫂听了灵魂的存在，并捐了门槛，结果却又不能赎回自己的灵魂时，她因此陷入一种更大的心灵痛苦与煎熬，她“只是失神地站着”，“而且很胆怯，不独怕暗夜，怕黑影，即使看见人，虽是自己的主人，也总惴惴的，有如在白天出穴游行的小鼠。否则呆坐着，直是一个木偶人”。祥林嫂在精神上所受的严重打击使她心灵的防线彻底崩溃。可以想见，当一

个人最可怜的愿望都遭受挫折，她会如何失望以致产生心理变态。在这里，封建传统观念是作为一种文化积淀的潜意识而存在，是对作为一个人的权利和尊严的生存意识的反作用力，在祥林嫂心中与生存意识构成激烈的内在冲突。结果是祥林嫂由一个健康的劳动妇女沦为呆若木鸡的精神病人，最终悲惨地死去。由此也体现了作者深刻的社会思想。

③伪俗型。对人物潜意识的挖掘与“灵魂”病态的凸现，是鲁迅表现这类人物变态心理的主要方法，意在揭示其本能意识与社会观念之间的冲突。鲁迅扬弃了弗洛伊德的精神分析理论，肯定潜意识在人物心理活动中的作用，在表现人物的深层心理时，不仅描写他们处在非意识状态下的梦境，而且描写意识状态下的非意识活动。《肥皂》中的四铭，对女讨饭的性本能欲求是很强烈的，但作为封建卫道士又不敢承认，极力把它压抑在潜意识里，他埋怨学生没道德，大骂拥护新文化思想的女学生。诸如此类的愤怒和咒骂及一连串的异常行为，其实就是他潜在的性本能受到压抑产生的情绪冲动与转移，作者把它外化为对儿子的暴虐、对现实的不满和反复叙述两个光棍的下流对话上，使潜意识与行为重叠在一个层面上，显现了折射在他言行中的“灵魂”的肮脏与伪俗的变态心理。

④综合型。阿Q的精神胜利法可说是这种变态心理与变态人格的典型代表。小说写他善于以“妙法克服怨敌”。不论这种思维方式多么不合逻辑，多么荒唐，阿Q始终抱住它不放，从而导致他在现实中失败，而精神上却总是胜利者，这是一种在强压下被扭曲了的病态心理和思维方式。阿Q并非缺乏自尊意识，在他内心深处也潜藏着不甘屈辱，时时力图改变自己在人前的低下地位，可悲的是每当遇到挫折之后，他总是以畸形的人格意志、虚幻中的自我满足，来争取自尊独立的人格。因此，阿Q的自尊意识愈来愈趋于扭曲，以致严重畸形，成为一种病态的心理定势。阿Q的精神胜利法综合了各类变态心理，实际上它是封建社会一种普遍的、典型的病态社会心理。《阿Q正传》正是从阿Q身上揭示了国民的灵魂乃至人类的普遍弱点，才使它获得巨大成功。

综观鲁迅小说人物的变态心理描写，主要表现为两个特点：一是善于抓住人物心理上的“异样感”，从“变”与“不变”、“常”与“异常”的差别中刻画人物的变态心理与内在的心理层次。无论是狂人、祥林嫂还是阿Q，作品所写的他们心中的异样感，都是其内心活动的真实映射，都直接或间接地表现了人物的异常心理。二是鲁迅小说人物的变态心理具有理性化倾向。即便像《狂人日记》这样描写迫害狂的病态心理，也充满理性精神。这也体现了鲁迅在文学创作中的审美追求以及对国民性的独特探讨。

鲁迅为什么注重小说人物的变态心理描写？又是什么原因造成人物的心理变态？

造成小说人物心理变态的原因，归根结底是社会—文化的根源。因为人与客观现实的关系，包括人与人的关系，无论是物质的还是精神的，在本质上都是一种社会—文化关系。这种关系的失调是导致心理变态的重要原因。当人的社会—文化关系发生了变化，而他早已形成的特定人格及内在心理品质与行为反应方式，却不能作出相应的变化（如孔乙己、四铭），或者作出的变化过于迅速或强烈，超出了主体所能适应的能力范围（如阿Q），或者人的社会—文化关系并没有变化，而主体本身的人格及其内在心理品质与行为反应方式，却发生了显著的改变（如狂人），以上种种情况都将出现人的社会—文化关系的失调，从而致使人物心理异常，以至发展为变态心理。

如果我们从异化哲学的角度进一步分析，把鲁迅小说关于人物变态心理的描写，同人性联系起来考察，便为我们理解鲁迅小说开辟了一条更广的路子，在历史的共时性与文化的异域性里，鲁迅小说与现代西方以表现人性为主的异化文学，有着内在的精神联系。马克思关于异化的基本看法是：人的本质力量对象物（不论是抽象的还是具象的）反过来统治人，支配人的意志行为，这就是异化，包括物质异化与精神异化两种基本形式。① 马克思认为，异化也就是一种病态心理的表现形式。马克思的异化理论是针对资本主义社会提出的，封建社会是否也是一个畸形的异化世界呢？他对此没有做过正面的系统论述，但曾把封建社会当作“庸人的世界”。这实际上是对一个异化社会的形象表述。从社会的根本性质看，二者都是建立在人压迫人，人吃人的基础上的畸形社会，畸形的资本主义社会产生畸形的生命形态，病态的封建社会则产生病态的人格形象。由此可见，鲁迅小说笔下的人物变态心理，

① 马克思:《1844年经济哲学手稿》，载《马克思恩格斯全集》（第42卷），人民出版社1979年版，第89页。

正是异化的封建社会所造成的，但它又与西方现代派的异化文学有着根本的区别，即主要表现为一种精神异化。

心理学家认为，艺术家的心境对艺术创作产生重要的影响。从精神系统看，外部环境的刺激与主体精神状态的不协调，将在内心激起矛盾冲突，产生痛苦、郁闷和悲愤等情绪体验，使心理失去平衡，甚至产生精神性抑郁，这种持续的情绪状态有意或无意地融进作品之中，形成一种特殊的情调。鲁迅之所以关注病态社会的不幸人事，他的作品往往给人一种灰冷的沉重感，这无疑与鲁迅本人的生活经历和个性心理有密切联系。艾里克森在分析人格形成过程时指出：一个人 12 岁至 18 岁是人格建构的重要阶段，如果在这一时期主体受到种种挫折，就会出现自我同一性危机（自我同一性即指个性对自身及自己的生活目标的意识，一种知道自己将会怎样生活的感觉），不能正确地选择适应生活的环境，在社会文化环境中成为不予认可的角色。当一个主体感觉到他所处的环境剥夺了他在未来发展中获得自我同一性的种种可能时，他将以令人吃惊的力量抵抗这一环境。

鲁迅的童年正遇上家道中落，少年丧父，又遭宗族间的倾轧，亲历种种世态炎凉，所有这些人生际遇同他心中对人生未来的美好憧憬形成强烈反差，这种对立无疑给少年鲁迅心理蒙上一层浓重的阴影，成年以后他又遭受了爱情悲剧、兄弟失和的痛苦，目睹了“三一八”惨案、大革命失败等残酷事实，它们对鲁迅孤独、多疑、偏激的个性心理无不产生影响，我们从他的小说中深深地领会到一种痛苦的彷徨、愤激的呐喊，感觉到一种忧郁、悲凉的艺术魅力。也许正因为鲁迅这一独特的个性心理及思维方式，才使他在小说创作中真实地写出了病态社会中不幸人们的变态心理。

鲁迅对于小说人物心理描写特别是变态心理的注目与他对人生的文艺观与审美追求是分不开的。鲁迅十分欣赏陀思妥耶夫斯基在小说中“拷问”灵魂的方法，并说他自己创作小说也是为了“画出现代国民的灵魂来”①。鲁迅小说的独特价值正在于它不但揭示了现代中国人心域的显意识层次，而且透过这一表层挖掘出了他们深层心域的集体无意识及其传统文化的积淀，通过

① 鲁迅:《俄文译本〈阿 Q 正传〉序》，载《鲁迅全集》（第 7 卷），人民文学出版社 1981 年版，第 82 页。

对人物心灵深处的描摹，揭示人物的变态心理，暴露其精神弱点与国民劣根性，并在一定程度上达到了对人类精神世界的整体把握。

早在东京留学之初，鲁迅就开始探讨这样三个问题：①怎样才是理想的人性？②中国国民性最缺乏的是什么？③它的病根何在？对于这三个问题的思考与探索贯穿了鲁迅一生，追求“理想人性”实际上就是他在小说创作中的美学目标。黑暗畸形的社会，到处是扭曲的人性，作家在现实生活中无法找到自己的归宿，而作为一个具有强烈时代使命感和历史责任感的作家，又不可能回避现实，我们在鲁迅小说描写的病态社会与病态人物心理中可以看到，作者正是从反面体现自己对美好人性、理想家园的精神追求。鲁迅的深刻也正表现在此：他把对人的全面异化的揭露，转为对真正人性与人格的追寻，反映了一个启蒙思想家的品格。

尽管鲁迅小说展示的大多是黑暗社会的病态人事，描写了人物的种种心态，但它又与现代主义的荒诞、颓废有着本质的区别。我们在鲁迅小说所描写的阴暗与异常的艺术氛围中所感受到的是一种愤激与抗争、一种追求光明与希望的执着，体现了作者“为人生”的创作目的。正如他自己所说：“我的取材，多采自病态社会的不幸的人们中，意思是在揭出病苦，引起疗救的注意。”因此，他的揭露不仅让人们看到旧中国人们的溃疡、伤疤与血泪，更重要的是给人以正视这种苦难起而疗救的精神力量。鲁迅是一位“革新的破坏者”，在这种破坏与建设、现实与理想的对立中体现了鲁迅对于艺术真实律的全部内涵极其执着的追求。

同时，鲁迅这种“写灵魂”的艺术手法也是与中外小说的发展轨迹相符合的。20世纪的世界文学已经历了由以神与英雄的故事塑造来观照世界，到以普通人的性格塑造来观照世界的过程，而发展到以普通人尤其是病态的或异化人的心理塑造来观照世界这一阶段，这是呼唤人性觉悟的五四思想解放时代和世界现代文学发展大潮中的产物。鲁迅从现代外国作家包括现代派一些作家，尤其是从以心理大师著称的陀思妥耶夫斯基、安特莱夫等俄国作家那里，吸取了艺术营养，加上作家勇于自我深省、自我解剖的内向性心理，因而，当作家创作时就很自然地选择了这种“向心性”思维，把观照世界的视野更多地投向人的内在心灵，以之作为自己的审美对象，把艺术创作的焦点对准人物心理的塑造，包括人物的变态心理。

那么，鲁迅小说人物的变态心理描写具有怎样的审美价值呢？我们认为它们突出地表现在两个方面：首先是悲壮的崇高美。鲁迅小说中所描写的先觉者与社会环境的对立是建立在一种历史的自觉意识基础之上的，他们对异化的封建社会有比较清醒的认识，例如狂人把封建黑暗社会的本质归结为“吃人”。作者在描写这类人物的心理活动时，常常写出了他们那种知其不可为而为之的抗争意识。尽管他们都意识到不可避免的悲剧命运，但是他们依然勇敢地起来与社会挑战，与环境抗争。这种历史的自觉精神使他们与社会的对立具有一种深沉的美学力量，鲁迅在对这种人物的描写中表现了一种悲壮的崇高美。其次，小说人物的变态心理还具有一种和谐的变态美，它是美学的新领域，被认为是“恶的和谐形式”。丑与恶的东西在和谐化的过程中冲淡了，并被净化和提升到美的境界。① 虽然鲁迅在小说中给我们描述的都是病态社会的人和事，作品随处可见阴冷、丑恶与死亡，但是，当我们看到小说人物的变态心理，无论是阿Q的精神胜利法、孔乙己的迂腐、祥林嫂的痴呆，还是四铭的伪俗，我们将感到震颤而不会被震惧，因为作家所描写的这些丑恶现实以及人物的变态心理都得到了完美的和谐统一。因此，即便是这些描写丑的、变态的东西，同样具有其审美价值。鲁迅正是因为对它们作了深刻的描绘，才使他的小说独具美的魅力，成为宝贵的艺术遗产。

［本文原发表于《浙江师范大学学报（社会科学版）》2000年第4期］

① 朱辉军:《美学新领域：变态美》,《学术月刊》1993年第5期。

《背影》中的对比艺术

在中国现代文学史上，朱自清先生的散文创作无疑占有十分重要的地位，而其散文《背影》自从被选为中学课本后，几乎家喻户晓。作品无论从其歌咏人类永恒的父子亲情，还是从其精巧的艺术构思，甚至其朴实无华的语言中透露出来的真挚情愫来看，都可称得上是朱自清的代表之作。不过，人们在探讨作品的艺术魅力时，似乎忽视了其中对比艺术的运用，而这一点恰恰使作品散发出强烈的艺术感染力，闪烁着异样的艺术光彩。

从作品构思来看，作者是以对比的方式来架构整个作品的。作品设计了父与子这一老一少作为主人公，与其说这是写实，不如说这是作者精心设计的人物对比。作品选择了父子车站送别这个日常生活中极普通的场景作为舞台，来表现人世间不平凡的情感。在此舞台上，主人公彼此表演着各自的“戏”，展示着各自的情感心路。倘若不是为了达到对比的效果，写父子亲情完全还可以采用别样的写法。当然，通过人物言行对比，表现主题，也许是散文常见的艺术手法。然而，《背影》中人物对比艺术的高超之处，就在于不仅设置了父子之间外在世界的横向对比，而且巧妙地设置了每个主人公自我内心世界的纵向对比，这种对比对主题的表现是耐人寻味的。我们先看“父亲”，他在为儿子送行的过程中，经历了“不送——送——买橘子送”的变化过程，从这种变化过程中，我们可以窥见作为父亲的内心世界的矛盾和困惑，而最终他的毅然决然的决定和细腻的举动，无不见出一位父亲的责任和父爱的深沉凝重。而“我”的内心世界也经过了如同父亲一样的灵魂拷问：“不理解——理解——悔恨、自责和思念”。这种对比展示，不矫造，不做作，平平道来，然而又是那样细腻而不露声色，读来使我们在心里荡漾起复杂的感受，使我们从字里行间看到父与子彼此内心世界复杂的心路历程，以及从中透露出的父亲的挚爱与儿子的纯孝之情。这里没有轰轰烈烈的情感波澜，有的是“润物细无声”的日常人情世故，因此有着含蓄蕴藉的艺术魅力。

作品的构思缘于作品主题表达的需要。《背影》的主题，过去我们似乎较多地关注作品中父亲对儿子的深挚爱意，认为作品的主题颂扬了伟大的父爱。其实作品是把父亲对儿子的爱与儿子对父亲的孝对比来叙写的，即通过父慈子孝式的叙写，来表现父子之间的人间至情，而不是单方面地颂扬父爱或赞赏儿孝什么的。如上文所说，作品始终是将父亲与“我”作对比来进行构制的：一方面，父亲对儿子充满了浓浓的爱意，他为了儿子负笈北上，不惜耽搁“谋事”，去亲自送行。“父亲因为事忙，本已说定不送我，叫旅馆里一个熟识的茶房陪我同去。他再三嘱咐茶房，甚是仔细。但他终于不放心……他踌躇了一会儿，终于决定还是自己送我去。”到车站后，父亲帮着照看行李，讲价钱，找座位，铺座位，反复叮嘱，久久不愿离开。他甚至也不惜年老肥胖身子的不适，跳来跳去，帮儿子买橘子，留下那难忘的“背影”。关爱之至，可见一斑。另一方面，“我”对父亲的所作所为，开始是不太理解的，以至于父亲送“我”到车站时，“总觉他说话不漂亮，非自己插嘴不可”。尽管如此，“我”还是对父亲充满着怜悯、同情和感激之情的，当“我”目睹父亲忍受着不适的身子去买橘子的背影时，“我”禁不住流下了感激的泪水。不仅如此，当父亲离开车站，“他的背影混入来来往往的人里，再也找不着了”，“我”的眼泪又来了，甚至两年过后当“我”读到父亲的“大约大去之期不远矣”的来信时，“在晶莹的泪光中，又看见那肥胖的，青布棉袍、黑布马褂的背影”。由此可见“我”对父亲充满了拳拳孝子之心。这样父慈子孝的叙述对比，有力地表现了人间亲情的崇高，烘托了伟大人性的至诚。一般说来，人与人之间的情感是双方面的，顾此失彼都不能理解好作品的韵味。

值得注意的是，作品主题的表达与题材的选择之间也存有对比的考量。作品选取的题材是日常生活中极其细小琐碎而平常的车站送别，而所张显的主题却又是永恒而不寻常的人间至情，这其中难道不也是一种对比吗？这是一种典型的以小见大，见微知著，于细微处见精神的写法。迎来送往乃人之常情，但作者选材却很有些典型性，是独特的“这一个”，是“熟悉的陌生人”。那时“祖母死了，父亲的差使也交卸了，正是祸不单行的日子”。“这些日子家中光景很是惨淡”，“一日不如一日”，而父亲和“我”都是东奔西走，这次“父亲要到南京谋事，我也要回北京念书，我们便同行”。作者把送别的行为举动放在这样的家庭背景之下，来演绎人生故事，自然有格外的意味，虽然送别事小，但情感事大，父子亲情本来就是永恒而神圣的，况且又是在特别的时空环境里呢？与此同时，透过父亲蹒跚的背影，我们不难想象出“我”之家庭的种种变故和不幸，由此我们似乎还可以想见，那些曾经有过类似遭际的小资产阶级知识分子动荡不安的生活境遇和凄凉心情，因为这是一幅浓缩的具有典型性的人生命运遭际图：面对人世间的沧海桑田，个体的微小的生命是无法抗拒的。可见，这里实际上构成了“父亲的背影——家庭的背影——社会的背影”的隐形对比。正是这种对比，才凸显出了别样的艺术张力。

文学是语言的艺术，语言是文学存在的物质表现形式，文学作品是一种有意味的形式。如果说语言对于文学作品来说是物质的外壳、表现形式的话，那么蕴含其中的深沉情感就是作品的内在本质。倘若依此观之，就《背影》的语言来说，历来评论者都认为它平易朴实自然，没有做作，没有华丽的辞藻，也没有形象的比喻和大胆的夸张，而是近似素描的实写。然而就在这朴实无华的字里行间里，弥漫着的是一些滚烫的情、至诚的真以及浓得化不开的爱。这种表现于外的朴素语言形式与深藏于内的丰富情感之间难道不是一种对比艺术的运用吗？正是这种内、外层面的巧妙对比，才使作品有一种外素内秀的别样美，又因为有这种美才使作品于平淡中显出神奇的魅力来。

此外，文中的“背影”，既是作品的基本线索和独特视角，也是作品的动情点。文章在处理“背影”也运用了多重对比的手段。父亲之“戴着黑布小帽，穿着黑布大马褂，深青色布棉袍”的“黑色”衣着不仅与“我”之紫毛皮大衣构成一种服饰的对比，而且与父亲抱来的“朱红的橘子”构成色彩的对比。加上开始“我”之“原本要去”而父亲“不肯”的对比，以及后来父亲之体态肥胖，行动不便与车站月台很高，以至于“显出努力的样子”的“背影”所形成的强烈反差，无不给人以一种强烈的视觉冲击力，而深深地刻在“我”和读者的脑海里。正是这一细节处理上巧妙地运用了对比，不仅强化了动情点，而且加强了主题表达的效果。

总之，朱自清的《背影》通篇充满了对比艺术，无论是作品的整体构思、人物设置、主题情感的表达，还是语言运用、细节处理等方面都恰到好处地运用了对比艺术，这种对比没有特意的张扬和安排，一切都源于自然，然而却又有巧夺天工之妙。

［此文原发表于《中央财经大学文化与传媒学院 文化与传媒论坛》（论文集），中国财政经济出版社 2004 年 12 月版］

谁来拯救文学

——纪念毛泽东《讲话》发表60周年

今年（2002年）5月23日是毛泽东《在延安文艺座谈会上的讲话》发表60周年的日子，很多媒体进行了大量的宣传，并举行了一系列的纪念活动。我以为这不仅仅是一种宣传的需要，而且具有实实在在的现实意义。

面对当今文坛“盛事”，不知何故，我常常持悲观主义的心态。当我们稍加观察当今文坛现状，虽然仁者见仁，智者见智，但有一个不争的事实和困惑，无情地摆在我们面前，即今日之文学已风光不再。正如有人所说“包括长篇小说在内的叙事文学的辉煌时代已经终结了——这就是绚丽之极归于平淡”①。且不说与轰轰烈烈的五四文学、改革开放初期的文学相比，就是与那战火纷飞的20世纪40年代文学相比，也十分逊色。当然，这里所说的不是指文学在量方面的发展，今日之文学较过去无疑要繁荣，不仅参与文学写作的人，而且刊载文学作品的期刊也多，如今还出现了网络文学。人们文化素质的提高，文化的普遍下移，以及大众传媒的发达不无关系。我所说的风光不再主要出于以下几个方面的考量：

其一，在以经济建设为中心的时代，文学在整个社会生活中的作用和效应早已不如当年。当今之文学在人们的意识中不再像过去那样神圣而伟大（文学本身应该是伟大而神圣的），它的价值不再像过去那样重要，尽管现在提倡两个文明一起抓，两手都要硬，但实现起来不尽如人意。过去的文学作

---

① 孟繁华：《长篇小说风光不再》，《深圳特区报》2002年1月20日。

品常有“洛阳纸贵”的轰动效应，很多人捧着作品读，而如今这种场面早已如过眼烟云了。虽然当今作品如云，包装精美，但不能阻止许多作品成为废纸和垃圾的命运，因为很多精美包装的作品成了有闲人的摆设和装饰。

其二，作为从事文学创作的作家们在整个社会中的地位，已从“中心”冲击到了“边缘”状态。他们不再以“人类灵魂的工程师”自居，不再担当起启蒙的历史使命或救亡的角色，以此来引导社会，提升人生，而是不断地滑向了放弃人文立场，迎合市民世俗的生活的境地，使自己沦落到只是一种“手艺人”“工匠”，纯为挣口饭吃的地步。阿城曾说“大家怎么活，我也怎么活。有一点不同的是我写些字，找到能铅印出来的地方，花鞋钱来补贴家用。但这与一个外出打零工的木匠一样，也是手艺人。”湘籍作家何顿早就认为，写小说最大的好处就是能挣钱，而挣钱就可以过上舒服惬意的生活。王朔更是反感“作家”这个角色，认为“文人一直自我标榜惯了，笔握在手，真理也像握在手里，自命不凡，高雅惯了”。所以他也把写作的目的说成是挣钱，文学的使命归结为“逗老百姓玩，任人做个梦玩”。纵观当今一些文坛“盛事”，不能排除金钱的诱惑。一些作家，一旦出版了好作品，则忙着改编成电视剧或电影什么的，挣足钞票再说，而随后的创作则大有“江郎才尽”之势。

其三，从文学作品的创作态势来看，当今文坛很少有经典作品，相反大众消费文化盛行，言情的、武侠的作品铺天盖地，新的帝王将相、才子佳人充斥文坛。或者用黑社会、私生子、复仇、乱伦等非正常的人生内容的“黑幕文学”“颓废文学”刺激接受者的神经，唤起人们窥探他人隐私的欲望。这种不断复制的快餐文化，拒绝深度和悲剧，拒绝对意义的追寻，因而越来越走向平面化和肤浅化，给受众提供的是一次性消费。加上满街的“地摊文学”，悄然流行的“领袖轶事”把整个文化氛围导向世俗化和官能化，使人们放弃对精神向度的追寻，而成为“平面人”与“空心人”。因而淡忘和遗忘严肃文学，使之处于尴尬的地步。不仅如此，一些自称的先锋作家大玩文字游戏和所谓文学技巧，这个写法，那个创新，层出不穷，以至于让人看不懂，并讥讽说“你的水平有限”。

其四，从读者对文学的反应来看，一方面对文学普遍的漠视，大多奉行经济实用主义，就连现在的中文系的学生都很少读文学原著的，你还能要求社会广大的普通读者对文学抱有满腔热情，会很现实吗？如今的文学大门，用“门前冷落鞍马稀”来形容，并不为过。只好让那些自命高雅的作家独自孤芳自赏和陶醉吧。另一方面当今的读者一味喜欢“煽腥色”，寻求感官刺激。为了满足读者的需求，于是出现了所谓“新新人类”“身体写作”，这是当今市场供求经济作用的结果，因为从大众传播的角度看，传者（作家）——媒介（期刊）——受者（读者）是双向互动的关系。

其五，再来看看我们当今的文学批评吧，不少批评家，或为利益所驱动，或为强占话语霸权，热衷于搞表演性批评、圈子批评、人情批评；制造批评事件以出名；亮出新的旗号，胡吹乱捧；或说些不着边际、不痛不痒的话，进行商业包装，根本没有正常的批评秩序和游戏规则。

以上所述，也许有以偏概全之嫌，但又是客观存在的事实。面对当今文坛之怪现状，回首当年毛泽东的“讲话”，不免感慨万千。我们不禁要问，现在的文学怎么啦？问题的症结在哪？我们怎么办？谁来拯救文学？出路在何方？

如果按照马克思主义的观点，应该是有什么样的经济基础，就有什么样的上层建筑，（文学属于上层建筑之一）。改革开放 40 多年来，我国的社会发生了很大的变化，政治稳定，经济繁荣，理应当今之文学可与历史上的盛唐文学相媲美，抑或也应如改革开放初期那样，盛况空前，成就辉煌。然而当我们抚摸当今文学之躯时，却发现她是那样的憔悴、疲倦，缺乏精气神。马克思又说，文学与经济发展常常出现不平衡现象。如果当今也是一种不平衡现象的话，那么为何会出现这种不平衡现象呢？很多学者在反思，或认为是社会经济的转型，一切向钱看的思想引诱的结果，或认为是国际趋势，或认为是文学发展的必然经过和选择，即本该如此。无论如何，我以为这些都是影响文学的外部原因。马克思早就教导我们，外因是变化的条件，内因才是变化的根据，外因只有通过内因才能起作用。我以为，当今文坛之所以如此现状，关键还在于，文学创作的主体——作家自己。看看这些年来的作家们的言行，他们的心态，他们的作为，令人不敢想象。比如，我们知道，文学是生活的反映，文学源于生活又高于生活。但我们的作家有多少到火热的生活中去提炼素材呢？如今有些人也大做“采风”的文章，但他们的所谓“采风”，或住高级宾馆，或在一个公司挂一个职位等，如此这般能采出什么“风”来呢？文学自古与苦难相随而出，相伴而行。“愤怒出诗人”“愈穷愈工”都是先辈总结出来的经验。当然，我们有的作家也有切身的人生体验，曾在苦难中挣扎过，为此他们创造出了优秀的作品，以至于一夜成名，然而成名之后，面对掌声和鲜花，有的却偃旗息鼓，江郎才尽了。这怪谁呢？作家自己应负主要责任。当然不是说每位从事文学创作的人都应该受苦受难，关键在于，我们的创作应要有真情实感，要源自生活，而不是闭门造车去“遐想”。

因此，我以为要拯救今日之文学，要依靠作家自己。我们应该反思，应该惊醒。文学是神圣的事业，不是“工匠”和“手艺人”，我们的作家们应该肩负起应有的历史使命感和社会责任感来，不要自卑，不要自嘲，不要自我矮化。而应该首先沉入火热的生活中去，沉入最底层的生活中去，倾听、感受人世间的酸甜苦辣和喜怒哀乐。而作家应该有耐于寂寞、甘于贫穷、承受苦难的心态，不要受外界物质世界的诱惑。因为只有从血管中流出来的才是血，要想使别人笑首先自己应该笑，要想让别人哭，首先得自己哭。唯有如此才能写出打动人、影响人的作品来。因此我建议那些打着要作家幌子的人另有它念的人，最好改行他业。我们应该纯洁作家队伍，把那些假作家和怀有投机心理的人，驱除文学的伊甸园。也许这样文学才有复兴的希望。

（此文写于2002年，南京大学）

致 谢

1993年9月，一个秋天美好的日子，我怀着向往“北国风光”的心愿来到北国春城长春，进入东北师范大学文学院攻读中国现当代文学硕士学位，师从逄增玉教授，从那以后，我似乎与母校有着说不尽的“缘”。我在长春度过了人生中很重要的三年，三年后我硕士毕业，联系到我导师曾经求学过的地方——湖南师范大学，在岳麓山脚下，我整整工作了四年，直接呼吸了湖湘文化的空气。而后，我考入南京大学攻读中国现当代文学博士学位，师从朱寿桐教授，博士毕业后，因为当年求学北国常常途经首都北京等，渐渐产生了来北京工作的情结，为了遂此心愿，我博士毕业后，放弃了许多地方求职的机会，执意来到北京，进入中央财经大学工作。也许是来到北方的原因，一个机会让我又与东北师范大学很荣幸地来了个“亲密接触”——2003年11月母校文学院接受我做在职博士后研究工作，而合作导师恰是我当年的导师逄增玉教授，也许这就是缘分。所以，在此我首先要感谢生活的“缘”，使我有两次机会做逄老师的学生。而正是这生活的“缘”，使我特别地感受了老师这十多年来对我的无私的关怀、帮助和教育，在此向我的导师逄增玉教授表示最诚挚的谢意！不仅如此，我的母校的其他老师，以及我的许多学界和业界的朋友也都给予了我无微不至的关心和帮助，在此向他们表示衷心的感谢！还有，由于客观因素，无论是攻读硕士学位和博士学位，还是做博士后研究工作，我的年龄都相对于一般人来说比较大，而且一直远离家人，这些年来，我的妻子承担了大量的家务工作和小孩教育工作，使我有了比较好的环境和比较充沛的精力来从事科研工作，在此向妻儿表示深深歉意的同时，向他们表示敬意和感谢!

后　记

严格说来，本书不是一本关于“报纸副刊与中国现代文学”的专著，而是我多年前从事文学研究的一本论文汇集，具体包括两部分内容：一是文学博士后报告，二是我撰写过的文学论文。因文学博士后报告，所占篇幅最多，于是便将书名定为《报纸副刊与中国现代文学》。

本书的出版，注定是一个迟到的“遗憾品”。因为我的硕士、博士、博士后专业都是中国现当代文学，但除本书所涉论文属文学研究外，我其他的学术论文均属新闻传播学的内容，因量多未能编入其中。1996 年 7 月，我从东北师范大学硕士毕业，来到湖南师范大学工作，那时便开始跨界教授新闻传播学了，在南京大学攻读博士时，虽然所学专业属文学，但我的博士论文是关涉现代文学与传媒关系的，平时所做的研究也多是新闻传播学方面的，2003 年博士毕业来中央财经大学新闻传播系工作至今，我也一直在教授新闻传播学，如此算了，我跨界从事新闻传播学的教学和科研已 25 年有余了。所以，除了本书所呈现的研究属文学研究外，我几乎没有其他文学研究成果，而且本书所涉论文多是为了完成学位论文这一特定任务而撰写的。这种情况既有“身在曹营心在汉”之嫌疑，也有鲁迅当年“弃医从文”“走异路，逃异地”的味道。正是因为这种心态和状态，我多年没有好好正视文学研究的“本分”，既无研究拓展，也无学术建树，即使这仅有的一点研究论文，也是一拖再拖，未能结集出版，至今才遂愿，而终成一个“迟来品”。正因如此，本书有可能少了些学术研究的成色，更遑论学术成果发布的新鲜感了。尽管如此，我还是怀揣着对文学研究的敬畏，尽可能把自己关于文学的点滴思考和浅见汇集起来，形成凝固的文字，算是给自己留一个念想。

说心里话，我是喜欢文学的，觉得从事文学研究也是一件非常有意义的事。只是受诸多因素的影响，让我逃离了文学教学和研究工作，那期间历经了不少的痛苦和煎熬，诸如一些人不理解我，甚至一些人还瞧不起我。为了赢得自己应有的尊严，我付出了比那些新闻传播学科班出身的人更多的努力和辛苦。但我至今没有后悔自己的选择，因为我当初从事文学研究的引路人，给予了我力量、智慧、勇气和自信，所以在此，我要特别感谢我的两位导师，一位是我的硕士导师和博士后导师——原东北师范大学现为中国传媒大学的逄增玉教授，另一位是我的博士导师——原南京大学现为澳门大学的朱寿桐教授，他们的为人处世、学术品格和谆谆教导深深地影响了我，同时，当初从事文学研究时所历练出来的研究方法和养成的研究习惯也直接影响了我，所有这些，使我后来从事新闻传播学研究有了足够的底气。

曾几何时，我读书喜欢先看看书中的“后记”，从中了解成书的经过和作者的心路历程。每每这时，心想待自己年老退休之际，弄个论文集，好好写个后记，回首来路，感慨一番。如今，一不留神，自己不再年轻了，虽本书不是个人的全部论文集，但“后记”写起来，真有很多“难言之隐”，回望自己的学术人生，不免遗憾多多，五味杂陈。此刻，我突然想起了毛主席的话：“世界是我们的，也是你们的，但是归根结底是你们的。你们青年人朝气蓬勃，正在兴旺时期，就像早晨八九点钟的太阳，希望寄托在你们身上。”是啊，一时代人有一时代人的使命和责任，我深感自己未能承担好使命和责任，很多事没做好，徒添遗憾。不过，历史总是留给年轻人的，真心希望未来的年轻人，不断奋斗和追求，争取少留下人生的遗憾。

谭云明

2021 年 3 月 3 日于北京